国家出版基金资助项目
湖北省公益学术著作出版专项资金资助项目
节能与新能源汽车关键技术研究丛书

丛书主编：欧阳明高

电动汽车动力电池建模与管理系统设计

杨世春　刘新华⊙著

ELECTRIC VEHICLE POWER BATTERY MODELING
AND MANAGEMENT SYSTEM DESIGN

中国·武汉

内 容 简 介

本书讨论了电动汽车及其电池管理系统的相关产业背景和关键技术难题，重点介绍了动力电池的状态估计、建模方法和控制策略，详细阐述了动力电池荷电状态、健康状态、功率状态、能量状态与安全状态估计方法，以及主被动均衡管理、优化充电控制策略与基于电池热安全的热管理策略。特别地，介绍了电池管理系统的功能安全和信息安全技术，展望了基于数字孪生的下一代电池管理系统的设计与开发应用。

本书以动力电池建模与控制为重点，管理系统设计为导向，理论和实用性强，可供电动汽车、动力电池等相关领域从业人员参考，还可供大专院校师生作为教学参考书使用。

图书在版编目(CIP)数据

电动汽车动力电池建模与管理系统设计/杨世春,刘新华著. —武汉:华中科技大学出版社,2022.1

（节能与新能源汽车关键技术研究丛书）

ISBN 978-7-5680-7847-4

Ⅰ.①电… Ⅱ.①杨… ②刘… Ⅲ.①电动汽车-蓄电池-研究 Ⅳ.①U469.720.3

中国版本图书馆 CIP 数据核字(2021)第 271603 号

电动汽车动力电池建模与管理系统设计   杨世春   刘新华   著
DIANDONG QICHE DONGLI DIANCHI JIANMO YU GUANLI XITONG SHEJI

策划编辑：俞道凯
责任编辑：吴　晗
封面设计：原色设计
责任监印：周治超
出版发行：华中科技大学出版社（中国·武汉）　　电话：(027)81321913
　　　　　武汉市东湖新技术开发区华工科技园　　邮编：430223
录　　排：武汉三月禾文化传播有限公司
印　　刷：湖北新华印务有限公司
开　　本：710mm×1000mm　1/16
印　　张：19.5
字　　数：306千字
版　　次：2022年1月第1版第1次印刷
定　　价：158.00元

本书若有印装质量问题，请向出版社营销中心调换
全国免费服务热线：400-6679-118　竭诚为您服务
版权所有　侵权必究

节能与新能源汽车关键技术研究丛书
编审委员会

主任委员 欧阳明高（清华大学）

副主任委员 王俊敏（得克萨斯大学奥斯汀分校）

委　员（按姓氏笔画排列）

马芳武（吉林大学）　　　王飞跃（中国科学院自动化研究所）

王建强（清华大学）　　　邓伟文（北京航空航天大学）

艾新平（武汉大学）　　　华　林（武汉理工大学）

李克强（清华大学）　　　吴超仲（武汉理工大学）

余卓平（同济大学）　　　陈　虹（吉林大学）

陈　勇（河北工业大学）　殷国栋（东南大学）

殷承良（上海交通大学）　黄云辉（华中科技大学）

作者简介

杨世春 2004年毕业于吉林大学，获工学博士学位，现为北京航空航天大学交通科学与工程学院教授、博士生导师、院长。入选国家"万人计划"领军人才、科技部中青年科技创新领军人才、全国优秀科技工作者、中国汽车工程学会会士。兼任全国汽车标准化技术委员会电动车辆分标委副秘书长、中国智能交通协会专家委员会道路车辆专业工作委员会专家等。

主要从事智能新能源汽车能源动力系统安全、高效优化及控制理论研究。主持国家自然科学基金项目、国家重点研发计划项目、国际合作项目等60项，发表学术论文120余篇，获发明专利授权70余项，出版专著5部，主编国家级规划教材1部。作为第一完成人获得国家科技进步奖二等奖1项、中国汽车工业技术发明一等奖1项、教育部科技进步奖二等奖1项，并获得中国产学研合作创新奖等奖项。

刘新华 2016年获得同济大学博士学位，现为北京航空航天大学交通科学与工程学院助理教授，硕士生导师，英国帝国理工学院客座讲师，入选北航青年拔尖人才计划、中国科协青年人才托举工程。

多年来致力于依托精细动力电池模型、大数据挖掘和云端平台管理技术，实现动力电池系统全生命周期管理的动力电池系统研究。主持或参与EPSRC、Innovation UK、国家重点研发计划重点专项、国家自然科学基金项目等20余项，发表学术论文百余篇，撰写英文著作1部，申请发明专利20余项。

新能源汽车与新能源革命（代总序）

中国新能源汽车研发与产业化已经走过了20个年头。回顾中国新能源汽车的发展历程："十五"期间是中国新能源汽车打基础的阶段，我国开始对电动汽车技术进行大规模有组织的研究开发；"十一五"期间是中国新能源汽车从打基础到示范考核的阶段，科技部组织实施了"节能与新能源汽车"重大项目；"十二五"期间是中国新能源汽车从示范考核到产业化启动阶段，科技部组织实施了"电动汽车"重大项目；"十三五"期间是中国新能源汽车产业快速发展升级阶段，科技部进行了"新能源汽车"科技重点专项布局。

2009—2018年的10年间，中国新能源汽车产业从无到有，新能源汽车年产量从零发展到127万辆，保有量从零提升到261万辆，均占全球的53%以上，居世界第一位；锂离子动力电池能量密度提升两倍以上，成本降低80%以上，2018年全球十大电池企业中国占6席，第一名和第三名分别为中国的宁德时代和比亚迪。与此同时，众多跨国汽车企业纷纷转型，大力发展新能源汽车。这是中国首次在全球率先成功大规模导入高科技民用大宗消费品，更是首次引领全球汽车发展方向。2020年是新能源汽车发展进程中具有里程碑意义的年份。这一年是新能源汽车大规模进入家庭的元年，也是新能源汽车从政策驱动到市场驱动的转折年。这一年，《节能与新能源汽车产业发展规划（2012—2020年）》目标任务圆满收官，《新能源汽车产业发展规划（2021—2035年）》正式发布，尤其是2020年年底习近平主席提出中国力争于2030年前碳达峰和2060年前实现碳中和的宏伟目标，给新能源汽车可持续发展注入强大动力。

回顾过去、展望未来，我们可以更加清晰地看出当前新能源汽车发展在能源与工业革命中所发挥的作用。众所周知，每次能源革命都始于动力装置和交通工具的发明，而动力装置和交通工具的发展则带动对能源的开发利用，并引发工业革命。第一次能源革命，动力装置是蒸汽机，能源是煤炭，交通工具是火车。第二次能源革命，动力装置是内燃机，能源是石油和天然气，能源载体是汽、柴油，交通工具是汽车。现在正处于第三次能源革命，动力装置是各种电池，能源主体是可再生能源，能源载体是电和氢，交通工具就是电动汽车。第一次能源革命使英国经济实力超过荷兰，第二次能源革命使美国经济实力超过英国,而这一次可能是中国赶超的机会。第四次工业革命又是什么？我认为是以可再生能源为基础的绿色化和以数字网络为基础的智能化。

从能源与工业革命的视角看新能源汽车,我们可以发现与之密切相关的三大革命:动力电动化——电动车革命;能源低碳化——新能源革命;系统智能化——人工智能革命。

第一,动力电动化与电动车革命。

锂离子动力电池的发明引发了蓄电池领域百年来的技术革命。从动力电池、电力电子器件的发展来看,高比能量电池与高比功率电驱动系统的发展将促使电动底盘平台化。基于新一代电力电子技术的电机控制器升功率提升一倍以上,可达50千瓦,未来高速高电压电机升功率提升接近一倍,可达20千瓦,100千瓦轿车的动力体积不到10升。随着电动力系统体积不断减小,电动化将引发底盘平台化和模块化,使汽车设计发生重大变革。电动底盘平台化与车身材料轻量化会带来车型的多样化和个性化。主动避撞技术与车身轻量化技术相结合,将带来汽车制造体系的重大变革。动力电动化革命将促进新能源电动汽车的普及,最终将带动交通领域全面电动化。中国汽车工程学会《节能与新能源汽车技术路线图2.0》提出了我国新能源汽车的发展目标:到2030年,新能源汽车销量达到汽车总销量的40%左右;到2035年,新能源汽车成为主流,其销量达到汽车总销量的50%以上。在可预见的未来,电动机车、电动船舶、电动飞机等都将成为现实。

第二,能源低碳化与新能源革命。

国家发改委和能源局共同发布的《能源生产和消费革命战略(2016—2030)》提出到2030年非化石能源占能源消费总量比重达到20%左右,到2050年非化石能源占比超过一半的目标。实现能源革命有五大支柱:第一是向可再生资源转型,发展光伏发电和风电技术;第二是能源体系由集中式向分布式转型,将每一栋建筑都变成微型发电厂;第三是利用氢气、电池等相关技术存储间歇式能源;第四是发展能源(电能)互联网技术;第五是使电动汽车成为用能、储能和回馈能源的终端。中国的光伏发电和风电技术已经完全具备大规模推广条件,但储能仍是瓶颈,需要靠电池、氢能和电动汽车等来解决。而随着电动汽车的大规模推广,以及电动汽车与可再生能源的结合,电动汽车将成为利用全链条清洁能源的"真正"的新能源汽车。这不仅能解决汽车自身的污染和碳排放问题,同时还能带动整个能源系统碳减排,从而带来一场面向整个能源系统的新能源革命。

第三,系统智能化与人工智能革命。

电动汽车具有出行工具、能源装置和智能终端三重属性。智能网联汽车将重构汽车产业链和价值链,软件定义汽车,数据决定价值,传统汽车业将转型为引领人工智能革命的高科技行业。同时,从智能出行革命和新能源革命双重角度来看汽车"新四化"中的网联化和共享化:一方面,网联化内涵里车联信息互联网和移动能源互联网并重;另一方面,共享化内涵里出行共享和储能共享并重,停止和行驶的电动汽车都可以连接到移动能源互联网,最终实现全面的车网互动(V2G, vehicle to grid)。分布式汽车在储能规模足够大时,将成为交通智慧能源也即移动能源互联网的核心枢纽。智能充电和车网互动将满足消纳可再生能源波动的需求。到 2035 年我国新能源汽车保有量将达到 1 亿辆左右,届时新能源车载电池能量将达到 50 亿千瓦时左右,充放电功率将达到 25 亿~50 亿千瓦。而 2035 年风电、光伏发电最大装机容量不超过 40 亿千瓦,车载储能电池与氢能结合完全可以满足负荷平衡需求。

总之,从 2001 年以来,经过近 20 年积累,中国电动汽车"换道先行",引领全球,同时可再生能源建立中国优势,人工智能走在世界前列。可以预见,2020 年至 2035 年将是新能源电动汽车革命、可再生能源革命和人工智能革命突飞猛进、协同发展,创造新能源智能化电动汽车这一战略性产品和产业的中国奇迹的新时代。三大技术革命和三大优势集成在一个战略产品和产业,将爆发出巨大力量,不仅能支撑汽车强国梦的实现,而且具有全方位带动引领作用。借助这一力量,我国将创造出主体产业规模超过十万亿元、相关产业规模达几十万亿元的大产业集群。新能源汽车规模化,引发新能源革命,将使传统的汽车、能源、化工行业发生翻天覆地的变化,真正实现汽车代替马车以来新的百年未有之大变局。

新能源汽车技术革命正在带动相关交叉学科的大发展。从技术背景看,节能与新能源汽车的核心技术——新能源动力系统技术是当代前沿科技。中国科学技术协会发布的 2019 年 20 个重大科学问题和工程技术难题中,有 2 个(高能量密度动力电池材料电化学、氢燃料电池动力系统)属于新能源动力系统技术范畴;中国工程院发布的报告《全球工程前沿 2019》提及动力电池 4 次、燃料电池 2 次、氢能与可再生能源 4 次、电驱动/混合电驱动系统 2 次。中国在 20 年的节能与新能源汽车的研发过程中实际上已经积累了大量的新知识、新方法、新经验。"节能与新能源汽车关键技术研究丛书"立足于中国实践与国际前沿,旨在总结我国节能与新能源汽车的研发成果,满足我国节能与新能源汽车技术发展需要,反映国际节能与新能源汽车关键技术研究趋势,推动我国节能与新能源汽车关键技术转化应用。丛书内容包括四个模块:整车控制技术、动力电池技术、电机驱动技术、燃料电池技术。丛书所包含图书均为国家自然科学基金项目、国家科技重大专项或国家重点研发计划项目等支持下取得的研究成果。该丛书的出版对于增强我国新能源汽车关键技术的知识积累、提升我国自主创新能力、应对气候变化、推动汽车产业的绿色发展具有重要作用，并能助力我国迈向汽车强国。希望通过该丛书能够建立学术和技术交流的平台，让作者和读者共同为我国节能与新能源汽车技术水平和学术水平跻身国际一流做出贡献。

中国科学院院士
清华大学教授

2021 年 1 月

前言

近年来,电动汽车行业得到了迅猛发展,在5G、物联网、大数据和人工智能等新技术的助推下,以"电动化、网联化、智能化、共享化"为核心的"汽车行业新四化"正在重塑汽车产业新格局,其中,电动化是实现所有这些高级智能技术的最佳途径。

电动汽车在全球范围内普及与推广已成为一个重要的发展趋势。电动汽车主要的能量来源为动力电池,可用的动力电池包括铅酸电池、镍镉电池、镍氢电池、锂离子电池和燃料电池等,其中锂离子电池是目前主流应用的动力电池,也是本书主要介绍的动力电池类型。

动力电池管理系统是新能源汽车不可或缺的关键部件,其核心功能主要包括参数采集、状态估计、均衡管理、热管理、通信及故障诊断等。本书探讨了动力电池的电化学模型、黑箱模型、等效电路模型等建模方法,并简述了相应的参数辨识方法。

为了更好地利用动力电池,对电池管理系统(BMS)提出了越来越高的要求,尤其是在全气候、全电范围、全生命周期的高精度电池状态估算方面。本书结合仿真案例,从经验模型、基于电池模型的估算方法及数据驱动算法几个方面详细阐述了荷电状态的估算方法;从直接测量、间接分析、数据驱动和多尺度联合估算等方面,全面叙述了健康状态的估算方法;结合神经网络、数据驱动算法,详尽论述了功率状态、能量状态和安全状态的估算方法。

动力电池组可用充电容量由当前容量最高单体的可充入容量决定,可用放电容量由当前容量最低单体的可放电容量决定,并且这种不一致性会随时间累积而逐渐增大,导致电池组提前老化,在充放电循环过程中可能导致过充和过放现象,进而存在热失控安全风险。因而,使用以最长寿命为目标的充电优化控制算法进行主动干预,配合被动均衡与无损主动均衡,缩小单体不一致性,最大限度地提高电池组的能量利用率,同时辅以高均温性能的热管理系统,将有效确保电池组充放电过程的安全。本书对这方面内容进行了重点讨论。

随着汽车制造技术与信息通信技术等新一代技术的深度融合,汽车产业正加快向"四化"的方向发展,车载电子系统变得越来越复杂的同时,逐步具备了网联通信功能,包括与其他车辆、基础设施通信以及接入互联网,而系统的功能安全一直是汽车电子控制领域的研究重点,因此,对电池管理系统的整车集成搭载,也需要特别关注。

数字孪生是一种集成多物理、多尺度、多学科属性,具有实时同步、忠实映射、高保真度特性,能够实现物理世界与信息世界交互与融合的技术手段,不仅能实现全生命周期管理,还能借助物联网和大数据技术,进行海量数据的挖掘,因此,基于数字孪生的下一代电池管理系统将成为很有前途的研究方向。

感谢对本书提出宝贵意见的评审专家!在本书撰写过程中也得到了华中科技大学出版社的大力支持,在此致以诚挚的感谢!课题组研究生郭斌、高心磊、何瑢、华旸、周思达、周新岸、张正杰、张祚铭、范智伟、顾启蒙、金鑫娜、李佶翀、李琳、曹瑞、王明悦、张力开、于瀚卿等为本书编写也做出了贡献,在此表示感谢!

由于作者水平有限,书中错误与不妥之处在所难免,敬请广大读者批评指正。

杨世春

于北京航空航天大学

2021 年 10 月

第1篇 电动汽车及其电池管理系统

第1章 电动汽车 2
1.1 电动汽车产业背景 2
1.2 电动汽车分类与发展现状 3
1.2.1 纯电动汽车 3
1.2.2 混合动力电动汽车 5
1.2.3 燃料电池电动汽车 6
1.3 车辆动力学基础 7
1.3.1 车辆纵向动力学 7
1.3.2 车辆动力学方程 10
1.3.3 车辆最高车速 10
1.3.4 车辆爬坡能力 11
1.3.5 车辆的加速性能 11
1.3.6 车辆功率与能量需求 12
本章参考文献 12

第2章 电动汽车动力电池 13
2.1 动力电池原理与种类 13
2.1.1 铅酸电池 15
2.1.2 镍镉电池 16
2.1.3 镍氢电池 16

2.1.4	锂离子电池	17
2.2	动力电池性能参数	21
2.2.1	标称参数	21
2.2.2	电气参数	23
2.2.3	其他参数	25
2.3	动力电池的发展趋势	26
本章参考文献		27

第 3 章　动力电池管理系统关键技术　　28

3.1	电池管理系统概述	28
3.1.1	电池管理系统架构	28
3.1.2	采样芯片	30
3.2	电池管理系统核心功能	40
3.2.1	参数采集	41
3.2.2	状态估计	41
3.2.3	均衡管理	42
3.2.4	热管理	44
3.2.5	通信	45
3.2.6	故障诊断	46
本章参考文献		47

第 2 篇　状态估计方法

第 4 章　动力电池建模方法　　50

4.1	电化学模型	51
4.1.1	伪二维模型	51
4.1.2	单粒子模型	53
4.2	黑箱模型	54
4.3	等效电路模型	55
4.3.1	内阻模型	56
4.3.2	RC 模型	56

4.3.3 分数阶模型	58
4.4 参数辨识	60
4.4.1 离线参数辨识方法	60
4.4.2 在线参数辨识法	67
4.4.3 参数辨识方法展望	73
本章参考文献	73
第5章 荷电状态(SOC)估计方法	**75**
5.1 SOC 的定义	75
5.2 SOC 估计方法分类	76
5.2.1 基于经验模型法	77
5.2.2 基于电池模型法	79
5.2.3 数据驱动法	89
5.3 案例分析	92
5.3.1 仿真	92
5.3.2 精度验证	99
本章参考文献	104
第6章 健康状态(SOH)估计方法	**106**
6.1 SOH 的定义	106
6.2 直接测量法	107
6.2.1 容量法	107
6.2.2 内阻法	108
6.2.3 阻抗法	109
6.2.4 循环次数法	110
6.2.5 其他方法	110
6.3 间接分析法	111
6.3.1 电压曲线法	111
6.3.2 容量增量分析法	111
6.3.3 差分电压分析法	112
6.3.4 差热伏安法	114

		6.3.5 其他方法	115
6.4	数据驱动法		116
	6.4.1	经验拟合法	117
	6.4.2	样本熵	118
	6.4.3	其他方法	119
6.5	多尺度联合估计方法		120
	6.5.1	自适应法	120
	6.5.2	融合法	121
6.6	仿真案例		121
	6.6.1	SOC-SOH 联合估计模型	121
	6.6.2	精度验证	124
6.7	总结		128

本章参考文献　　129

第7章　功率状态(SOP)估计方法　　131

7.1	SOP 的定义		131
7.2	插值法		132
7.3	基于参数的模型法		133
	7.3.1	等效电路模型法	133
	7.3.2	电化学模型法	137
	7.3.3	复合模型法	138
7.4	基于数据驱动的非参数模型估计方法		140
	7.4.1	BP 神经网络法	140
	7.4.2	支持向量机法	141
7.5	仿真案例		142

本章参考文献　　144

第8章　能量状态(SOE)与安全状态(SOS)估计　　146

8.1	能量状态(SOE)估计		146
	8.1.1	定义	146
	8.1.2	功率积分法	147

  8.1.3 开路电压法 …… 147

  8.1.4 基于神经网络的方法 …… 148

  8.1.5 基于模型的方法 …… 148

  8.1.6 仿真实例 …… 149

 8.2 安全状态(SOS)估计 …… 155

  8.2.1 热失控机理 …… 155

  8.2.2 安全预警 …… 157

本章参考文献 …… 158

第3篇 控制方法

第9章 被动均衡及主动均衡 …… 162

 9.1 电池组的不一致性分析 …… 162

  9.1.1 生产因素 …… 163

  9.1.2 使用因素 …… 163

  9.1.3 不一致性的改善 …… 164

 9.2 均衡管理系统 …… 165

  9.2.1 均衡系统架构 …… 165

  9.2.2 均衡系统分类 …… 165

 9.3 均衡电路拓扑结构 …… 166

  9.3.1 被动均衡 …… 166

  9.3.2 主动均衡 …… 167

  9.3.3 均衡拓扑小结 …… 175

 9.4 均衡控制策略 …… 175

  9.4.1 均衡控制变量 …… 176

  9.4.2 控制策略 …… 180

 9.5 总结 …… 182

本章参考文献 …… 183

第10章 优化充电管理 …… 184

 10.1 背景介绍 …… 184

10.2	充电方法	184
	10.2.1　恒流恒压充电	184
	10.2.2　多级恒流充电	185
	10.2.3　脉冲充电	186
10.3	基于模型的充电优化方法	187
	10.3.1　以缩短电池充电时间为优化目标	187
	10.3.2　以延长电池循环使用寿命为优化目标	188
	10.3.3　以提高电池存储能量为优化目标	189
本章参考文献		189

第11章　热管理与热安全　191

11.1	电池温度对性能的影响	191
	11.1.1　低温	191
	11.1.2　高温	192
	11.1.3　温度分布不均	193
11.2	热管理方法	194
	11.2.1　低温加热方法	194
	11.2.2　高温散热方法	197
11.3	热管理控制策略	201
	11.3.1　生热模型	201
	11.3.2　热管理策略	206
本章参考文献		207

第4篇　功能安全与信息安全

第12章　功能安全　210

12.1	ISO 26262《道路车辆功能安全》国际标准简介	210
	12.1.1　产生背景	210
	12.1.2　目的	211
	12.1.3　应用范围和内容	211
	12.1.4　涉及的汽车电子、电气产品	212

12.1.5 新版修订简介 213
12.2 ASIL 213
12.2.1 危害分析与风险评估 214
12.2.2 危害分析与风险评估示例 216
12.2.3 ASIL 分解原则 218
12.2.4 ASIL 分解示例 220
12.3 功能安全开发流程 222
12.3.1 概念开发 222
12.3.2 系统级开发 224
12.3.3 硬件级产品开发 226
12.3.4 软件开发 228
本章参考文献 231

第 13 章 信息安全 233
13.1 汽车信息安全概述 233
13.2 车内通信信息安全 238
13.2.1 车载网络技术 238
13.2.2 车载 CAN 总线通信协议 239
13.2.3 车载 CAN 总线信息安全漏洞 241
13.2.4 车载 CAN 总线攻击方式 243
13.2.5 车载 CAN 总线防护措施 244
13.3 充电信息安全 249
13.3.1 充电总体流程 249
13.3.2 充电过程信息安全防护 252
13.4 远程通信信息安全 253
13.4.1 远程通信信息安全威胁 254
13.4.2 车-云通信安全防护策略 255
13.4.3 车载系统固件无线升级安全技术应用 256
本章参考文献 258

第 5 篇　应用及展望

第 14 章　动力电池的整车应用　　262
14.1　动力电池系统组成　　262
14.2　动力电池成组方式　　263
14.3　电池箱体轻量化　　266
14.3.1　电池系统轻量化设计途径　　266
14.3.2　电池系统轻量化发展趋势　　267
14.4　BMS 应用情况　　268
本章参考文献　　269

第 15 章　未来展望　　270
15.1　数字孪生概念　　272
15.1.1　数字孪生的发展历史　　272
15.1.2　数字孪生概念的不同形态　　272
15.1.3　数字孪生技术的主要特征　　275
15.1.4　数字孪生的意义　　278
15.2　数字孪生在电池管理系统的应用　　282
15.2.1　基于数字孪生的电池系统建模　　284
15.2.2　云端电池管理系统　　285
本章参考文献　　288

第 1 篇　电动汽车及其电池管理系统

第1章 电动汽车

1.1 电动汽车产业背景

石油作为不可再生能源,从长期来看难以持续支撑汽车产业的巨大需求。随着全球经济持续发展,能源紧缺和环境污染问题日益突出,作为石油消耗和污染排放的大户,汽车产业亟待变革。新能源汽车代表着未来汽车产业的发展方向,其在全球范围内的影响力及市场份额正在快速增长。

新能源汽车是汽车产业发展的必然趋势,一些国家发布了新能源汽车发展计划及技术路线图。日本政府多次修订能源计划,发布了《能源基本计划》《纯电动和插电式混合动力汽车指导方针》等,美国政府发布了《电动汽车普及大挑战蓝图》,德国联邦政府发布了《德国联邦政府国家电动汽车发展计划》等,这些发展计划为各国的新能源汽车产业发展起到了技术引领作用。一些国家及车企甚至提出到2030年(或之后时间)只销售新能源汽车的动议。

在我国,新能源汽车已成为战略性新兴产业之一,其发展承载着缓解石油资源需求、改善环境问题、实现产业结构调整和战略转型升级的历史使命。我国高度重视新能源汽车的技术和产业发展。发展新能源汽车是我国从汽车大国到汽车强国的必由之路,近年来我国先后发布了《节能与新能源汽车产业发展规划(2012—2020年)》《新能源汽车产业发展规划(2021—2035年)》《中国制造2025》《节能与新能源汽车技术路线图》(1.0版和2.0版)等一系列战略规划和推进政策,明确了新能源汽车发展的方向。

自2015年新能源汽车产销量跃居全球第一以来,我国已连续六年保持新能源汽车产销量全球第一,2018—2020年新能源汽车年销量都超过了百万辆,

2018、2019、2020 年销量分别为 125.6 万辆、120.4 万辆和 136.7 万辆。2013—2020 年我国新能源汽车的销量如图 1-1 所示。

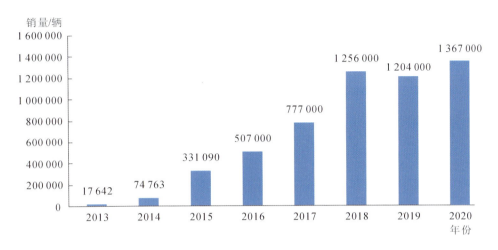

图 1-1　2013—2020 年我国新能源汽车销量

受工业和信息化部委托,由节能与新能源汽车技术路线图战略咨询委员会与中国汽车工程学会编制的《节能与新能源汽车技术路线图》预计我国新能源汽车占比到 2025 年将增至 15% 以上,到 2030 年达到 40% 以上。

1.2　电动汽车分类与发展现状

电动汽车是汽车、电力拖动、功率电子、自动化控制、化学能源、计算机、新能源、新材料等相关工程技术的集成产物。当前电动汽车已进入快速发展阶段,其关键技术和性能指标持续提升,产业规模迅速增长。一般按照目前技术状态和车辆驱动原理并参照 GB/T 19596—2017 的分类方法,把电动汽车分为纯电动汽车(battery electric vehicle,BEV)、混合动力电动汽车(hybrid electric vehicle,HEV)和燃料电池电动汽车(fuel cell electric vehicle,FCEV)三种类型。

1.2.1　纯电动汽车

纯电动汽车是指驱动能量完全由电能提供的、由电动机驱动的汽车。电动机的驱动电能来源于车载可充电储能系统或其他能量储存装置。

纯电动汽车包含车载动力储能装置、动力驱动系统、底盘、车身和各辅助装置以及整车控制系统。其中动力驱动系统包括电动机、驱动控制器和机械传动机构。将纯电动汽车车载动力储能装置中的蓄电池部件更换为内燃机与蓄电池的组合即为混合动力电动汽车；更换为燃料电池，即为燃料电池电动汽车。

纯电动汽车在传统汽车的基础上改变了动力平台，比如转向系统、悬架系统、电动辅助系统、动力系统、动力平台控制系统，这些系统相关的技术是纯电动汽车的核心技术。在纯电动汽车动力系统中，还有三大关键部件：传动系统、动力蓄电池、驱动电机。

电动汽车传动系统的作用是将电动机的驱动转矩传给汽车的驱动轴，当采用电动轮驱动时，传动装置的多数部件常常可以忽略。因为电动机可以带负载启动，所以电动汽车不需要传统燃油汽车上的离合器。因为驱动电动机的旋向可以通过电路控制实现变换，所以电动汽车不需要燃油汽车变速器中的倒挡。在采用电动机无级调速控制时，电动汽车可以省略传统汽车的变速器。在采用电动轮驱动时，电动汽车也可以省略传统燃油汽车传动系统的差速器。

电动汽车上使用的动力电池，目前大致分为铅酸蓄电池、锂电池、镍氢电池。其中镍氢电池仅在丰田的非插电混动车中使用，不适合作为单独的动力源。锂电池是应用最为广泛的电动汽车动力电池。锂电池根据材料的不同，又分为多种，目前应用成熟的主要为三元锂电池和磷酸铁锂电池。

电动机是电动汽车的主要部件之一。由于蓄电池提供的是直流电源，因此直流电动机很早就被用于电动汽车的驱动系统。由于直流驱动系统技术已成熟，因此在电动汽车上有很大一部分采用直流驱动系统。但是由于传统直流电动机转子上的电枢绕组使转子体积和惯性都有所增大，机械式换向器使其工作环境受到限制，且其效率比其他类型电动机低，并且经常需要维修保养，因此，传统直流电动机（DCM）基本上被交流感应电动机（IM）、永磁电动机（PMM）或开关磁阻电动机（SRM）所取代。电动汽车的驱动电动机属于特种电动机，是电动汽车的关键部件。为使电动汽车拥有良好的使用性能，驱动电动机应具有较宽的调速范围及较高的转速，足够大的启动转矩，体积小、质量小、效率高，且有动态制动性能强和能量回馈的性能。

1.2.2 混合动力电动汽车

混合动力电动汽车,是指驱动能量由车载可消耗的燃料或可再充电能/能量存储装置提供的汽车。按照动力系统结构其可分为串联式混合动力电动汽车(series hybrid electric vehicle,SHEV)、并联式混合动力电动汽车(parallel hybrid electric vehicle,PHEV)和混联式混合动力电动汽车(combined hybrid electric vehicle,CHEV)。电动汽车的发展暂时受到动力电源的限制,在目前还找不到理想的高质量比能量和高质量比功率的车载电源。可以说混合动力电动汽车既是一种过渡车型,也是一种独立车型。

在混合动力系统中,将混合度 H 定义为电系统功率 P_{elec} 占动力源总功率 P_{total} 的百分比。根据混合度可将混合动力系统大致分为五类:弱混合、轻度混合、中度混合、重度混合和插电式混合动力系统。

(1)弱混合动力(也称微混合动力)系统:对传统发动机的启动机进行了改造,形成由带传动的发电启动一体式电动机(BSG)。电动机功率较小,仅靠电动机无法使车辆起步,起步过程仍需要发动机介入。在城市循环工况下节油率一般为5%~10%。

(2)轻度混合动力系统:采用了集成启动电动机(integrated starter generator,ISG)。除了能够实现用电动机控制发动机的启停外,还能够在电动汽车制动和下坡工况下,实现对部分能量进行回收。混合度一般在20%以下,代表车型是通用汽车公司的混合动力皮卡车。

(3)中度混合动力系统:采用ISG系统,与轻度混合动力系统不同的是采用了高压电动机,混合度可以达到30%。在城市循环工况下节油率达到20%~30%,技术成熟,应用广泛。本田汽车公司旗下的Insight、Accord和Civic混合动力汽车都采用了这类系统。

(4)重度混合动力(也称全混合动力、强混合动力)系统:采用了272~650 V的高压电动机,混合度可以达到50%以上,在城市循环工况下节油率可以达到30%~50%。随着电动机、电池技术的进步,重度混合动力系统逐渐成为混合动力技术的主要发展方向。丰田普锐斯混合动力汽车采用的就是重度混合动力系统。

(5)插电式混合动力(plug-in hybrid)系统:可以利用外部电网对能量存储装置充电。一般插电式混合动力轿车都有车载充电机,可以使用家用电源充电,具有纯电行驶模式,采用纯电驱动方式,当电池电量使用到一定程度后,采用混合动力驱动方式。在技术方案上,由于要求汽车具有纯电行驶功能,动力系统主要采用串联和混联方案。两者的区别在于:串联方案主要适用于纯电行驶状态,纯电行驶里程较长;混联方案主要适用于混合动力行驶状态,纯电行驶里程较短。在产品技术上,插电式混合动力汽车呈现多样化特点。

1.2.3 燃料电池电动汽车

燃料电池电动汽车,是指以燃料电池系统作为单一动力源或者以燃料电池系统与可充电储能系统作为混合动力源的电动汽车,目前的燃料电池一般是指氢燃料电池。按照驱动形式,燃料电池电动汽车又可分为纯燃料电池电动汽车和燃料电池混合动力电动汽车;按照能量来源,燃料电池电动汽车可分为车载纯氢电动汽车与燃料重整制氢电动汽车两种。

燃料电池是一种以电化学反应方式将氢气与氧气(或空气)的化学能转化为电能的能量转换装置,该化学反应过程中不会产生有害物质。燃料电池电动汽车具有高效率、零排放、低噪声等优势,因此从能源利用率和环境友好性来看,燃料电池电动汽车是一种理想的发展方向,发展燃料电池技术对稳定能源供给、改善能源结构、发展低碳交通具有重要意义。

燃料电池电动汽车的发展大体上可分为四个阶段:2000年之前,主要是概念设计与原理验证;2000—2010年,主要是关键技术攻关与演示示范;2010—2015年,燃料电池电动汽车开始在特定领域取得了商业化应用;2015年之后,开始逐渐进入商业化阶段。

2015年丰田汽车公司推出了Mirai燃料电池轿车并开始在日本、美国和欧洲销售,目前Mirai的续驶里程达到500 km,最高车速可达200 km/h,百千米加速时间为9 s,并可在5 min内实现燃料补充。2016年本田汽车公司推出了燃料电池轿车Clarity,搭载70 MPa的高压储氢罐,续驶里程超过700 km,可在3 min内实现燃料补充。2018年现代汽车公司发布了燃料电池SUV汽车NEXO,其续驶里程达800 km。同年梅赛德斯-奔驰汽车公司在德国发布了

GLC F-cell 燃料电池混合动力汽车,其 NEDC 综合工况续驶里程达 478 km,最高车速为 160 km/h。

我国在燃料电池电堆、关键材料、基础设施等方面同样取得了长足进步。2016 年上海汽车集团发布了荣威 950 燃料电池混合动力轿车,其最大续驶里程达 430 km,可在 -20 ℃ 环境温度下启动;2017 年又推出了燃料电池混合动力客车 FCV80,其采用 35 MPa 高压储氢系统,续驶里程达到 500 km,可在约 5 min 内实现燃料补充。此外,宇通客车、中通客车、东风汽车等车企也均推出了燃料电池客车。

目前制约燃料电池电动汽车发展的瓶颈除燃料电池耐久性问题,关键材料、核心零部件成本及性能问题外,还有氢供给方式。据不完全统计,至 2020 年年底,日本有 142 座公共加氢站,韩国有 60 座公共加氢站,北美有 75 座公共加氢站,德国有 100 座公共加氢站,中国有 69 座公共加氢站。

我国已将燃料电池电动汽车作为面向未来的清洁、低碳和高效发展战略目标,预计到 2025 年实现燃料电池电动汽车在特定地区公共服务用车领域的规模达到 5 万辆;到 2030 年,燃料电池电动汽车将在私人乘用车、大型商用车领域实现大规模商业化推广,预计数量达到 100 万辆。2021 年广汽集团在 FCVC 2021 上发布了新一代燃料电池 SUV Aion LX,加满氢气的 NEDC 工况续驶里程超过 650 km。

1.3　车辆动力学基础

1.3.1　车辆纵向动力学

车辆沿其行进方向上的运动特性由施加在车辆上的该方向全部作用力共同决定,车辆在坡道上受到的作用力如图 1-2 所示。

车辆的牵引力 F_t 由动力装置产生,并经由传动装置传递至驱动轮。当车辆行驶时,阻力会阻碍车辆的运动。根据牛顿第二定律,车辆加速度可表示为

$$\frac{\mathrm{d}v}{\mathrm{d}t} = \frac{\sum F_t - \sum F_a}{\delta M} \tag{1-1}$$

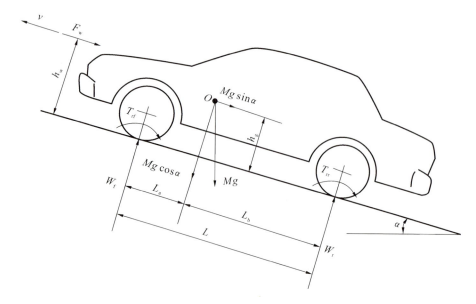

图 1-2 车辆在坡道上受到的作用力示意图

式中:v 为车速;$\sum F_t$ 为车辆的总牵引力;$\sum F_a$ 为总阻力;M 为车辆总质量;δ 为转动惯量系数,是将旋转部件的转动惯量等效成平移质量的系数。

车辆行驶时受到的阻力通常包括空气阻力 F_w、滚动阻力 F_r 和爬坡阻力 F_g。

空气阻力 F_w 来自车辆行驶时空气对车辆的阻碍力,空气阻力主要由形状阻力和外壳摩擦力形成。空气阻力可表示为

$$F_w = \frac{1}{2}\rho_a A_f C_D (v - v_w)^2 \tag{1-2}$$

式中:C_D 为车身特征的空气阻力系数;A_f 为汽车横截面积;ρ_a 为空气密度;v_w 为风速在车辆运动方向上的分量,当 v_w 与车速方向相同时为正,与车速方向相反时为负。

车辆在硬地面上行驶时,滚动阻力 F_r 主要来自轮胎材料的滞变作用。滚动阻力可表示为

$$F_r = Mg f_r \cos\alpha \tag{1-3}$$

式中:f_r 为车辆的滚动阻力系数;α 为地面的倾斜角(见图 1-2)。

滚动阻力系数 f_r 与轮胎材料、轮胎结构、轮胎温度、轮胎充气压力、外胎面几何形状、路面材料、路面粗糙程度和路面上有无液体等因素相关,表 1-1 给出了各种类型路面上滚动阻力系数的典型值。近年来,研究人员已开发出滚动阻

力系数小于 0.01 的低阻力轮胎,可有效降低车辆能耗。

表 1-1 常见路面的滚动阻力系数

路面条件	滚动阻力系数
混凝土或沥青路面	0.013
压实的沙砾路面	0.02
沥青碎石路	0.025
未铺路面	0.05
田地	0.1~0.35
混凝土或沥青路面(货车轮胎)	0.006~0.01
铁轨上	0.001~0.002

当车辆上坡或者下坡时,其本身重量将产生一个始终指向下坡方向的分力(见图 1-2)。在上坡时该分力起到阻碍车辆行进的作用,这一因路面坡度所产生的力通常称为爬坡阻力。爬坡阻力可表达为

$$F_g = Mg \sin\alpha \tag{1-4}$$

为简化计算,当路面倾斜角 α 较小时,通常使用坡度值 i 代替 $\sin\alpha$ 的值。如图 1-3 所示,坡度的定义为

$$i = \frac{H}{L} = \tan\alpha \approx \sin\alpha \tag{1-5}$$

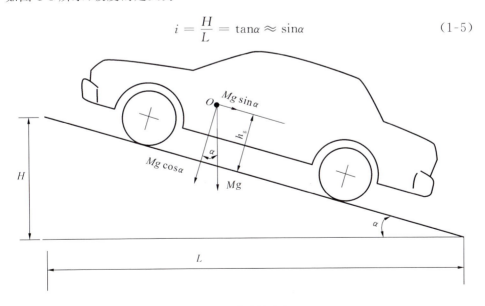

图 1-3 坡度的定义

有时将轮胎的滚动阻力和爬坡阻力一起称为路面阻力,表示为

$$F_{\mathrm{rd}} = F_{\mathrm{r}} + F_{\mathrm{g}} = Mg(f_{\mathrm{r}}\cos\alpha + \sin\alpha) \tag{1-6}$$

当路面倾斜角 α 较小时,路面阻力可以简化为

$$F_{\mathrm{rd}} = F_{\mathrm{r}} + F_{\mathrm{g}} = Mg(f_{\mathrm{r}} + i) \tag{1-7}$$

1.3.2　车辆动力学方程

两轴车辆上坡时纵向受力如图 1-2 所示。作用于车辆上的主要外力包括前后轮胎的滚动阻力 F_{rf} 和 F_{rr}、空气阻力 F_{w}、爬坡阻力 F_{g} 和前后轮胎上的牵引力 F_{tf} 和 F_{tr}。其中滚动阻力 F_{rf} 和 F_{rr} 分别由滚动阻力矩 T_{rf} 和 T_{rr} 表征。对于后轮驱动车辆 F_{tf} 为零,对于前轮驱动车辆 F_{tr} 为零。

车辆纵向的动力学方程为

$$M\frac{\mathrm{d}v}{\mathrm{d}t} = (F_{\mathrm{tf}} + F_{\mathrm{tr}}) - (F_{\mathrm{rf}} + F_{\mathrm{rr}} + F_{\mathrm{w}} + F_{\mathrm{g}}) \tag{1-8}$$

式中:$\mathrm{d}v/\mathrm{d}t$ 为汽车的纵向加速度。公式(1-8)中等号右边的第一部分是总牵引力,第二部分是总阻力。

1.3.3　车辆最高车速

车辆的性能通常用最高车速、爬坡能力和加速性能来描述。路面行驶的车辆,一般假定其最大牵引力受制于动力装置的最大转矩,而不是受制于路面的附着力。

车辆最高车速定义为在平坦路面上,在动力装置全加载(发动机节气门全开或电动机全功率输出)情况下,车辆所能保持的恒定巡航速度。最高车速取决于车辆牵引力和阻力之间或动力装置的最高转速和传动装置最小传动比之间的平衡。牵引力和阻力之间的平衡可表达为

$$\frac{T_{\mathrm{p}} i_{\mathrm{g}} i_{0} \eta_{\mathrm{t}}}{r_{\mathrm{d}}} = Mg f_{\mathrm{r}} \cos\alpha + \frac{1}{2}\rho_{\mathrm{a}} C_{\mathrm{D}} A_{\mathrm{f}} v^{2} \tag{1-9}$$

式中:T_{p} 为动力装置的输出转矩;i_{g} 为变速器的传动比,$i_{\mathrm{g}} = N_{\mathrm{in}}/N_{\mathrm{out}}$($N_{\mathrm{in}}$ 为输入端转速,N_{out} 为输出端转速);i_{0} 为主减速器的传动比;η_{t} 为从动力系统到驱动轮的传动效率;r_{d} 为车轮半径。

值得注意的是，对于某些车辆，最高车速取决于动力装置的最高转速。此时最高车速的表达式为

$$v_{\max} = \frac{\pi}{30} \frac{n_{\mathrm{pmax}}}{i_0} \frac{r_\mathrm{d}}{i_{\mathrm{gmin}}} \ (\mathrm{m/s}) \tag{1-10}$$

式中：n_{pmax} 表示发动机（或电动机）的最高转速；i_{gmin} 表示传动装置的最小传动比。

1.3.4 车辆爬坡能力

爬坡能力通常定义为车辆能以某一恒定速度克服的坡度。对于重型货车和越野车，爬坡能力定义为在车辆全速范围内可通过的最大坡度。

当车辆以恒速在坡度较小路面上行驶时，其牵引力和阻力达到平衡，表达为

$$\frac{T_\mathrm{p} \, i_0 \, i_\mathrm{g} \, \eta_\mathrm{t}}{r_\mathrm{d}} = M g f_\mathrm{r} + \frac{1}{2} \rho_\mathrm{a} C_\mathrm{D} A_\mathrm{f} v^2 + M g i \tag{1-11}$$

因此坡度表达式为

$$i = \frac{T_\mathrm{p} \, i_0 \, i_\mathrm{g} \, \eta_\mathrm{t} / r_\mathrm{d} - M g f_\mathrm{r} - \frac{1}{2} \rho_\mathrm{a} C_\mathrm{D} A_\mathrm{f} v^2}{M g} = d - f_\mathrm{r} \tag{1-12}$$

其中 d 为运行系数，其表达式为

$$d = \frac{F_\mathrm{t} - F_\mathrm{w}}{M g} = \frac{T_\mathrm{p} \, i_0 \, i_\mathrm{g} \, \eta_\mathrm{t} / r_\mathrm{d} - \frac{1}{2} \rho_\mathrm{a} C_\mathrm{D} A_\mathrm{f} v^2}{M g} \tag{1-13}$$

当车辆在较大坡度的道路上行驶时，其爬坡能力可以通过以下公式加以计算：

$$\sin\alpha = \frac{d - f_\mathrm{r} \sqrt{1 - d^2 + f_\mathrm{r}^2}}{1 + f_\mathrm{r}^2} \tag{1-14}$$

1.3.5 车辆的加速性能

车辆的加速性能通常用车辆在平坦路面上从 v_1 加速到 v_2 所需的最短时间和经过的距离，即加速时间和加速距离予以描述。根据公式(1-8)，可以得到车辆的加速度表达式：

$$a = \frac{\mathrm{d}v}{\mathrm{d}t} = \frac{F_t - F_f - F_w}{M\delta} = \frac{T_p i_0 i_g \eta_t / r_d - Mg f_r - \frac{1}{2}\rho_a C_D A_f v^2}{M\delta}$$

$$= \frac{g}{\delta}(d - f_r) \tag{1-15}$$

式中：δ 为转动惯量系数，其意义为旋转部件动能产生的等效质量增加。

因此，从低速 v_1 到高速 v_2 的加速时间 t_a 和加速距离 s_a 分别为

$$t_a = \int_{v_1}^{v_2} \frac{M\delta}{T_p i_0 i_g \eta_t / r_d - Mg f_r - \frac{1}{2}\rho_a C_D A_f v^2} \mathrm{d}v \tag{1-16}$$

$$s_a = \int_{v_1}^{v_2} \frac{M\delta v}{T_p i_0 i_g \eta_t / r_d - Mg f_r - \frac{1}{2}\rho_a C_D A_f v^2} \mathrm{d}v \tag{1-17}$$

1.3.6 车辆功率与能量需求

车辆输出功率需求为阻力功率与车辆加速功率之和，其表达式如下：

$$P_e = \frac{v}{\eta_t}\left(F_r + F_w + F_g + M\delta \frac{\mathrm{d}v}{\mathrm{d}t}\right) \tag{1-18}$$

还可以表达为

$$P_e = \frac{v}{1000\,\eta_t}\left(Mg f_r \cos\alpha + \frac{1}{2}\rho_a C_D A_f v^2 + Mg \sin\alpha + M\delta \frac{\mathrm{d}v}{\mathrm{d}t}\right) \tag{1-19}$$

车辆在一段时间内的能量需求可表达如下：

$$E_t = \int_{t_0}^{t_1} P_e \mathrm{d}t \tag{1-20}$$

本章参考文献

[1] EHSANI M, GAO Y M, EMADI A, et al. Modern electric, hybrid electric, and fuel cell vehicles: fundamentals, theory, and design[M]. 3rd ed. Boca Raton: CRC Press, 2018.

第 2 章
电动汽车动力电池

动力电池作为新能源汽车的能量储存装置,其性能直接影响新能源汽车的性能及市场认可度。动力电池应满足安全性、比能量、比功率、效率、维护、管理、成本、环境适应性以及环境友好性等因素的要求。对于纯电动汽车,制约车辆行驶里程的比能量成为首要考虑的因素;对于混合动力电动汽车,比功率成为首要考虑的因素。

目前,铅酸电池、镍氢电池和锂离子电池在电动汽车领域均有应用。锂离子电池具有比能量高、比功率高、自放电率低、无记忆效应及环境友好等突出优点,成为目前研究及产业化应用的重点,其应用领域覆盖了纯电动汽车、混合动力电动汽车和燃料电池电动汽车。

2.1 动力电池原理与种类

动力电池种类繁多,根据供电原理可大体分为化学电池、物理电池和生物电池,如图 2-1 所示。动力电池在电动汽车中的主流应用仍为化学电池。早期新能源汽车储能系统应用的是铅酸电池;20 世纪 80 年代镍氢电池技术获得突破,在混合动力汽车中得到产业化应用;高性能锂离子电池则进一步推动了新能源汽车的飞速发展。

电动汽车应用的动力电池类型及能量密度特性如图 2-2 所示。图中用区域来表示电池体系的体积能量密度和质量能量密度,其原因是电池性能不仅与电化学体系相关,也与结构设计和工艺等因素相关。

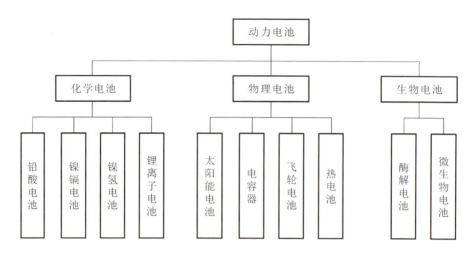

图 2-1 动力电池常见类别

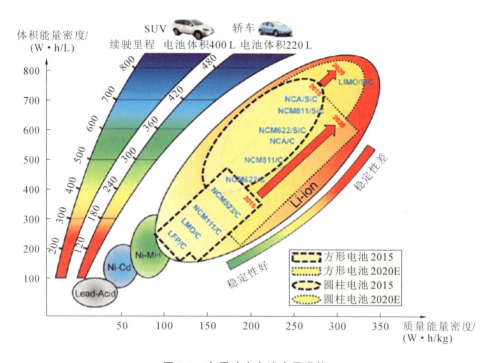

图 2-2 车用动力电池应用现状

主要动力电池的特性如表 2-1 所示。从表中可以看出,铅酸电池、镍镉电池、镍氢电池的安全性及制造成本具有优势,但其能量密度较低,且存在较为严重的环境影响,因此难以满足电动汽车应用对性能和环保的需求。

表 2-1　主要动力电池的特性

项目	铅酸电池	镍镉电池	镍氢电池	锂离子电池
质量能量密度/(W·h/kg)	33～42	50～80	70～95	118～250
体积能量密度/(W·h/L)	60～110	50～150	140～300	250～693
质量功率密度/(W/kg)	180	200	200～300	200～430
体积功率密度/(W/L)	450	200	300	800
自放电率(每月)	<5%	10%	20%	<5%
工作温度/℃	-10～50	-20～50	-20～60	-20～60
循环寿命/次	>300	>800	>800	>1000
环境影响	重金属	镉严重污染	重金属	相对较小
安全性	★★★★★	★★★★★	★★★★★	★★★
制造成本	★★	★★	★★★	★★★★

2.1.1　铅酸电池

铅酸电池发明至今已有 160 年的历史,目前仍在汽车领域有着广泛的应用。铅酸电池的正极板材料一般为二氧化铅(PbO_2),负极板材料为海绵铅(Pb),电解液为稀硫酸(H_2SO_4)溶液。

当铅酸电池放电时,负极板上的铅放出电子,并在负极板上生成硫酸铅($PbSO_4$);正极板的铅离子(Pb^{4+})得到电子后,变成二价铅离子(Pb^{2+})并与硫酸根离子反应,在正极板上生成 $PbSO_4$。放电过程中 H_2SO_4 的浓度不断下降,正负极板上的 $PbSO_4$ 增加,电池电动势降低。

在充电过程中,正极板上的 $PbSO_4$ 与水反应,在正极板上生成 PbO_2,负极板附近游离的 Pb^{2+} 转化为 Pb,并附着在负极板上,电解液中 H_2SO_4 的浓度不断上升,电池电动势升高。

铅酸电池中的化学反应如下。

负极反应:
$$Pb + HSO_4^- \rightleftharpoons PbSO_4 + H^+ + 2e^- \qquad (2-1)$$

正极反应:
$$PbO_2 + 3H^+ + HSO_4^- + 2e^- \rightleftharpoons PbSO_4 + 2H_2O \qquad (2-2)$$

电池反应：

$$Pb + PbO_2 + 2H^+ + 2HSO_4^- \rightleftharpoons 2\,PbSO_4 + 2H_2O \qquad (2\text{-}3)$$

阀控式铅酸电池（VRLA）为免维护式电池，可分为胶体电解液（GFL）电池与超细玻璃纤维隔板（AGM）电池两大类。在充电后期或过充时，电池正极生成的氧气通过内部通道扩散至负极，再重新化合为水。当电池内部压力低于安全阀限定值时，安全阀紧闭，防止外部空气进入电池内部；当电池内部压力高于安全阀限定值时，安全阀向外排气，避免电池内部压力过高。

内部氧循环时的氧复合反应如下：

$$2Pb + 2H^+ + 2HSO_4^- + O_2 \rightleftharpoons 2\,PbSO_4 + 2H_2O \qquad (2\text{-}4)$$

2.1.2 镍镉电池

镍镉电池有一百多年的发展历史，由于其具有容量高、易维护、成本低和工艺简单等特点而得到较为广泛的应用。镍镉电池的结构包括袋式极板结构、烧结式极板结构和纤维式结构等多种。

镍镉电池采用氢氧化钾（KOH）作为电解液，因此是一种碱性电池。其正极活性材料为碱式氧化镍（NiOOH），负极活性材料为镉（Cd）。化学反应过程为

$$2NiOOH + Cd + 2H_2O \rightleftharpoons 2\,Ni(OH)_2 + Cd(OH)_2 \qquad (2\text{-}5)$$

在放电过程中，Cd 被氧化生成 $Cd(OH)_2$，NiOOH 被还原生成 $Ni(OH)_2$，同时电解液失水；在充电过程中有水生成。镍镉电池存在记忆效应，若长期在镍镉电池容量未放完时进行充电，会造成电池可用容量下降。

镍镉电池的主要有害物质是镉，高浓度的镉会在生物体内富集，最终通过食物链进入人体从而危及人体健康。

2.1.3 镍氢电池

镍氢电池的设计原理与镍镉电池的相同，但在记忆效应以及重金属污染特性上有较大改善。

镍氢电池采用氢氧化钾（KOH）作为电解液，因此是一种碱性电池。其正极材料为氢氧化镍/碱式氧化镍（$Ni(OH)_2$/NiOOH），负极材料为储氢合金

(M/MH_x)。储氢合金包含 AB_2（如 $TiMn_2$）、AB_5（如 $LaNi_5$）、AB（如 $TiFe$）、A_2B（如 Mg_2Ni）等多种类型。储氢合金在储氢时体积膨胀，释放氢时体积缩小；其具有金属的部分物理特性如导电性和导热性等，但力学性能较差。

镍氢电池中的化学反应如下。

负极反应：
$$MH + OH^- \rightleftharpoons M + H_2O + e^- \tag{2-6}$$

正极反应：
$$NiOOH + H_2O + e^- \rightleftharpoons Ni(OH)_2 + OH^- \tag{2-7}$$

电池反应：
$$MH + NiOOH \rightleftharpoons M + Ni(OH)_2 \tag{2-8}$$

在充放电过程中，H_2O 和 OH^- 只起到电荷传递作用而不参与电极反应，因此充放电过程中 KOH 电解液的浓度不变。

2.1.4 锂离子电池

与铅酸电池、镍镉电池和镍氢电池相比，锂离子电池的充放电倍率、能量密度、功率密度、循环寿命等指标都具有优势。

锂离子电池一般由正极、负极、隔膜、电解液、集流体、外壳等部分构成，在商业化应用中，锂离子电池的正极材料主要包括钴酸锂、磷酸亚铁锂、锰酸锂，以及镍钴锰三元材料、镍钴铝三元材料等几种锂金属氧化物，负极材料主要包括石墨、钛酸锂、硅碳复合材料、单体硅、硅合金等。电解液通常由高纯度的有机溶剂、电解质锂盐和添加剂按比例配制而成；有机溶液包含碳酸丙烯酯（PC）、碳酸乙烯酯（EC）、碳酸甲乙酯（EMC）等材料；电解质锂盐有 $LiPF_6$、$LiPF_4$ 等材料。隔膜主要包括单层聚丙烯（PP）、单层聚乙烯（PE）、双层 PP/PE、三层 PP/PE/PP 复合膜等类型。

电池充电时，锂离子（Li^+）从正极材料的晶格间脱出，通过电解液迁移至负极表面，并嵌入负极材料的晶格，电子则通过外电路到达负极。电池放电过程中，Li^+ 从负极材料的晶格中脱出，经过电解液，嵌入正极材料的晶格。充放电过程中，Li^+ 在正负极间反复嵌入和脱嵌，因此锂离子电池也被称为"摇椅电池"。

2.1.4.1 磷酸亚铁锂电池

LiFePO$_4$具有有序的橄榄石结构,其晶体结构如图2-3所示。

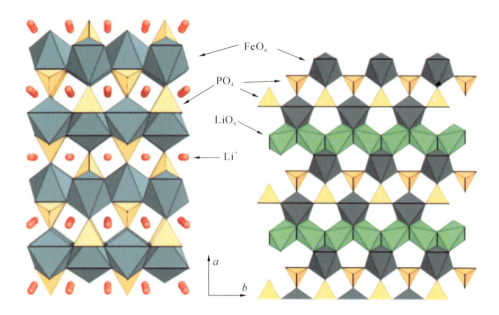

图2-3 LiFePO$_4$的晶体结构

LiFePO$_4$的理论比容量为170 mA·h/g,由于嵌脱锂反应为两相反应,其电压平台非常平稳(3.4V vs. Li/Li$^+$)。其嵌脱锂反应如下:

$$\text{LiFePO}_4 \rightleftharpoons x\text{FePO}_4 + x\text{Li}^+ + x\text{e}^- + (1-x)\text{LiFePO}_4 \tag{2-9}$$

LiFePO$_4$具有较高的安全稳定性,价格低、环境友好,在电动汽车特别是客车领域获得了广泛应用。其不足为充放电倍率较低和低温性能较差,充放电电压平台较低。

2.1.4.2 锰酸锂电池

LiMn$_2$O$_4$为立方尖晶石结构,其晶体结构如图2-4所示。

锰酸锂电池中的反应如下。

负极反应:

$$x\text{Li}^+ + \text{C}_6 + x\text{e}^- \rightleftharpoons \text{C}_6\text{Li}_x \tag{2-10}$$

正极反应:

$$\text{LiMn}_2\text{O}_4 \rightleftharpoons \text{Li}_{1-x}\text{Mn}_2\text{O}_4 + x\text{Li}^+ + x\text{e}^- \tag{2-11}$$

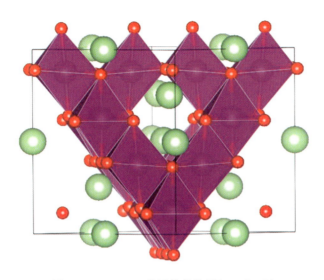

图 2-4 $LiMn_2O_4$ 的晶体结构(绿-Li,红-O)

电池反应：

$$LiMn_2O_4 + C_6 \rightleftharpoons Li_{1-x}Mn_2O_4 + C_6Li_x \quad (2-12)$$

$LiMn_2O_4$ 的资源丰富，价格较低，且安全性好，对环境无污染，因此也获得了一定的应用。其缺点为高温循环性能较差，循环容量衰减较为明显。

2.1.4.3 三元锂离子电池

三元锂离子电池即正极材料为镍钴锰酸锂（NCM）或镍钴铝酸锂（NCA）等材料的锂离子电池。与磷酸铁锂相比较，三元锂离子电池的能量密度较高。

NCM 三元材料通常可以表示为 $LiNi_xCo_yMn_zO_2$，根据 $x:y:z$ 的值不同，可分为 1：1：1 的 NCM333 材料，5：2：3 的 NCM523 材料，6：2：2的 NCM622 材料，8：1：1 的 NCM811 材料等。其中 Ni 含量小于 60% 的 NCM 为常规三元材料，Ni 含量大于或等于 60% 的材料为高镍材料，NCA 属于高镍材料。

$LiNi_xCo_yMn_zO_2$ 属于六方晶系，可以认为是层状结构 $LiMn_2O_4$ 和 $LiMO_2$（其中 M 为 Ni、Co、Mn）的固溶体。Co 和 Mn 的化合价分别为 +3 和 +4，当 $x:z$ 为 1：1 时，即为 NCM333 或 NCM424 材料时，Ni 的化合价为 +2，此时的三元材料为对称性三元材料。若 $x:z \neq 1:1$，即为 NCM523、NCM622 等材料时，Ni 为 +2 和 +3 的混合价态，此时的三元材料为非对称性三元材料。

不同组分三元材料的热稳定性、容量保持率和容量密度特性如图 2-5 所示。

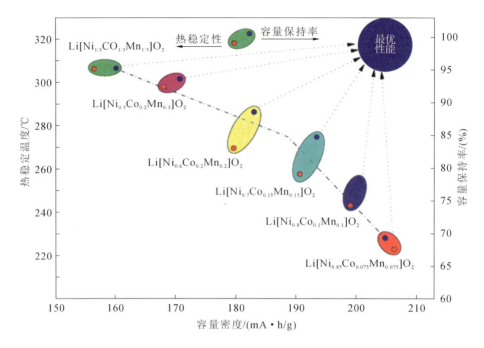

图 2-5 不同组分三元材料的性能示意图

2.1.4.4 钛酸锂负极材料电池

钛酸锂主要包括 Li_4TiO_4、Li_2TiO_3、$Li_4Ti_5O_{12}$ 和 $Li_2Ti_3O_7$。其中 $Li_4Ti_5O_{12}$（LTO）为尖晶石结构，其安全性、循环稳定性好，获得了较多应用。

$Li_4Ti_5O_{12}$ 的晶体结构如图 2-6 所示。

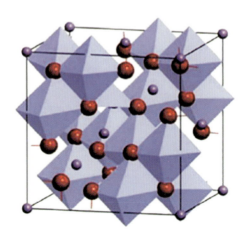

图 2-6 $Li_4Ti_5O_{12}$ 的晶体结构

钛酸锂负极材料在充放电过程中体积变化很小,因此也被称为零应变材料。与普通的石墨负极材料相比,钛酸锂的电压平台约为(1.5V vs. Li/Li$^+$),因此可避免负极析锂问题,从而提升电池安全性。

LTO 电池具有较好的快速充电特性,充电倍率可达 10C 甚至 20C,且工作温度范围较大。其缺点为电池电压平台低,能量密度低等。

2.2 动力电池性能参数

2.2.1 标称参数

2.2.1.1 电池容量

电池容量指在一定的放电条件下可以从电池获得的电量,用符号 C 表示,一般用安·时(A·h)作为单位。电池容量又可分为理论容量、额定容量和实际容量。

电池的理论容量是假设活性物质全部参加电池反应所得到的电量,常用 C_T 来表示,理论容量可根据活性物质的质量由法拉第定律计算得出。法拉第定律的表达式为

$$Q = nF\frac{m}{M} \tag{2-13}$$

式中:Q 为参与反应的电池电量(A·h);n 为得失电子数量;m 为参与反应的活性物质质量(g);F 为法拉第常数;M 为活性物质的摩尔质量(g/mol)。

理论容量的计算公式可表示为

$$C_T = 26.8n\frac{m_0}{M} \tag{2-14}$$

式中:m_0 为电极上参与反应的活性物质质量。

额定容量是指在电池设计和制造时,规定电池在一定的放电条件(如温度、放电终止电压、放电倍率等)下可放出的最低限度容量,常用 C_R 表示。

实际容量是指在一定放电条件下电池的实际放电量,常用 C_P 表示,实际容量等于放电电流与放电时间的积分,可表示为

$$C_P = \int_{t_0}^{t_{cut}} i(t)\mathrm{d}t \tag{2-15}$$

式中：t_0 为电池满电的时刻；t_{cut} 为电池放电至电压达到截止电压的时刻；$i(t)$ 为放电电流。

恒流放电时测量得到的电池实际容量可表示为

$$C_P = IT \tag{2-16}$$

式中：I 为恒流放电电流；T 为电池放电至电压达到截止电压所需时长。

由于实际电流受放电电流或放电倍率的影响很大，因此经常在 C 的右下角以下标表明放电倍率。例如 $C_1 = 80\,A·h$，表示在1C倍率下电池的放电容量为 $80\,A·h$。从严格意义上讲，给出电池容量时，必须给出放电倍率。

电池的实际容量由活性物质质量及其利用率决定，由于存在内阻等，活性物质利用率总是小于1，因而电池的实际容量、额定容量总是低于理论容量。

在电池高倍率放电时，由于电极极化程度增强，放电电压下降很快，所测得的实际容量较低；在低倍率放电时，电极极化较小，放电电压下降缓慢，因此所测得的实际容量较高，有时还可能会高于额定容量。

2.2.1.2 电池电压

电动势是电池理论上输出能量能力的表征之一，又称为热力学平衡电位，是指电池正极与负极平衡电势（平衡电位）的差，一般用 E 表示。其表达式为

$$E = \phi_+ - \phi_- \tag{2-17}$$

式中：ϕ_+ 为电池正极的平衡电位；ϕ_- 为电池负极的平衡电位。

开路电压是指外电路中没有电流流过时，电池正、负极间的电位差，一般用 U_{ocv} 表示。开路电压主要由活性物质、电解质、电池中所进行反应的性质和条件（如浓度、温度等）决定，与电池的形状结构和尺寸大小无关，一般情况下开路电压小于电动势。

工作电压是指电池连接负载时，在工作电流下端子间的电位差，一般用 U_{cc} 表示。放电时电池的工作电压总是低于开路电压，也低于电池的电动势，这是因为电池放电时必须克服极化内阻和欧姆内阻的影响，其表达式为

$$U_{cc} = E - IR_i = E - I(R_\Omega + R_f) \tag{2-18}$$

式中：R_i 为电池内阻；R_Ω 为欧姆内阻；R_f 为电池的极化内阻。

放电时间、放电电流、环境温度、放电终止电压等都会影响电池的工作电压。

标称电压是标注在电池上的或指明电池在正常工作时的电压近似值,也称为额定电压,可以用来区分不同的电化学体系电池。铅酸电池、镍氢电池、磷酸亚铁锂电池、锰酸锂电池等都有各自的标称电压。

放电终止电压是指电池放电时,电压下降到不宜再继续放电的最低工作电压,也称为放电截止电压。放电截止电压与电池的类型及工况均相关,若电池电压低于截止电压时继续放电则为过放电,过放电可能破坏电池的正常功能甚至引发危害事故。

类似于放电截止电压,电池恒压充电时可达到的最大电压为充电截止电压。

2.2.2 电气参数

2.2.2.1 内阻

电池内阻 R_i 是指电池在工作时,电流流过电池内部所受到的阻力,它包括欧姆内阻 R_Ω 和极化内阻 R_f。

欧姆内阻主要由电极材料、电解液、隔膜等组件的电阻及各组件间的接触电阻组成,欧姆内阻与电池温度、容量、老化程度等状态相关,也与电池的尺寸、结构、装配等有关。

电流通过电极时,电极电势偏离平衡电势的现象称为极化。极化内阻是指电池的正极与负极在进行电化学反应时由于极化过程而产生的内阻,包括电化学极化内阻和浓差极化内阻。极化内阻的大小与电池的工作电流、温度等条件相关,同样也与活性物质特性、电极结构和电池工艺等有关。在放电电流密度较大时,电化学极化和浓差极化程度均增加,甚至可能引起电极表面的钝化,造成极化内阻增加;另外低温对电化学极化、离子的扩散均有不利影响,在低温下电池的极化内阻也会增加。

2.2.2.2 充放电电流

充放电电流是指电池充放电时的电流大小。充放电电流的大小直接影响到电池的各项性能指标。充放电电流一般以倍率和时率来表示。

充放电倍率是指充放电电流与额定容量的比值。例如:额定容量为 10 A·h 的电池以 2 A 的电流充电,其充电倍率为 0.2C;额定容量为 10 A·h

的电池以 15 A 的电流放电时,其放电倍率为 1.5C。

时率是以电池工作时间来表示的,即以一定电流放完额定容量大小的电量所需的时间(小时)。例如,电池的额定容量为 50 A·h,以 10 A 电流放电,则时率为 50 A·h/10 A＝5 h,称电池以 5 h 的时率放电。放电时率越短,电流越大;时率越长,电流越小。

2.2.2.3 能量

电池能够实现化学能与电能的相互转换。电池能量对应一定条件下电池对外做功所能输出的电能,通常用瓦·时(W·h)表示。对于化学反应体系的化学能变化过程,可通过 Gibbs 自由能来描述。

电池的理论能量 W_T 对应电池在等温等压条件下的最大非体积功,即

$$W_T = -\Delta G = nFE \tag{2-19}$$

电池的实际能量 W_A 为电池在一定工况下实际输出的能量,可用电池实际电流与端电压乘积的积分来表述,其表达式为

$$W_A = \int U(t) I(t) \mathrm{d}t \tag{2-20}$$

在电动汽车实际应用中,有时会用电池容量与电池额定电压的乘积来估算电池的实际能量,其表达式为

$$W_A = C_R U_R \tag{2-21}$$

电池比能量是指单位体积或单位质量电池所能输出的能量。

单位质量电池的可用能量称为质量比能量,或质量能量密度,是电池可用能量与电池质量 m 的比值,单位为 W·h/kg,即

$$W' = W/m \tag{2-22}$$

单位体积电池的可用能量称为体积比能量,或体积能量密度,是电池可用能量与电池体积 V 的比值,单位为 W·h/L,即

$$W' = W/V \tag{2-23}$$

2.2.2.4 功率

电池功率 P 是指在一定工况下,单位时间内电池输出的能量,功率的单位为瓦(W)或千瓦(kW)。

电池比功率是指单位体积或单位质量电池所能输出的功率。

单位质量电池的可用功率称为质量比功率,或质量功率密度,是电池可用功率与电池质量 m 的比值,单位为 W/kg,即

$$P' = P/m \qquad (2\text{-}24)$$

单位体积电池的可用功率称为体积比功率,或体积功率密度,是电池可用功率与电池体积 V 的比值,单位为 W/L,即

$$P' = P/V \qquad (2\text{-}25)$$

2.2.3 其他参数

2.2.3.1 寿命

电池寿命包含循环寿命和储存寿命。

循环寿命是电池在特定条件下,容量降低至某一限值时,所能达到的最大充放电循环次数。电池一次充电及放电过程即为一个循环。循环寿命受到充放电速率、放电深度和环境温度等因素的影响。

储存寿命指从电池制成到其容量降低至某一限值时所经历的时间。电池储存包括干态储存和湿态储存。湿态储存方式为电池带电解液储存,在这种储存方式下,电池自放电现象一般较为明显,储存寿命相对较短。干态储存方式下电池的储存寿命相对更长。

2.2.3.2 自放电

自放电是指电池在开路状态下,电池内部非期望的化学反应造成的可用容量下降。电池发生自放电主要是由于电极在电解液中处于热力学不稳定状态,电极发生了氧化还原反应。

自放电造成的容量损失包含可逆损失和不可逆损失。可逆损失是指经过再次充电过程电池容量可以恢复的现象,而电池容量损失不可逆则表示容量不能恢复。

自放电的程度与电池的电极材料、制备过程、存放温度和储存时间等因素都相关,可以用自放电率 R_{sd} 来描述电池容量损失的速度,即

$$R_{sd} = \frac{C_0 - C(T)}{C_0 T} \qquad (2\text{-}26)$$

式中:T 代表储存时间;C_0 代表电池在初始状态下的容量;$C(T)$ 代表 T 时刻电

池的剩余容量。

2.3 动力电池的发展趋势

铅酸电池价格低廉,但其比能量和比功率低,且存在重金属污染问题。镍镉电池的能量密度和功率密度优于铅酸电池,但其镉污染问题和记忆效应限制了其广泛应用。镍氢电池的循环寿命和比能量不够理想。目前,锂离子电池以其能量密度、功率密度、寿命等方面的优势成为电动汽车用动力电池的主流。

从外部形态看,目前锂离子电池的封装形式主要有方形硬包、圆柱形硬包和软包三大类,如图2-7所示。

(a) 方形硬包电池　　　　(b) 圆柱形硬包电池　　　　(c) 软包电池

图2-7　不同封装形式的锂离子电池

目前制约锂离子电池在电动汽车领域继续发展的主要瓶颈在于其成本、寿命、充电速度、安全性等方面,在这些方面寻求突破也是锂离子电池未来发展的重点方向。

相对于笔记本电脑、手机以及固定应用(如储备能源)等场合,电动汽车用锂离子电池的使用环境更加复杂多变和恶劣。例如电池的工作温度范围更大、存在持续震动和大倍率充放电需求等。高温会加速电池内部的各种副反应过程,加速电池老化,并有导致热失控的风险;低温工作会导致电池性能下降,且低温充电时导致的析锂可能会刺穿隔膜,引发内短路甚至安全事故。此外,动力电池的安全性需求也高于消费类电子产品的,因此,如何提升动力电池的电安全、机械安全和环境安全特性是动力电池发展的研究重点。

动力电池寿命包括标准循环寿命、工况循环寿命和日历循环寿命。标准循环寿命是指在一定的充放电制度(比如规定的放电电流、放电环境温度、放电截止电压等)下,电池容量衰减到某一规定值(通常而言是额定容量的80%)之前,电池能经受的充电与放电循环次数。工况循环寿命是指动力电池在特定应用场景下的使用寿命。日历循环寿命是电池从生产之日起到寿命终止之日的时间长度。提升动力电池在各种复杂工况下的寿命是动力电池发展的重要方向。

随着整车对续驶里程要求的不断提升,具备更高能量密度的动力电池技术及体系也在不断发展之中。如高镍正极材料、硅负极材料、固体电解质等锂离子电池材料技术,以及锂硫电池、锂-空气电池、钠-空气电池等新体系电池也值得关注。动力电池需要兼顾能量密度、功率密度、稳定性、安全性和寿命等综合性能。

此外,在电池规格、尺寸方面,目前电动汽车用动力电池行业尚未做到统一,导致产品种类和尺寸繁多,由此带来了诸多问题,在制造端增加了电池生产企业的研发成本,不利于企业开展更大规模的生产制造,同时也增加了电池集成企业和整车的研发成本,难以采用平台化和模块化的设计理念降低成本,而且还增加了梯次利用的复杂性和困难程度。因此动力电池规格、尺寸的标准化发展也将成为行业发展的趋势。

本章参考文献

[1] FENG X,OUYANG M G,LIU X,et al. Thermal runaway mechanism of lithium ion battery for electric vehicles:A review[J]. Energy Storage Materials,2018,10:246-267.

[2] XIONG R,SHEN W. Advanced battery management technologies for electric vehicles[M]. Chichester:Wiley,2019.

[3] 肖成伟. 电动汽车工程手册(第四卷):车用动力蓄电池[M].北京:机械工业出版社,2019.

[4] HAN X B,LU L G,ZHENG Y J,et al. A review on the key issues of the lithium ion battery degradation among the whole life cycle[J]. eTransportation,2019,1:100005.

第3章
动力电池管理系统关键技术

3.1 电池管理系统概述

电池管理系统(battery management system,BMS)是衔接电池组、整车系统和电动机的重要纽带,其主要功能是保证电池系统的安全性和可靠性,提高充放电效率,延长电池使用寿命,并增加电动汽车的续驶里程。由于单体电池容量和电压有限,因此,需要组成电池系统以满足电动汽车的使用需要。通常,电池系统包括串联、并联,以及串联和并联组合的大量电池单体。BMS在管理这样的电池系统中起着至关重要的作用,通过监控电池箱内电池模块,使电池的有关参数(电流、电压、内阻、容量)与电动汽车的运行、充电等功能匹配。BMS具有计算、发出指令、执行指令和提出警告的功能,对于电池模块质量不太理想的情况,应用高性能的电池管理系统尤为重要。因此,针对电动汽车电池管理系统,国内外均投入了大量的人力物力来开展广泛深入的研究。

BMS软硬件的基本框架如图3-1所示。

3.1.1 电池管理系统架构

从拓扑架构上看,BMS根据不同项目需求分为集中式(centralized)和分布式(distributed)两类。

集中式BMS结构中,中央控制单元、数据采集单元等形成整个电源系统的管理单元,对电源系统的基本信息,如电压、电流、温度进行采样,然后在BMS中心处理器内进行数据的处理、计算、判断和相应的控制。集中式BMS一般具有成本低、结构紧凑、可靠性高的优点,常见于容量低、总压低、电池系统体积相

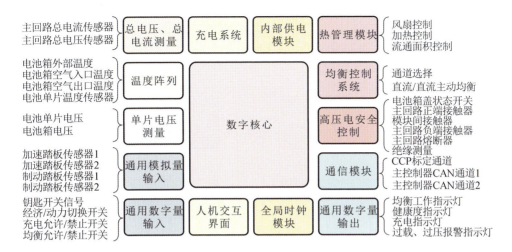

图 3-1 车用 BMS 软硬件的基本框架

对较小的场景。

分布式 BMS 架构能较好地实现模块(module)级和整包(pack)级的分级管理。一般由从控单元(从板)负责对模块中的单体进行电压检测、温度检测、均衡管理以及相应的诊断工作;由主控单元(主板)进行电池系统评估、状态检测、接触器管理、热管理、运行管理、充电管理、诊断管理,以及执行对内外通信网络的管理。一种典型的分布式 BMS 架构如图 3-2 所示。

BMS 的主要工作原理可简单归纳为:数据采集电路首先采集电池状态信息数据,再由主控单元进行数据处理和分析,然后根据分析结果对系统内的相关功能模块发出控制指令,并向外界传递信息。

BMS 硬件的设计和具体选型要结合整车及电池系统的功能需求,通用的功能主要包括数据采集(如电压、电流、温度采集)、充电口检测(CC 和 CC2)和充电唤醒(CP 和 A+)、继电器控制及状态诊断、绝缘检测、高压互锁、碰撞检测、CAN 通信及数据存储等功能。

主控制器处理从控制器和高压控制器上报的信息,同时根据上报信息判断和控制动力电池运行状态,实现 BMS 相关控制策略,并作出相应故障诊断及处理。

高压控制器可实时采集并上报动力电池总电压、电流信息,通过其硬件电路实现安时积分,为主板计算荷电状态(state of charge,SOC)、健康状态(state

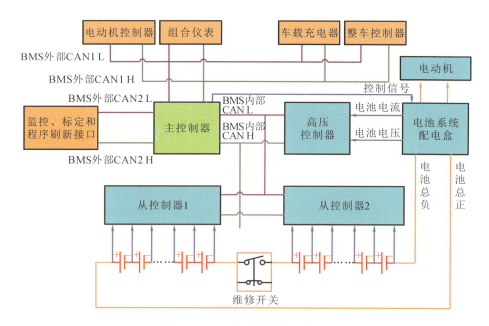

图 3-2 BMS 分布式架构示意图

of health,SOH)提供准确数据,同时可实现预充电检测和绝缘检测功能。

从控制器可实时采集并上报动力电池单体电压、温度信息,反馈每一串电芯的 SOH 和 SOC,同时具备被动均衡功能,能有效保证动力使用过程中电芯的一致性。采样芯片和主芯片之间信息的传递有 CAN 通信和菊花链通信两种方式。其中:CAN 通信更为稳定,但电源芯片、隔离电路等成本较高;菊花链通信实际上是 SPI 通信,成本很低,稳定性相对较差。随着成本控制的压力越来越大,很多厂家的通信方式都在向菊花链方式转变,一般会采用 2 条甚至更多菊花链来增强通信稳定性。

3.1.2 采样芯片

目前的电池管理系统产品设计方案,多基于半导体 IC 厂商提供的电池管理集成采样芯片来开发,并以芯片的应用方案为参考进行设计。其中 Maxim、Linear Technology(已被 ADI 收购)、Intersil、TI、ADI、NXP、Infineon 是主要的采样芯片应用方案提供商。

3.1.2.1 Maxim方案

Maxim系列产品构建了完备的12节电池监测方案,Maxim的电池监测器(MAX172XX等系列)、电池保护器(DS277X系列),以及电池选择器(MAX1538)能够有效延长电池工作寿命,确保系统安全、可靠地工作。其系列高压器件有助于实现电池设计方案向低碳能源方案的转变,器件集成了先进的功能,可降低电池管理系统的尺寸、成本和设计复杂度。其应用如图3-3所示。

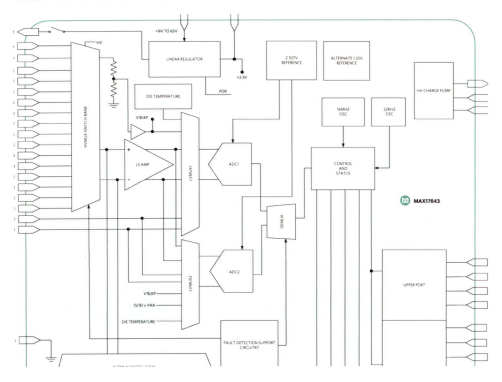

图3-3 Maxim方案应用图

Maxim方案的特点如下。

(1)极大地简化了多节电池组的设计。器件包含12个测量通道,采用电容隔离式阶梯形SMBus通信总线,大大减少了元件数量,降低了成本。这种独特的架构允许连接多达31个器件至串联电池组,对多达372节电池进行监测。基于电容的接口提供了成本极低的电池组间隔离,消除了级联电气故障。

(2)具有优异的性能,Maxim的高压、小尺寸BiCMOS工艺具有业内最高耐压(80 V)和优异的ESD保护(±2 kV,人体模式)功能,以及热插拔功能,在较宽的工作温度范围内可确保符合AEC-Q100标准并保持高度可靠性。

(3)模拟前端包含12通道电压测量数据采集系统和一组高压、带故障容错功能的开关输入。高速、12位ADC对测试的电池电压进行数字化处理。采用两相扫描技术,获取电池测量数据并修正误差。采用该技术的电池管理系统可同时测量电池电压,在10 μs内完成全部120节电池的电压测量采样,即使在嘈杂系统中也能确保优异的精度。在整个电池标称工作温度范围内误差小于±0.25%,在整个AEC-Q100二类温度范围内误差小于±20 mV。

(4)可将功耗降低到业内其他产品的1/10(工作电流为100 μA),以延长电池使用时间。独特的内置关断电路可将功耗降至极低水平(漏电流仅为1 μA),使电池可以保存若干年,而不损耗电池电量。

(5)针对汽车应用优化设计,Maxim方案内部包含配置模式和自诊断模式,这对于安全监测系统至关重要,能够确保该系统在存在磁场和瞬态噪声的恶劣环境下无故障地工作。Maxim方案采用大电流注入、带状线和车内监测等多种方式对IC进行全面测试,确保IC能在具有强瞬态电信号和磁场干扰的电池组中可靠工作。器件具有FMEA标准规定的引脚开路和短路故障检测功能,并能够处理内部电路故障。

3.1.2.2 Linear Technology方案

Linear Technology方案的多节电池、高电压电池组监视器系列是完整的电池监视IC,它们内置了12位ADC、精准的电压基准、一个高电压输入多工器和一个串行接口。可以把这些器件串联起来(无须使用光耦合器或光隔离器)以监视长串联电池中的每节电池。其应用如图3-4所示。

Linear Technology方案的特点如下。

(1)可测量多达12个串联电池的电压,可堆叠式架构能支持几百个电池。

(2)内置isoSPI™接口,可实现1Mb/s隔离式串行通信;采用单根双绞线,长达100 m,可保证低电磁干扰(electro magnetic interference,EMI)敏感度和低辐射。

(3)1.2 mV最大总测量误差,可在290 μs内完成系统中所有电池的测量,同步进行电压和电流测量。

(4)具有频率可编程三阶噪声滤波器的16位增量累加($\Delta\Sigma$)型ADC。

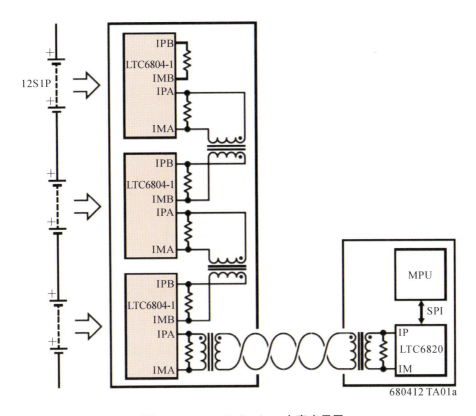

图 3-4　Linear Technology 方案应用图

(5) 针对 ISO26262 标准的系统工程设计,采用可编程定时器的被动电池电荷平衡。

(6) 5 个通用的数字 I/O 或模拟输入,温度或其他传感器输入,可配置为一个 I2C 或 SPI 主控器。

(7) 4 μA 睡眠模式电源电流。

3.1.2.3　Intersil 方案

Intersil 的 ISL78600 锂离子电池管理器集成电路最多能监督 12 节串联电池,并能提供准确的监测、电池均衡功能和广泛的系统诊断功能。Intersil 方案提供了三种电池均衡模式:手动均衡模式、定时均衡模式和自动均衡模式。当满足主微控制器指定的电荷转移值时,自动均衡终止。Intersil 电池管理系统方案如图 3-5 所示。

Intersil 的 HEV/EV 方案保证客户能遵从 ISO26262(ASIL)规范,防止电池组

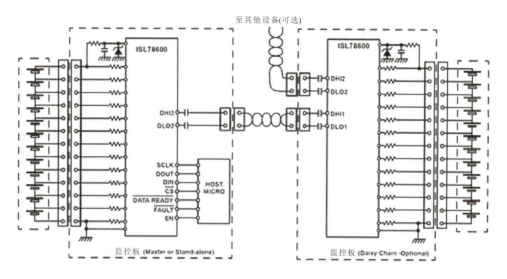

图 3-5　Intersil 电池管理系统方案图

出现故障。该方案对所有主要内部功能提供了内置的故障检测功能,还提供外部故障检测功能,例如检测线路中断、过电压和低电压,以及温度和电池平衡故障。

Intersil 电池管理系统为充电状态测量提供了所需的高精确度,从而可延长车辆行驶里程和高性能锂离子电池的寿命。为了做到这一点,每个芯片都采用一个 14 位温度补偿式的数据转换器,可在 250 μs 内扫描 12 个通道。为了使系统内的通信尽可能达到最高的可靠性,Intersil 电池管理器采用高抗噪和瞬态容错通信机制。Intersil 电池管理系统采用了全差分菊花链架构,允许使用低成本的双绞线将多个电池组堆叠在一起,同时可防止热插拔和较高的瞬态电压。Intersil 方案的优点可显著降低电池管理系统的总体成本。ISL78600 允许通过 2.5 MHz SPI 或 400 kHz I2C 接口轻松地连接微控制器,并且可在 －40 ℃~＋105 ℃ 的温度范围内运行。

3.1.2.4　TI 方案

TI 方案提供了锂离子电池监控(适合 3~16 节串联电池)、电池保护、认证和外设 IC 等多种功能组合。监控器可采集重要电池参数,如电压、电流和温度,并将这些信息转发给微控制器。电池保护器可检测从简单(仅过压)到高级(检测更多故障)的多种故障条件下的故障,如过压、欠压、放电过流和短路故障。认证和识别 IC 可提供针对电池组和配件(如充电电缆和打印机墨盒)的安全认证与识别功能。电池外设 IC 可通过先进技术(如主动电池平衡(ACB)技术)大幅扩充电池组的容量。TI 电池管理系统方案如图 3-6 所示。

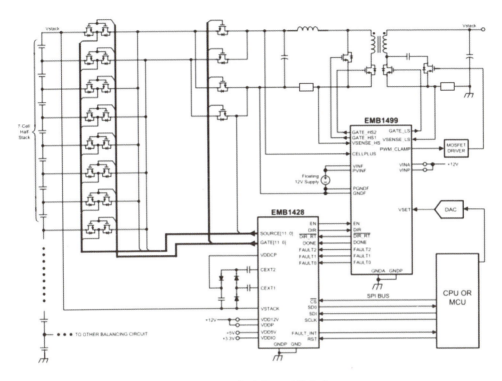

图 3-6　TI 电池管理系统方案

TI 方案所采用的隔离式 DC-DC 主动均衡技术可实现的能源转换效率高达 87%。例如,EM1410 芯片组由 5 个核心芯片加上 5 个电源供应芯片所组成,其中 EMB1428 为 7 信道闸控制器芯片、EMB1499 为 7 信道电压控制芯片。这些芯片共同实现双向主动式电芯均衡功能,串联 14 个电芯与最高 60 V 工作电压接口,提供 5 V 双向均衡电压与最大 750 V 堆栈输出电压能力,并满足 AEC-Q100 车用电子验证标准。

3.1.2.5　ADI 方案

ADI 方案采用了 AD7280A 器件,该器件内置对电动汽车所用叠层锂离子电池进行通用监控所需的全部功能。该器件具有多路复用电池电压和辅助 ADC 测量通道,可用于最多 6 个电池的电池组管理,此外还提供了 3 ppm/℃ 内部基准电压,使电池电压精度可达 ±1.6 mV。ADC 分辨率为 12 位,转换 48 个单元只需 7 μs。其应用示意图如图 3-7 所示。

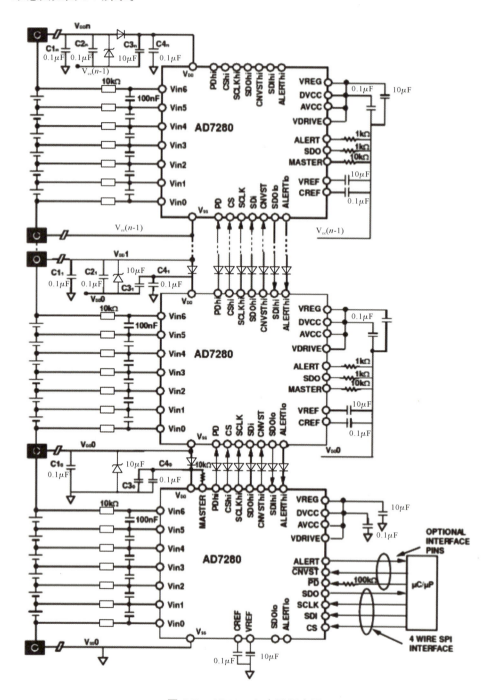

图 3-7　AD7280A 应用示意图

AD7280A 采用单 VDD 电源供电,电源电压范围为 8~30 V(绝对最大额定值为 33 V)。该器件提供了 6 个差分模拟输入通道,以处理整个 VDD 范围内的大共模信号。各通道允许的输入信号范围(VIN(+)至 VIN(-))为 1~5 V。输入引脚可接受 6 个串联的电池。该器件内置 6 个辅助 ADC 输入通道,可用于温度测量或系统诊断。AD7280A 内置片内寄存器,可根据应用要求对通道测量的时序进行编程。另外还内置动态提醒模块,可检测电池电压、辅助 ADC 输入是否超出用户定义的上限或下限。AD7280A 具有电池均衡接口,用来控制外部场效应晶体管(field effect transistor,FET),允许各电池放电。AD7280A 内置的自测功能可在内部将一个已知电压施加于 ADC 输入接口。利用菊花链接口,最多可将 8 个器件堆叠起来,而不需单独的器件隔离。AD7280A 仅需一个电源引脚,正常工作条件下的功耗为 6.5 mA,转换速率为 $1×10^6$ Hz。

3.1.2.6 NXP 方案

NXP 方案采用了 MC33771 电池控制器,该控制器整合了控制电池组所需的许多关键功能,包括同步测量电流和电压的能力,65 μs 内精确度为 2 mV,使 BMS 更容易满足 ISO 26262 ASIL-C 要求。MC33771 控制器嵌入式功能验证和故障诊断功能可使用 BMS ASIL-C 安全标准,不需额外的外部电路。对于高压系统,集成式菊花链差分收发器使用稳定的变压器,并隔离 3750 V 的电压,以 2 Mb/s 的速率进行通信,没有采用昂贵的隔离式 CAN 总线,而是采用 MC33664 隔离通信器件,该器件使用同一个带电压隔离功能的变压器直接将电池组连接到系统 MCU 的双 SPI 接口。NXP 的电池控制器解决方案提供了卓越的性能,系统所需物料更少并具有符合 ASIL-C 额定电池组的强大系统隔离功能。NXP 方案应用示意图如图 3-8 所示。

MC33771 加上 MC33664 隔离通信器件,可优化多种电池结构(包括集中式 CAN 总线结构、分布式 CAN 总线结构和分布式菊花链拓扑结构)的生命周期。该电池控制器能作为基于 CAN 总线结构的解决方案的替代选择,电池中不需要本地微控制器、电压调节器和隔离式 CAN 层,有助于降低成本、简化设计。

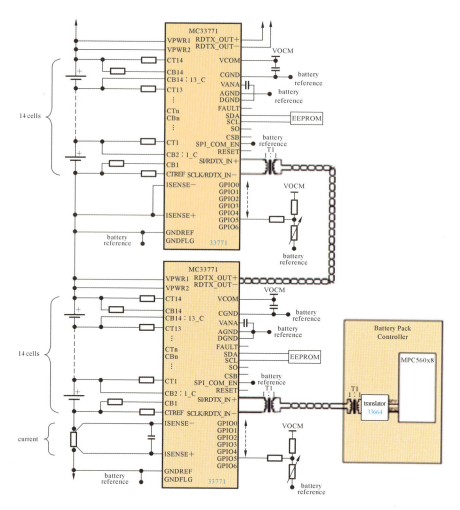

图 3-8 NXP 方案应用示意图

3.1.2.7 Infineon 方案

作为汽车半导体芯片的巨头之一，Infineon 也推出了电池管理芯片 TLE8001QK，其应用示意图如图 3-9 所示。

其具体特点如下：

①可监控 12 节串联单体电池；

②有 12 个 ADC，可同时测量所有电池的电压，内置滤波器，13 位分辨率；

③有 5 路温度传感器输入，以监视电池温度；

④采用了内部温度传感器；

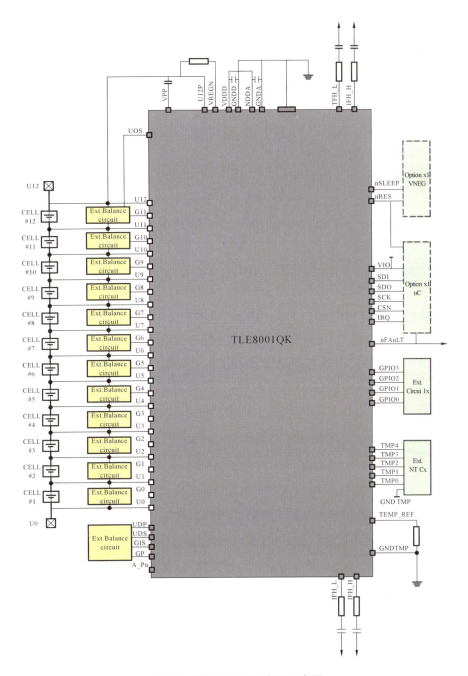

图 3-9 TLE8001QK 应用示意图

⑤支持被动均衡和主动均衡；

⑥集成式低阻平衡 MOSFET；

⑦用于电池块间通信的高速差分串行接口（IBCB 总线）；

⑧全面的诊断和保护功能；

⑨允许电池的随机连接（热插拔）；

⑩低待机电流；

⑪符合 AEC-Q100 要求；

⑫两个独立的内部基准电压源，每个单元二次监视等，支持 ISO 26262 功能安全。

3.2 电池管理系统核心功能

国际电工委员会（IEC）在 1995 年制定的电池管理系统标准中给出的电池管理系统应有的主要功能包括：显示 SOC；提供电池温度信息，电池高温报警；显示电解液状态；电池性能异常早期报警；提供电池老化信息；记录电池关键数据。

电动汽车的发展对电池管理系统的要求也日益提高。电动汽车的电池管理系统比较复杂，需要针对车用动力电池专门设计，并且不同的动力电池对管理系统的要求也有差异。BMS 核心功能主要包括：电池参数采集、电池状态估计、均衡管理、热管理、充放电管理和通信与报警。

此外 BMS 还要完成高低压管理与充电管理。一般正常上电时，由 VCU 通过硬线或 CAN 接口的 12 V 电压信号来唤醒 BMS，待 BMS 完成自检及进入待机状态后 VCU 发送上高压指令，BMS 控制闭合继电器完成上高压。下电时，VCU 发送下高压指令后再断开唤醒 12 V 电压，下电状态插枪充电时可通过 CP 接口或 A＋接口信号唤醒 BMS。充电包括慢充与快充两种模式：慢充是由交流充电桩（或 220 V 电源）通过车载充电机将交流电转化为直流电给电池充电，流程简单，充电时间较长；快充是由直流充电桩输出直流电给电池充电，可实现 1C 甚至更高倍率充电，通过充电桩的辅助电源 A＋信号唤醒 BMS，快充流程比较复杂，且快充过程中要注意避免过压和过温问题，同时避免电池的快速老化。

3.2.1 参数采集

表征电池性能的参数很多,如电压、容量、内阻、温度、电流等。电压能体现电池的当前状态,并作为判断电池过充过放的依据;端电压还用于电池 SOC 估计。电流可作为判断电池出现过放电或过流的依据,也是估计 SOC 的主要依据。电池温度对电池的容量、电压、内阻、充放电效率、使用寿命、安全性和电池一致性等方面都有较大的影响。

必要参数的采集,是 BMS 对电池作出合理有效管理和控制从而保障系统安全应用并延长寿命的基础。数据的精度、采样频率和数据过滤非常重要。鉴于电压、电流、温度的动态变化特征,采样频率通常不低于 1 次/秒。电池电压、电流和温度为电池需检测的基本信息,此外 BMS 需要对整个电池系统和高压系统进行绝缘检测,还需要进行高压互锁检测(HVIL),以确认整个高压系统的完整性,当高压系统回路完整性受到破坏时要启动安全措施。

电池系统的总电压、总电流、充电状态监测信息、绝缘电阻检测信息、接触器状态等信息一般通过主控制器进行采集;从控制器实时采集并上报动力电池单体电压、温度信息。

3.2.2 状态估计

电池状态包括 SOC、SOH、SOP(功率状态)、SOS(安全状态)及 SOE(可用能量状态)等。SOC 主要表征电池当前的剩余容量状态;SOH 主要表征当前电池的健康状态,可用电池容量或内阻变化来表示;SOP 表征电池在一段时间内的峰值功率;SOS 为当前电池的安全状态评价;SOE 为当前状态下剩余能量与最大可用能量的比值。

SOC 是电池管理系统的重要参数之一,也是整个汽车的充放电控制策略和电池均衡工作的依据;SOH 评估对电池的使用、维护和经济性分析具有指导意义;SOS、SOP、SOE 分别从安全、功能、能量角度对电池性能进行表征。各种状态估计之间的关系如图 3-10 所示。SOC 是 BMS 状态估计的基础,但 SOC 估计受到 SOH 的影响;SOP 是由 SOC、SOH、SOS 以及电池温度共同确定的;SOE 则与 SOC、SOH、电池温度等有关。电动汽车电池在使用过程中表现的高度非线性,使准确估计具有很大难度。传统的 SOC 基本估算方法有开路电压法、内阻法和安时法。近年来又相继研发出许多电池状态估计新型算法,例如模糊逻辑模型算法、自适应神经模糊推断模型算法、卡尔曼滤波估计模型算法以及新出现的线性模型算法和阻抗光谱法等。在实际应用中,安时法是目前最常用的方法,且常与其他方法组合使用,如安时内阻法、安时开路电压法。这些组合的算法通常比单纯使用安时法精度更高。BMS 状态估计算法框架如图 3-10 所示。

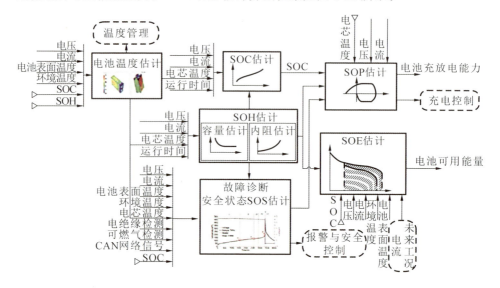

图 3-10　BMS 状态估计算法框架

3.2.3　均衡管理

由于生产制造和使用过程的差异性,动力电池单体天然就存在着不一致性。不一致性主要表现在单体容量、内阻、自放电率、充放电效率等方面。单体的不一致,传导至动力电池包,会导致动力电池包容量的损失,进而造成电池包寿命下降。电池单体的不一致,会随着时间的推移,在温度以及振动条件等随机因素的影响下进一步恶化,无法逆转,但可以通过均衡管理进行干预,降低它的恶化速率。

如图 3-11 和图 3-12 所示,均衡策略主要分为被动均衡和主动均衡两类。被动均衡策略一般采用电阻放热的方式将高容量电池"多出的电量"释放,从而达到均衡的目的,电路简单可靠,成本较低,但是电池效率也较低,放电生热对电池管理系统以及电池包也会产生不良影响。主动均衡策略在电池充电时将多余电量转移至高容量电芯,在电池放电时将多余电量转移至低容量电芯,可提高电池包使用效率,但是系统成本更高,电路复杂,可靠性低。

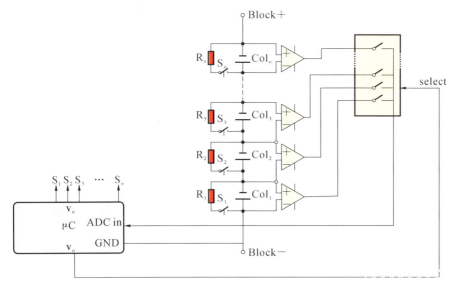

图 3-11 被动均衡系统电路原理图

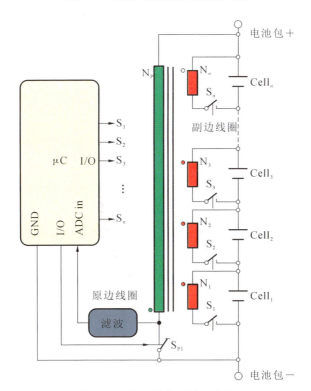

图 3-12 主动均衡系统示意图

3.2.4 热管理

电池热管理系统是 BMS 的重要功能之一,通过导热介质、测控单元以及温控设备构成闭环调节系统,使动力电池工作在合适的温度范围之内,维持最佳的使用状态,以保证电池系统的性能和寿命。热管理系统具有散热、预热以及温度均衡三个功能。散热功能用于保证电池在温度较高时能进行有效散热,防止产生热失控事故;预热功能用于保证在电池温度较低时能进行预热,提升电池温度,确保低温下的充电、放电性能和安全性。散热和预热功能主要是针对外部环境温度对电池可能造成的影响来进行相应的调整。温度均衡功能则用于减小电池组内的温度差异,抑制局部热区的形成,防止高温位置处电池容量过快衰减,以提高电池组整体寿命。

电池热管理的方案包括风冷、液冷和相变冷却等,目前应用较为广泛的是风冷和液冷方案。风冷方案示意图如图 3-13 所示。风冷采用气体(空气)作为传热介质,结构简单,质量小,有害气体产生时能有效通风,成本较低,无漏液风险,但气体介质与电池壁面之间换热系数小,冷却速度慢,效率低。液冷方案示意图如图 3-14 所示。液冷方案通过液体对流换热,将电池产生的热量带走,降低电池温度。液体与电池接触壁之间的换热系数相对较大,冷却/加热的速度更快,对降低最高温度、提升电池组温度场一致性的效果显著;但液冷系统质量较大,设计复杂,维修及保养费用高,存在漏液的风险。液冷系统对气密性要求较高,对机械强度,耐震动性,以及寿命均有要求。

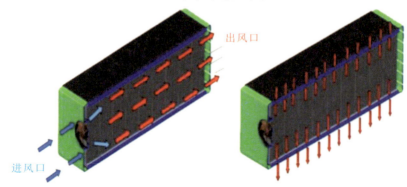

图 3-13 电池风冷方案示意图

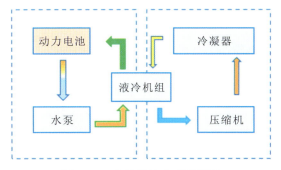

图 3-14 电池液冷方案示意图

3.2.5 通信

数据通信是 BMS 的重要功能之一,除主板与子板实时通信外,BMS 也要与整车控制器、慢充控制器、快充桩、DC/DC 电源、仪表、网关、电动机等进行交互。目前 BMS 的外部数据通信方式主要是 CAN 总线通信,内部通信方式有 CAN 总线通信与菊花链通信。CAN 总线鲁棒性更好,但是成本也更高。菊花链通信不适合长距离通信,在 HEV 车型中应用多,大巴车上应用更多的是 CAN 总线通信方式。在采用智能电池模块时可以选择使用无线通信方式,或者通过电力载波的方式与主控制器通信,这两种通信方式都可以减少 BMS 的布线,降低电动汽车内部的电路复杂程度,但其可靠性和抗干扰能力不如 CAN 总线通信方式。

目前汽车一般要求电源系统与外部(整车和充电机)采用 CAN 总线方式进行通信。CAN 总线属于现场总线,CAN 总线网络是一种有效支持分布式控制或实时控制的串行通信网络。通信介质可以是双绞线、同轴电缆或光纤。CAN 总线可以实现在电磁干扰环境下远距离实时数据的可靠传输,且硬件成本较低。CAN 总线协议是德国 BOSCH 公司 20 世纪 80 年代为解决汽车众多控制设备与仪器仪表之间的数据交换的一种串行通信协议。CAN 总线网络采用多主方式,网络上任何节点均可主动向其他节点发送信息,网络节点可按系统实时性要求分成不同的优先级;数据链路层采用短帧结构,每一帧为 8 b,易于纠错;传输介质采用双绞线和光纤,传输速率可达 1 Mb/s,节点数可达 110 个。CAN 总线的最大特点是废除了传统的站地址编码,容错能力和抗干扰能力强,传输安全性高。

图 3-15 所示为一种 BMS 菊花链通信架构。由图 3-15 可知，每个 BMU 都有一个输入和一个输出接口，每一个 BMU 的输入与下一个 BMU 的输出接口连接，BMU_{N-1} 会将数据发送给 BMU_N，BMU_N 会将自身的数据和 BMU_{N-1} 的数据发送给 BMU_{N+1}。因此相对于 CAN 总线通信方式，菊花链通信方式的一个优点是如果菊花链中间断开，后面的 BMU 可以继续通信，传递数据，同时其缺点也很明显，与 BMS 主控制器通信的 BMU 任务最为繁重，功耗也最大。

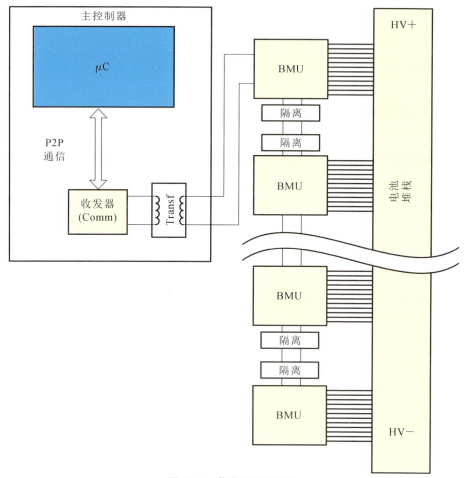

图 3-15　菊花链通信架构

3.2.6　故障诊断

电池故障是指电池组、高压电回路、热管理系统等各个子系统的传感器故障、执行器(如接触器、风扇、泵、加热器等)故障,以及网络故障、各种控制器软硬件故障等。电池组故障包括过压(过充)、欠压(过放)、过电流、超高温故障、内短路故障、接头松动、电解液泄漏、绝缘性能降低等。BMS 应能通过采集到的传感器信号,采用诊断算法诊断故障类型,并进行早期预警。

针对电池的不同表现情况,将故障区分为不同的等级,在不同故障等级情况下 BMS 和 VCU 都会采取不同的处理措施,如警告、限功率或直接切断高压。可以将电池可能出现的故障分为Ⅰ级和Ⅱ级故障两级(见表 3-1),其中Ⅱ级故障为严重故障,BMS 监测到严重故障时,将通过 CAN 总线向整车控制器发送切断高压请求,如果故障持续一定时间整车控制器没有做出响应,在一些控制策略中 BMS 可强行切断继电器以保证电池组的安全;Ⅰ级故障为报警故障,当BMS 通过 CAN 总线发送Ⅰ级故障时,整车控制器应该调整控制参数降额使用电池,减小电池输出电流与功率,避免电池受到进一步的伤害。

表 3-1 故障分类

状态分类	故障情况	处理措施
Ⅰ级故障	不影响整车的运行,可能会影响到电源系统的寿命,或后续可能会出现故障	提醒车辆驾驶员或管理人员注意,不必详细了解或采取措施。电源系统需要维护
Ⅱ级故障	影响整车的运行,可能会出现安全事故	向整车控制器发送报警信号,通过电池故障冗余保护直通线发出下强电信号,跳开强电继电器,避免电池组故障扩大

本章参考文献

[1] 卢兰光,李建秋,华剑锋,等.电动汽车锂离子电池管理系统的关键技术[J].科技导报,2016,34(06):39-51.

[2] XIONG R,PAN Y,SHEN W X,et al. Lithium-ion battery aging mechanisms and diagnosis method for automotive applications:Recent advances and perspectives[J]. Renewable and Sustainable Energy Reviews,2020,131(5):110048.

[3] LIU K L,LI K,PENG Q,et al. A brief review on key technologies in the battery management system of electric vehicles[J]. Front. Mech. Eng.

2019,14(1):47-64.

[4] RAO Z,WANG S. A review of power battery thermal energy management[J]. Renewable and Sustainable Energy Reviews,2011,15(9):4554-4571.

[5] LI J,HAN Y,ZHOU S. Advances in battery manufacturing,services,and management systems[M]. Hoboken:John Wiley-IEEE Press,2016.

[6] LU L,HAN X,LI J,et al. A review on the key issues for lithium-ion battery management in electric vehicles[J]. Journal of Power Sources,2013, 226:272-288.

[7] DENG Z,YANG L,CAI Y,et al. Online available capacity prediction and state of charge estimation based on advanced data-driven algorithms for lithium iron phosphate battery[J]. Energy,2016,112:469-480.

[8] LI Y,CHATTOPADHYAY P,XIONG S,et al. Dynamic data-driven and model-based recursive analysis for estimation of battery state-ofcharge [J]. Applied Energy,2016,184:266-275.

[9] XIONG R,CAO J Y,YU Q Q,et al. Critical review on the battery state of charge estimation methods for electric vehicles[J]. IEEE Access, 2017,6:1832-1843.

[10] LIN C,YU Q,XIONG R,et al. A study on the impact of open circuit voltage tests on state of charge estimation for lithium-ion batteries[J]. Applied Energy,2017,205:892-902.

[11] BERGVELD H J,KRUIJT W S,NOTTEN P H L. Battery management systems[M]. Dordrecht:Springer Netherlands,2002.

[12] BRANDL M,GALL H,WENGER M,et al. Batteries and battery management systems for electric vehicles[C]//Proceedings of the Conference on Design,Automation and Test in Europe. San Jose,CA,USA: EDA Consortium,2012:971-976.

[13] QIANG J X,YANG L,AO G Q,et al. Battery management system for electric vehicle application[C]//IEEE International Conference on Vehicular Electronics and Safety,2006(ICVES 2006). IEEE,2006:134-138.

第 2 篇　状态估计方法

第 4 章
动力电池建模方法

锂离子电池具有循环寿命长、功率密度高、能量密度高、环境友好等优点，是车用动力电池的首选。电动汽车的运行环境复杂多变，BMS 是保证锂离子电池系统安全、长寿、高效工作的基础。

锂离子电池在工作过程中呈较强的非线性特性，且其性能和老化过程受环境及工况（如温度、充放电倍率、放电深度、循环次数等）的影响，通过适当的建模方法能够准确模拟锂离子电池的动态特性及老化过程。

由于车载 BMS 的计算能力和数据存储能力限制，车载锂离子电池建模通常需要满足模型参数化过程简便、参数辨识算法可靠、参数辨识准确及计算过程高效等要求。目前常用的锂离子电池模型主要分为电化学模型、等效电路模型和黑箱模型三大类，如图 4-1 所示。

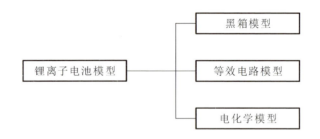

图 4-1 电池模型分类

电化学模型通过电池的化学/电化学动力学和传输方程加以构建，可以模拟锂离子电池的工作特性和反应过程。电化学模型由一系列带有边界条件的偏微分方程构成，从基本电化学原理上解释了正负电极之间的动态传质过程，模型准确度较高，但存在计算过程复杂及实现困难等缺点，因此有学者提出了多种简化电化学模型。

等效电路模型使用电阻、电容和电压源等电路元件来模拟电池的电化学动态过程,采用线性变参数建模的方法;虽然模型准确度难以与电化学模型相比,但其原理清晰、计算简便,且易于实时系统实现、便于进行锂电池状态估计,在实时控制与仿真中应用较为广泛。近年来也有文献提出分数阶等效电路模型,使用恒相位元件代替 RC 网络,以更好地模拟电池特性。

黑箱模型通常是通过线性或非线性的映射关系来描述电池动态特性,无须了解电池内部机理,但黑箱模型的性能对训练数据非常敏感;如何依据数据获取高适应性的黑箱模型是建模的难点。

4.1 电化学模型

4.1.1 伪二维模型

电化学模型是从锂离子电池反应机理出发来实现电池行为描述的,能够精确描述如锂离子浓度分布、电化学反应特征等内容,因此在锂离子电池性能及特性研究方面获得广泛应用。但机理模型包含众多非线性方程,求解难度大。Newman 等建立了基于多孔电极理论和浓溶液理论的经典伪二维(pseudo two dimensional,P2D)模型方法。

P2D 模型将锂离子电池等效为由电极(含集流体)、隔膜及电解液组成的三明治结构,如图 4-2 所示。模型将正负电极等效为被电解液所包围的球形颗粒,用于描述锂离子在固液相的嵌入和脱出过程,从锂离子电池电极厚度方向(x)和球形粒子径向(r)开展研究。

P2D 模型用 Fick 第二定律描述锂离子在电极固相的扩散过程中及固相颗粒内的浓度分布,基于电荷守恒及物质守恒计算电解液内及隔膜内的锂离子浓度,基于欧姆定律计算固相电势,基于 Kirchhoff 定律及欧姆定律计算电解液及隔膜内的液相电势,利用 Butler-Volmer 动力学公式计算电极反应动力学。

P2D 模型的控制方程由固相扩散方程、液相扩散方程、固相电势方程、液相电势方程、电荷守恒方程和 Butler-Volmer 动力学方程组成,控制方程考虑了锂离子在粒子径向维度及时间维度的信息,表达式如表 4-1 所示。

P2D 模型涉及沿电极厚度方向(x)和球形粒子的径向(r)锂离子的动力学

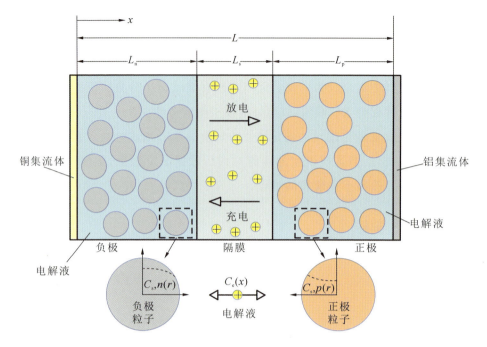

图 4-2 锂离子电池 P2D 模型示意图

行为,复杂度高且算力需求高,目前 P2D 模型仍难以直接在 BMS 中得到应用,因此研究人员又提出了降低模型复杂度的一些建模方法。

表 4-1 锂离子电池的 P2D 模型相关方程

区域	控制方程	说明
正极	$\dfrac{\partial C_{s,p}(x,r,t)}{\partial t}=\dfrac{D_{s,p}}{r^2}\dfrac{\partial}{\partial r}\left(r^2\dfrac{\partial C_{s,p}(x,r,t)}{\partial r}\right)$	Li$^+$ 固相浓度
	$\varepsilon_p\dfrac{\partial C_{e,p}(x,t)}{\partial t}=\dfrac{\partial}{\partial x}\left(D_{eff,p}\dfrac{\partial C_{e,p}(x,t)}{\partial x}\right)+a_p(1-t_+)J_p(x,t)$	Li$^+$ 液相浓度
	$\sigma_{eff,p}\dfrac{\partial^2 \varphi_{s,p}(x,t)}{\partial x^2}=a_p F J_p(x,t)$	电势方程
	$-\sigma_{eff,p}\dfrac{\partial \varphi_{s,p}(x,t)}{\partial x}-\kappa_{eff,p}\dfrac{\partial \varphi_{e,p}(x,t)}{\partial x}+\dfrac{2\kappa_{eff,p}RT}{F}(1-t_+)\dfrac{\partial \ln C_{e,p}}{\partial x}=I$	
	$J_p(x,t)=K_p(C_{s,p,\max}-C_{s,p,\mathrm{surf}})^{0.5}(C_{s,p,\mathrm{surf}})^{0.5}C_{e,p}^{0.5}$ $\times\left[\exp\left(\dfrac{0.5F\mu_{s,p}(x,t)}{RT}\right)-\exp\left(-\dfrac{0.5F\mu_{s,p}(x,t)}{RT}\right)\right]$	B-V 方程
	$\mu_{s,p}(x,t)=\varphi_{s,p}(x,t)-\varphi_{e,p}(x,t)-U_p$	过电势
	$V_{\mathrm{cell}}(t)=\varphi_{s,p}(0,t)-\varphi_{s,n}(L,t)$	端电压

续表

区域	控制方程	说明
隔膜	$\varepsilon \dfrac{\partial C_e(x,t)}{\partial t} = \dfrac{\partial}{\partial x}\left(D_{\text{eff}} \dfrac{\partial C_e(x,t)}{\partial x}\right)$	Li$^+$液相浓度
	$-\kappa_{\text{eff}} \dfrac{\partial \varphi_e(x,t)}{\partial x} + \dfrac{2\kappa_{\text{eff}} RT}{F}(1-t_+) \dfrac{\partial \ln C_e}{\partial x} = I$	电势方程
负极	$\dfrac{\partial C_{s,n}(x,r,t)}{\partial t} = \dfrac{D_{s,n}}{r^2} \dfrac{\partial}{\partial r}\left(r^2 \dfrac{\partial C_{s,n}(x,r,t)}{\partial r}\right)$	Li$^+$固相浓度
	$\varepsilon_n \dfrac{\partial C_{e,n}(x,t)}{\partial t} = \dfrac{\partial}{\partial x}\left(D_{\text{eff},n} \dfrac{\partial C_{e,n}(x,t)}{\partial x}\right) + a_n(1-t_+)J_n(x,t)$	Li$^+$液相浓度
	$\sigma_{\text{eff},n} \dfrac{\partial^2 \varphi_{s,n}(x,t)}{\partial x^2} = a_n F J_n(x,t)$	电势方程
	$-\sigma_{\text{eff},n} \dfrac{\partial \varphi_{s,n}(x,t)}{\partial x} - \kappa_{\text{eff},n} \dfrac{\partial \varphi_{e,n}(x,t)}{\partial x} + \dfrac{2\kappa_{\text{eff},n} RT}{F}(1-t_+) \dfrac{\partial \ln C_{e,n}}{\partial x} = I$	
	$J_n(x,t) = K_n(C_{s,n,\max} - C_{s,n,\text{surf}})^{0.5}(C_{s,n,\text{surf}})^{0.5} C_{e,n}^{0.5}$ $\times \left[\exp\left(\dfrac{0.5F\mu_{s,n}(x,t)}{RT}\right) - \exp\left(-\dfrac{0.5F\mu_{s,n}(x,t)}{RT}\right)\right]$	B-V方程
	$\mu_{s,n}(x,t) = \varphi_{s,n}(x,t) - \varphi_{e,n}(x,t) - U_n$	过电势
	$V_{\text{cell}}(t) = \varphi_{s,p}(0,t) - \varphi_{s,n}(L,t)$	端电压

4.1.2 单粒子模型

2000年Zhang等提出了单粒子模型(single particle model,SPM)。SPM是P2D模型的简化版本,其示意图如图4-3所示。

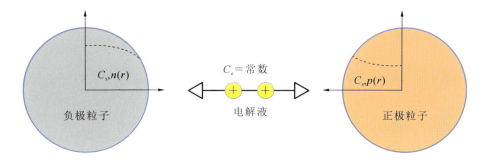

图4-3 锂离子电池SPM示意图

单粒子模型将正负电极分别等效为单个球形粒子,忽略了电极厚度方向的锂离子浓度差异以及固液相电势差异,所需的运算量相对较小,可用于电池状态在线估计。

类似于 SPM 方法,研究人员还建立了多粒子模型,将正极材料等效为不同半径的多个粒子材料,用于研究锂离子电池特性。

4.2 黑箱模型

动力电池是具有高度非线性的复杂电化学系统,黑箱模型本质上不依赖电池机理,而是采用线性或非线性的映射函数来描述电池特性。黑箱模型通常在模型结构确定和参数化上具有较好的灵活性,但本质上缺乏物理意义。目前应用较多的模型包括神经网络(neural network,NN)模型和支持向量机(support vector machine,SVM)等模型。

神经网络模型可模拟人脑的学习过程,通过训练或学习获得电池特性信息。神经网络模型通常由输入层、隐含层和输出层组成;每个神经元通过权重与上一层的神经元相连,通过训练可自适应修改权重以产生期望输出;通过神经网络学习 SOC 的示意图如图 4-4 所示。此外也有研究人员将前馈神经网络和深度神经网络模型应用于锂离子电池行为描述。

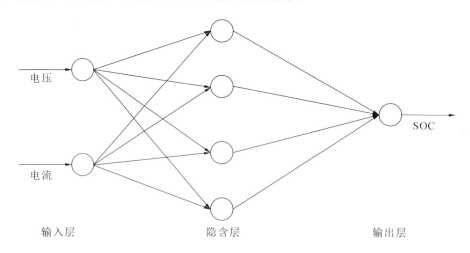

图 4-4 神经网络模型结构示意图

目前,神经网络模型主要应用于基于实车数据的大数据分析系统,用于锂离子电池在实际运行时的静动态特性的定量化建模。神经网络模型依赖于神经网络的训练数据集,在给定的数据集范围内具有较好的泛化程度,而在给定的数据集外则表现出较差的泛化能力。

支持向量机是一种基于统计学习理论的模型,其策略是寻找与样本数据距离最远的超平面,具有稀疏性和稳健性的特点。但如何根据实际对象合理选择核函数从而提高估计器的综合性能是其应用的难点。支持向量机本质上属于分类器,可有效将电池模组内的电池单体依照充放电能力等进行分类,依次获得优、劣的电池单体,这对于电池管理系统的状态估计模型而言具有重要应用意义。但支持向量机同样属于离线计算模型,依赖于核函数的优选与更新,这导致其难以直接应用在车载嵌入式系统中。

长短时记忆神经网络(long short-term memory network,LSTM)是基于循环神经网络(RNN)等采用长短时记忆门改进的神经网络算法,其示意图如图4-5所示。该模型存在记忆能力,但又随着训练时间的延长而逐渐削弱前期训练集的影响能力,从而加强模型对新信息的利用能力。该模型在电池SOC估计、SOH预测等方面均表现出了较强的适应性。但该模型同样也依赖于训练集,并存在神经网络模型的共性缺陷,即过拟合现象。模型严重依赖于可调节的参数,进而导致模型在不同电池、同一电池的不同工况下的泛化能力较差。

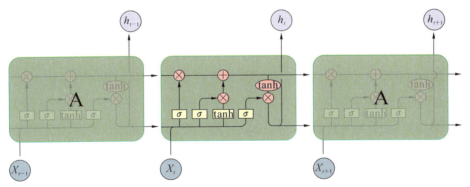

图4-5 长短时记忆神经网络模型结构示意图

4.3 等效电路模型

等效电路模型(equivalent circuit model,ECM)使用电压源、电阻、电容等集总参数电路元件建模以模拟锂离子电池动态特性。等效电路模型相对简单,参数较少,容易获取状态方程,因此在BMS中应用较多。

常用的等效电路模型包括内阻模型、RC 模型、新一代汽车合作计划（PNGV）模型和分数阶模型等。

4.3.1 内阻模型

如图 4-6 所示，内阻模型是最简单的等效电路模型之一，其由理想电压源 U_{oc} 和与其串联的电阻元件 R_o 组成，U_L 对应电池端电压，I_L 用于描述电池的工作电流。其中电压源 U_{oc} 用于描述电池开路电压，电阻元件 R_o 用于描述电池内阻，二者是 SOC、SOH 和温度的函数。

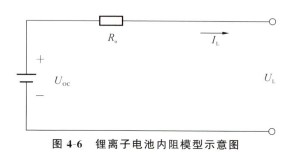

图 4-6 锂离子电池内阻模型示意图

4.3.2 RC 模型

在内阻模型上增加 RC 并联网络，该模型即成为锂离子电池 RC 模型。模型中的 RC 环节可以更好地适应电池的动态工作特性，通过建立模型的状态方程获得电池变量和模型之间的关系，获取电池的动态响应。应用较多的 RC 模型包括 Thevenin 模型和 DP 模型，分别对应一阶 RC 模型与二阶 RC 模型，其结构如图 4-7 所示。

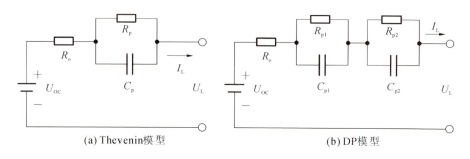

(a) Thevenin 模型　　　　　　　　(b) DP 模型

图 4-7 锂离子电池 RC 模型

Thevenin 模型在一定程度上可以模拟电池的极化特性,然而在充放电末端时的精度较低,因此对 Thevenin 模型加以改进,得到 DP 模型,用两路并联 RC 网络来分别描述锂离子电池的浓差极化和电化学极化过程;其中 R_{p1} 用于描述电化学极化电阻,R_{p2} 用于描述浓差极化电阻,C_{p1} 和 C_{p2} 分别用于描述电化学极化电容和浓差极化电容(动态过程)。

依据等效电路模型,结合 Kirchhoff 电压定律,可得

$$\begin{cases} U_o = R_o i_t \\ i_t = U_p/R_p + C_p \mathrm{d}U_p/\mathrm{d}t \\ U_t = U_{ocv} - U_p - U_o \end{cases} \tag{4-1}$$

对上述方程组进行离散化,得到离散空间内的系统状态空间模型:

$$\begin{bmatrix} \mathrm{SOC}(k+1) \\ U_p(k+1) \end{bmatrix} = \begin{bmatrix} 1 & 0 \\ 0 & \mathrm{e}^{-T_s/R_p C_p} \end{bmatrix} \begin{bmatrix} \mathrm{SOC}(t) \\ U_p(t) \end{bmatrix} + \begin{bmatrix} -\dfrac{\eta T_s}{Q_c} \\ R_p(1-\mathrm{e}^{-T_s/R_p C_p}) \end{bmatrix} \cdot I_k + w_k \tag{4-2}$$

系统观测模型:

$$U_t(k) = U_{ocv}(\mathrm{SOC}) - U_p - R_o I_k + v_k \tag{4-3}$$

如果继续增加并联 RC 网络数量,则可以得到 n 阶 RC 模型(一般 $n \leqslant 4$),其结构如图 4-8 所示。

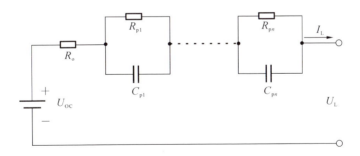

图 4-8 锂离子电池 n 阶 RC 模型的结构图

PNGV 模型是在 Thevenin 模型的基础上额外增加了一个电容 C' 而构成的,如图 4-9 所示。PNGV 模型可以描述负载电流在时间上的积累所造成的电动势变化,也能反映电池的极化效应,在参数辨识时具有较高的精度。

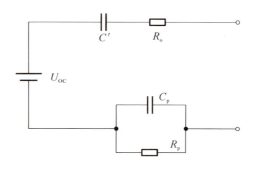

图 4-9　PNGV 模型

在 RC 模型基础上引入滞后模型,还可以描述锂离子电池在充放电过程中开路电压(OCV)的不一致性,此时的结构如图 4-10 所示。

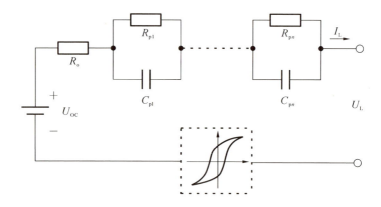

图 4-10　锂离子电池考虑滞后特性的 RC 模型

在模型参数准确的前提下,随着电池老化而产生的电池模型的参数变化,会导致状态估计精度下降。

4.3.3　分数阶模型

电化学阻抗谱是指将不同频率的正弦波施加在电池上所得到的相应频域内的电信号反馈,电化学阻抗谱是描述电池特性的重要方法之一。锂离子电池电化学阻抗谱中高频部分与实轴的交点表征欧姆电阻;中频部分的半圆表征固体电解质界面(SEI)膜效应及电荷转移过程;低频部分表征电池内部离子扩散行为。图 4-11 为锂离子电池电化学阻抗谱。

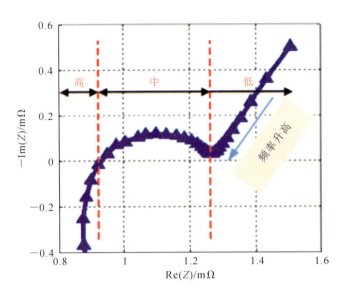

图 4-11 锂离子电池电化学阻抗谱

分数阶模型使用恒相位元件替代 RC 网络中的元件,以描述锂离子电池的电化学特性。分数阶模型如图 4-12 所示,其中 R_o 为欧姆内阻,R_1 与恒相位元件 CPE1 并联对应极化过程,Warburg 元件对应低频段部分的扩散过程。

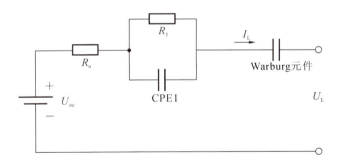

图 4-12 锂离子电池分数阶模型

分数阶模型参数辨识过程依赖于电化学阻抗谱,电化学阻抗谱通常采用电化学工作站等设备进行实验来获得。但也有学者采用最小二乘法等基于数据的方法进行分数阶模型的参数辨识。

4.4 参数辨识

等效电路模型虽在动态工况下可以较好地模拟电池的动静态特性,但其精度受模型参数影响非常强烈。拟合较差的模型参数易使等效电路模型在某些点出现严重误差,导致模型与实际的电池系统产生严重失配现象。采用如此形式的等效电路模型进行电池状态估算会导致系统精度较差,甚至会因估算值严重偏离系统真值而使系统产生振荡或发散行为。因此,较好地拟合等效电路模型的参数具有重要的现实应用意义。

以一阶等效电路模型为例,由于电池开路电压可通过实验结果直接拟合,因此要进行识别的模型参数有 R_o、C_{p1}、C_{p2}、R_{p1} 和 R_{p2}。目前,模型参数辨识方法主要包括离线辨识法与在线辨识法等。离线辨识法是以最优化原理为基础,通过建立参数辨识系统的数学模型,采用递推或离散等形式对建立的数学模型进行优化,以期在广域范围内搜索到满足系统优化函数的最优解。离线参数辨识法主要包括最小二乘法与智能优化法等。采用在线参数辨识法时,要将待辨识的系统参数离散化,得到线性空间系统,采用状态跟踪的方法实时更新系统状态。该方法主要包括递推最小二乘法与双卡尔曼滤波法等。

本小节总结了目前常用的电池参数离线辨识法与在线辨识法,分析了各算法的优缺点与应用场景,并对未来电池模型参数辨识方法进行了展望。

4.4.1 离线参数辨识方法

4.4.1.1 最小二乘法

参数辨识是在状态可测的前提下估计模型的未知参数,与根据已知模型进行状态估计的滤波互为逆操作。最小二乘法是参数辨识领域的基本方法,历史悠久,应用广泛。1795 年高斯提出最小二乘法的基本思想:运用观测数据估计未知参数,使得每次观测值与计算值之差的平方与观测精确度权重的乘积累加之和最小的参数,即为最优参数。最小二乘法原理清晰易懂,辨识算法实施简单,在动态系统和静态系统、线性系统和非线性系统以及离线估计、在线估计方面均有良好应用。下面以图 4-13 所示的单输入单输出(single input single output,SISO)模型为例,介绍最小二乘法参数辨识的基本原理。

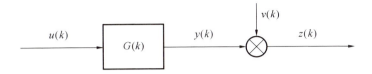

图 4-13 SISO 系统的"灰箱"结构

图中,$u(k)$ 为输入量,$z(k)$ 为输出量,二者为可观测值,$G(k)$ 为传递函数,$v(k)$ 为随机噪声,$y(k)$ 为系统输出真值。对于 SISO 随机模型,有:

$$z(k) = y(k) + v(k) \tag{4-4}$$

$$\begin{aligned} & a_0 y(k) + a_1 y(k-1) + a_2 y(k-2) + \cdots + a_n y(k-n) \\ & = b_0 u(k) + b_1 u(k-1) + b_2 y(k-2) + \cdots + b_m y(k-m) \end{aligned} \tag{4-5}$$

令 $a_0 = 1, m = n$,整理式(4-5)可得:

$$y(k) + \sum_{i=1}^{n} a_i y(k-i) = \sum_{i=0}^{n} b_i u(k-i) \tag{4-6}$$

对 $y(k)$、$u(k)$ 进行 z 变换,脉冲传递函数 $G(z)$ 可表示为

$$G(z) = \frac{y(z)}{u(z)} = \frac{b_1 z^{-1} + b_2 z^{-2} + \cdots + b_n z^{-n}}{1 + a_1 z^{-1} + a_2 z^{-2} + \cdots + a_n z^{-n}} \tag{4-7}$$

若考虑被辨识系统或观测信息有噪声:

$$z(k) = -\sum_{i=1}^{n} a_i y(k-i) + \sum_{i=1}^{n} b_i u(k-i) + v(k) \tag{4-8}$$

式中:$z(k)$ 为系统输出量的第 k 次观测值;$y(k)$ 为系统输出的第 k 次真值;$u(k)$ 为系统的第 k 次输入值;$v(k)$ 为均值为 0 的随机噪声。设

$$h(k) = [-y(k-1), -y(k-2), \cdots, y(k-n), -u(k-1), -u(k-2), \cdots, -u(k-n)]$$

$$\boldsymbol{\theta} = [a_1 \quad a_2 \quad \cdots \quad a_n \quad b_1 \quad b_2 \quad \cdots \quad b_n]^{\mathrm{T}}$$

式(4-8)可改写为

$$z(k) = h(k)\boldsymbol{\theta} + v(k) \tag{4-9}$$

式中:$\boldsymbol{\theta}$ 为系统待辨识参数。

令 $k = 1, 2, \cdots, m$,将式(4-9)改写成矩阵形式:

$$Z_m = \begin{bmatrix} z(1) \\ z(2) \\ \vdots \\ z(m) \end{bmatrix} \tag{4-10}$$

$$H_m = \begin{bmatrix} h(1) \\ h(2) \\ \vdots \\ h(m) \end{bmatrix} = \begin{bmatrix} -y(0) & \cdots & -y(n-1) & u(0) & \cdots & u(1-n) \\ -y(1) & \cdots & -y(n-2) & u(1) & \cdots & u(2-n) \\ \vdots & & \vdots & \vdots & & \vdots \\ -y(m-1) & \cdots & -y(m-n) & u(m-1) & \cdots & u(m-n) \end{bmatrix}$$
$$\tag{4-11}$$

$$\boldsymbol{\theta}_m = \begin{bmatrix} a_1 & a_2 & \cdots & a_n & b_1 & b_2 & \cdots & b_n \end{bmatrix}^T \tag{4-12}$$

$$\boldsymbol{V}_m = \begin{bmatrix} v(1) & v(2) & \cdots & v(m) \end{bmatrix}^T \tag{4-13}$$

$$\boldsymbol{Z}_m = \boldsymbol{H}_m \boldsymbol{\theta}_m + \boldsymbol{V}_m \tag{4-14}$$

式中:Z_m 是系统的输出矩阵;H_m 是系统的输入矩阵;$\boldsymbol{\theta}$ 是待辨识参数矩阵;V_m 是系统误差矩阵。

最小二乘法参数辨识求解的过程就是寻找一个 $\boldsymbol{\theta}$ 的估计值 $\hat{\boldsymbol{\theta}}$,使得各次的系统输出 $z_i(i=1,2,\cdots,m)$ 与根据 $\hat{\boldsymbol{\theta}}$ 确定的测量估计值 $\hat{z}_i = H_i \hat{\boldsymbol{\theta}}$ 之差的平方和最小,其数学表达式为

$$\min J(\hat{\boldsymbol{\theta}}) = \min [(\boldsymbol{Z}_m - \boldsymbol{H}_m \hat{\boldsymbol{\theta}})^T (\boldsymbol{Z}_m - \boldsymbol{H}_m \hat{\boldsymbol{\theta}})] \tag{4-15}$$

$$\frac{\partial J}{\partial \boldsymbol{\theta}}\bigg|_{\boldsymbol{\theta}=\hat{\boldsymbol{\theta}}} = -2\boldsymbol{H}_m^T(\boldsymbol{Z}_m - \boldsymbol{H}_m \hat{\boldsymbol{\theta}}) = 0 \tag{4-16}$$

$$\boldsymbol{H}_m^T \boldsymbol{H}_m \hat{\boldsymbol{\theta}} = \boldsymbol{H}_m^T \boldsymbol{Z}_m \tag{4-17}$$

当系统的输入矩阵行数大于等于列数,即观测值的个数 m 大于等于辨识参数的个数($m \geq 2n$)时,$\boldsymbol{H}_m^T \boldsymbol{H}_m$ 满秩,式(4-17)有解,$\boldsymbol{\theta}$ 的最小二乘估计值为

$$\hat{\boldsymbol{\theta}} = (\boldsymbol{H}_m^T \boldsymbol{H}_m)^{-1} \boldsymbol{H}_m^T \boldsymbol{Z}_m \tag{4-18}$$

4.4.1.2 模拟退火算法

智能优化算法是以最优化原理为基础,采用启发式搜索算法在较广的解空间内搜索最优解或次优解的算法。智能优化算法主要包括模拟退火算法、粒子群优化算法、蚁群算法、免疫算法和蝙蝠回声算法等。模拟退火算法与粒子群优化算法是应用较为广泛的智能优化算法。模拟退火算法是基于工业冶金生

产过程中退火过程而提出的启发式优化算法。在冶金过程中,金属从液态降温冷却至固态,在每一个温度下,系统内能存在自发的向能量最低点移动的趋势。依据 Metropolis 准则,当系统新状态内能低于原状态时,新状态被直接接受;当新状态内能高于原状态时,新状态被依概率接受,概率值如下:

$$p = \exp\left(-\frac{E_x - E_{x0}}{T}\right) \tag{4-19}$$

式中:p 是新可行解被接受的概率;E 是系统内能,可被抽象为解的适应性函数;T 表示退火温度。本小节中采用均方根误差(root mean square error,RMSE)作为适应性函数。

Metropolis 准则如下式:

$$p(x \to x_0) = \begin{cases} 1, & E_{x0} < E_x \\ \exp\left(-\dfrac{E_{x0} - E_x}{T}\right), & E_{x0} \geqslant E_x \end{cases} \tag{4-20}$$

若 $E_{x0} < E_x$,则新可行解被直接接受;否则,新可行解被依概率接受。

在每一个退火温度下,算法要进行 L 次迭代搜索操作,直至系统收敛或达到迭代上限,而后进行退火,温度按如下规律变化:

$$T_{\text{new}} = KT \tag{4-21}$$

式中:T_{new} 是更新的温度;K 是退火率。

依据实际冶金生产中的退火过程,模拟退火算法将求解过程抽象为在某一退火温度下,进行 L 次的重复性搜索,以找到在该退火温度下的系统最优解。系统内能抽象为适应性函数,表明新解对系统的接受能力,适应性函数多选择均方根误差或极差函数。如图 4-14 所示,依据 Metropolis 准则,新解的接受程度随退火温度下降而渐进降低,表明系统在高退火温度时具有较广泛的搜索域,而在低退火温度时具有较好的收敛能力。模拟退火算法的广域搜索能力依赖于较高的初始温度与较低的退火速率。但该方法的收敛速度较慢,在每个退火温度下都需进行大量迭代搜索。

模拟退火算法的步骤如下。

步骤 1:设置初始退火温度,并在每个温度下执行蒙特卡洛搜索以找到全局平衡状态。

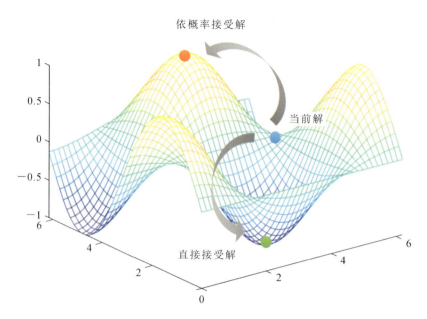

图 4-14 Metropolis 准则原理

步骤 2：当在迭代更新每个粒子时，采用 Metropolis 准则来接受新的粒子状态。

步骤 3：在每个退火温度下循环，直至迭代次数达到最大值或达到系统收敛。

4.4.1.3 粒子群优化算法

粒子群优化算法是从鸟群捕食过程抽象而来的，在鸟群集群捕食时，若群鸟中某一只鸟发现了食物，其他鸟的搜索方向是在目前搜索方向的基础上靠近已知的食物点。粒子群优化算法将该过程抽象为：将每一只鸟抽象为一个粒子，鸟的当前位置与前进方向抽象为粒子位置与粒子速度方向，将每只鸟发现的食物抽象为个体最优点，所有鸟发现的食物中最好的食物抽象为群体最优点。如图 4-15 所示，粒子群优化算法过程中，所有粒子初始时随机分布并具有一定的速度，而后所有粒子同时向个体最优与群体最优方向移动（合成的速度方向），并及时更新每个粒子的个体最优解与群体最优解。在搜索过程中，每次迭代后粒子的位置与速度均需要更新，粒子速度更新方程如下：

$$v_{k+1} = \omega v_k + c_1 r_1 (p_k - x_k) + c_2 r_2 (g_k - x_k) \tag{4-22}$$

式中：ω 是惯性权重；c_1 和 c_2 是学习因子；r_1 和 r_2 是介于 0 和 1 之间的随机数；v 是粒子速度；x 是粒子，表示当前解；p 表示个体最优解；g 表示群体最优解。

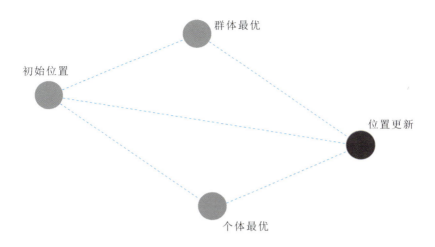

图 4-15 粒子群算法中状态更新方向原理示意图

每个粒子的位置更新方程为

$$x_{k+1} = x_k + v_k \tag{4-23}$$

粒子群优化算法具有较快的收敛速度,但其在广域内搜索能力较差,几乎只能在初始化范围内进行搜索。因此有很多研究者对粒子群优化算法进行了改进,以提高算法搜索能力。

4.4.1.4 遗传算法

遗传算法的本质是基于遗传因子同时对搜索域内的多个解进行评估并寻找群体最优解,在该解的基础上基于遗传学原理进行随机变异,通过适应性函数来实现子代个体的筛选域进化操作。遗传学原理表明,在自然选择条件下总会存在适应性函数值合理的个体。该类个体可组成下一代进化群体,进化群体在保留现代优质信息的同时又会对上一代中不合理的内容进行修正,以趋向于真实的最优解。遗传算法的核心在于进化与变异。进化是指个体从父代向子代传递信息时存在优选过程,即符合环境(适应性函数)的个体被保留的概率更大;变异则是指从父代向子代传递时,部分信息被随机改变,包括完全改变(基因突变)与子代个体的交叉(染色体交换)等。在实际应用时,一般基因突变概率极低,通常设置为 1% 左右;而染色体交换的概率较高,通常高于 10%。图4-16 所示为一种常见的遗传算法实现流程。

在算法中,群体与个体分别代表被搜索的解域和一组可行的电池参数;适

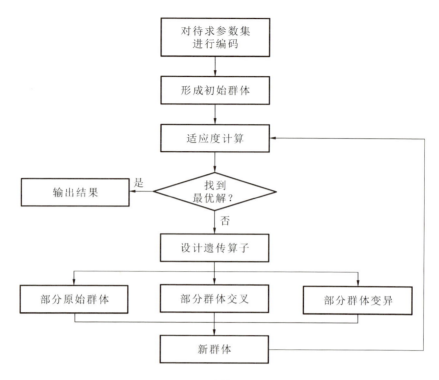

图 4-16　遗传算法实现流程

应度函数一般是优选个体的条件，在电池参数辨识中一般选取电压误差的均方差或极差等特征量表征电池参数的准确性；最优解即是认为在当前条件下最符合电池输出特性的一组参数。通常，完全匹配理论电压输出曲线的电池并不存，因此遗传算法的终止条件通常为迭代次数达到上限。遗传算法的收敛性依赖于迭代次数，同时也与初始群体的分布有关。遗传算法的缺陷在于随机的变异过程。通常，在算法的初期与后期，群体的变异概率保持不变。然而群体对变异的需求在算法不同阶段表现不同。在算法启动初期，通常需要较高的变异概率以广泛搜索新的可行解；而当算法迭代至后期时则应降低变异概率，以使算法更好地收敛于一个值，避免在过大范围内继续进行搜索。因此，对遗传算法的改进可聚焦于算法变异的方向与概率演化方面，从而实现更好的参数辨识。

4.4.2 在线参数辨识法

4.4.2.1 递推最小二乘法

最小二乘法为了提高参数估计的精度,往往需要大量数据,不仅计算量大,还要占据很大存储空间,不适用于在线参数辨识,因此引入了递推最小二乘算法。

递推最小二乘参数辨识的核心思想是利用新的观测数据,在前一次的估计结果基础上进行修正,从而得到新的参数估计值,不断进行递推直到参数估计值达到要求的精度为止,即当前的估计值 $\hat{\boldsymbol{\theta}}_{m+1}$ = 上一次的估计值 $\hat{\boldsymbol{\theta}}_m$ + 修正项。

以一次输入获得一次观测数据为一个时刻,则 $m+1$ 时刻的参数估计值如下:

$$\hat{\boldsymbol{\theta}}_{m+1} = (\boldsymbol{H}_{m+1}^\mathrm{T} \boldsymbol{H}_{m+1})^{-1} \boldsymbol{H}_{m+1}^\mathrm{T} \boldsymbol{Z}_{m+1} \tag{4-24}$$

构造 $\boldsymbol{P}_m = (\boldsymbol{H}_m^\mathrm{T} \boldsymbol{H}_m)^{-1}$,则式(4-24)可变形为

$$\hat{\boldsymbol{\theta}}_{m+1} = \boldsymbol{P}_{m+1} \begin{bmatrix} \boldsymbol{H}_m^\mathrm{T} & \boldsymbol{h}_{m+1}^\mathrm{T} \end{bmatrix} \begin{bmatrix} \boldsymbol{Z}_m \\ \boldsymbol{Z}_{m+1} \end{bmatrix} = \boldsymbol{P}_{m+1} \boldsymbol{H}_m^\mathrm{T} \boldsymbol{Z}_m + \boldsymbol{P}_{m+1} \boldsymbol{h}_{m+1}^\mathrm{T} \boldsymbol{Z}_{m+1} \tag{4-25}$$

$$\boldsymbol{P}_{m+1} = (\boldsymbol{H}_{m+1}^\mathrm{T} \boldsymbol{H}_{m+1})^{-1} = \left\{ \begin{bmatrix} \boldsymbol{H}_m^\mathrm{T} & \boldsymbol{h}_{m+1}^\mathrm{T} \end{bmatrix} \begin{bmatrix} \boldsymbol{Z}_m \\ \boldsymbol{Z}_{m+1} \end{bmatrix} \right\}^{-1} \tag{4-26}$$

对式(4-26)进行去逆运算,得到关于 $\boldsymbol{P}$ 的递推公式:

$$\boldsymbol{P}_{m+1} = \left[1 - \frac{\boldsymbol{P}_m \boldsymbol{h}_{m+1} \boldsymbol{h}_{m+1}^\mathrm{T}}{1 + \boldsymbol{h}_{m+1}^\mathrm{T} \boldsymbol{P}_m \boldsymbol{h}_{m+1}} \right] \boldsymbol{P}_m \tag{4-27}$$

最终化简得到参数 $\boldsymbol{\theta}$ 的递推公式:

$$\hat{\boldsymbol{\theta}}_{m+1} = \hat{\boldsymbol{\theta}}_m + \frac{\boldsymbol{P}_m \boldsymbol{h}_{m+1}}{1 + \boldsymbol{h}_{m+1}^\mathrm{T} \boldsymbol{P}_m \boldsymbol{h}_{m+1}} [\boldsymbol{Z}_{m+1} - \boldsymbol{h}_{m+1}^\mathrm{T} \hat{\boldsymbol{\theta}}_m] \tag{4-28}$$

式中:$\hat{\boldsymbol{\theta}}_m$ 是 m 时刻的参数估计值;$\boldsymbol{h}_{m+1}^\mathrm{T} \hat{\boldsymbol{\theta}}_m$ 是基于 m 时刻观测值对 $m+1$ 时刻观测值的预测;$\boldsymbol{Z}_{m+1}$ 是 $m+1$ 时刻的观测值,当前时刻的观测值与基于前一时刻观测得到的预测值之差为预测误差,也称为新息;系数 $\dfrac{\boldsymbol{P}_m \boldsymbol{h}_{m+1}}{1 + \boldsymbol{h}_{m+1}^\mathrm{T} \boldsymbol{P}_m \boldsymbol{h}_{m+1}}$ 为起修正作用的增益矩阵。

式(4-27)和式(4-28)构成了递推最小二乘法的参数更新过程。

递推计算中需要明确 $\hat{\boldsymbol{\theta}}_m$ 与 $\boldsymbol{P}_m$ 的初始值,一般来说有两种选取方法:

(1) $\hat{\boldsymbol{\theta}}_0$ 优选各个元素为零,或者尽量小的参数,$\boldsymbol{P}_0 = \alpha\boldsymbol{E}$,$\alpha$ 应取充分大的实数(如 $10^5 \sim 10^{10}$),$\boldsymbol{E}$ 表示期望值;

(2) 选取递推最小二乘法参数估计的前 L 组数据的估计结果 $\hat{\boldsymbol{\theta}}_L$ 及 $\boldsymbol{P}_L$ 为初始值,$L < m$。

4.4.2.2 卡尔曼滤波

卡尔曼滤波器(Kalman filter,KF)是一种以最小二乘法为基础,在时域内设计的线性最小方差估计。其数学方法采用状态空间模型描述,并采用递推方法获得解,无须储存过去所有的量测数据,故而非常适用于动态实时估计,且与嵌入式系统匹配程度较高。

卡尔曼滤波器是从统计状态空间模型推导出的线性动态系统下状态的最小方差估计,是围绕未被观测的状态展开的,最终目的是通过测量值实现对状态的估计。卡尔曼滤波器的核心思想是状态的递推估计,可表示为

$$\text{状态估计值} = \text{状态预测值} + \text{卡尔曼增益} \times \text{新息} \tag{4-29}$$

对于线性离散系统,有:

$$\hat{\boldsymbol{x}}(k|k-1) = \boldsymbol{F}_{k-1}\hat{\boldsymbol{x}}(k-1) \tag{4-30}$$

$$\boldsymbol{Z}(k) = \boldsymbol{H}_k \hat{\boldsymbol{x}}(k) \tag{4-31}$$

线性离散卡尔曼滤波器由以下三个模块组成。

① 初始化模块。

$$\hat{\boldsymbol{x}}_0 = E[x_0]$$

$$\boldsymbol{P}_0 = E[(\boldsymbol{x}_0 - \hat{\boldsymbol{x}}_0)(\boldsymbol{x}_0 - \hat{\boldsymbol{x}}_0)^{\mathrm{T}}]$$

② 预测模块。

状态预测方程为

$$\hat{\boldsymbol{x}}(k|k-1) = \boldsymbol{F}_{k-1}\hat{\boldsymbol{x}}(k-1)$$

状态预测误差的协方差矩阵为

$$\boldsymbol{P}(k|k-1) = \boldsymbol{F}_{k-1}\boldsymbol{P}(k-1)\boldsymbol{F}_{k-1}^{\mathrm{T}} + \boldsymbol{Q}_{k-1}$$

③ 纠错模块。

卡尔曼增益为

$$\boldsymbol{G}_k = \boldsymbol{P}(k|k-1)\boldsymbol{H}_k^{\mathrm{T}}(\boldsymbol{H}_k\boldsymbol{P}(k|k-1)\boldsymbol{H}_k^{\mathrm{T}} + \boldsymbol{R}_k)^{-1}$$

状态更新方程为

$$\hat{x}(k) = \hat{x}(k \mid k-1) + G_k [Z_k - H_k \hat{x}(k \mid k-1)]$$

状态更新的协方差矩阵为

$$P(k) = (I - G_k H_k) P(k \mid k-1)$$

线性离散卡尔曼滤波器是最基础的卡尔曼滤波器,其只适用于离散线性系统,系统的过程误差与观测误差服从高斯分布。但实际系统大多数为非线性系统,因此需对线性离散卡尔曼滤波方法进行扩展,进而形成了多类非线性卡尔曼滤波器,主要包括扩展卡尔曼滤波器(extended Kalman filter,EKF)、无迹卡尔曼滤波器(unscented Kalman filter,UKF)、容积卡尔曼滤波器(cubature Kalman filter,CKF)等。

非线性卡尔曼滤波器是由贝叶斯理论获得的,而采用贝叶斯滤波理论描述非线性卡尔曼滤波器时的难点,在于计算高斯加权的多维非线性函数积分。容积准则是最具代表性的方法之一,可将多维非线性函数积分转化为某个多维几何体的容积计算,具有较高的计算效率,且具有数值精度较高的积分计算结果。

经典卡尔曼滤波算法的应用局限于线性系统,在解决非线性系统状态估算问题时精度较低。贝叶斯估计滤波是一类常用的解决非线性系统估计问题的方法,其核心在于将被估计的状态量理解为某一概率密度的期望值,从而转化为一类非线性积分。

对系统特性引入以下两个假设。

假设1:系统具有Markov特性,即系统在当前时刻状态与之前状态无关。

假设2:系统的一步预测概率密度与似然概率密度均为高斯型概率密度。

基于贝叶斯滤波的思想,状态估计问题可表示为状态量依历史状态量与观测量组成的概率转移,即状态方程可表示为

$$\begin{cases} x \sim p(x_k \mid x_2, \cdots, x_{k-1}, z_1, z_2, \cdots, z_{k-1}) \\ z \sim p(z_k \mid z_1, z_2, \cdots, z_{k-1}, x_1, x_2, \cdots, x_{k-1}, x_k) \end{cases} \quad (4\text{-}32)$$

依据假设1,系统具有Markov特性,即历史信息不影响本时刻状态值,因此,式(4-32)可简化成下述形式:

$$\begin{cases} x \sim p(x_k \mid x_{k-1}) \\ z \sim p(z_k \mid x_k) \end{cases} \quad (4\text{-}33)$$

因此,系统的一步预测方程(也称为先验信息)可表示为

$$p(x_k \mid z_{k-1}) = \int p(x_k \mid x_{k-1}) p(x_{k-1} \mid z_{k-1}) \mathrm{d} x_{k-1} \qquad (4\text{-}34)$$

根据贝叶斯估计理论中的贝叶斯公式,可得到状态更新方程:

$$p(x_k \mid z_k) = \frac{p(z_k \mid x_k) p(x_k \mid z_{k-1})}{p(z_k \mid z_{k-1})} \qquad (4\text{-}35)$$

式中:$p(z_k \mid z_{k-1}) = \int p(z_k \mid x_k) p(x_k \mid z_{k-1}) \mathrm{d}x_k$;$p(x_k \mid z_{k-1})$ 为先验信息;$\dfrac{p(z_k \mid x_k)}{p(z_k \mid z_{k-1})}$ 被称为似然函数。

由上述方程组可知,在贝叶斯估计问题中,系统一步预测方程与状态更新方程中存在两次非线性积分。

依据假设 2,认为系统的概率密度函数符合高斯概率密度公式。对下述非线性系统模型:

$$\begin{cases} x_k = f(x_{k-1}, w_k) \\ z_k = h(x_k, v_k) \end{cases} \qquad (4\text{-}36)$$

由公式(4-34)可得,一步预测方程可表示为

$$x_{k \mid k-1} = \int f(x_{k-1}, w_k) N(x_{k-1}, P_{k-1}) \mathrm{d}x_{k-1} \qquad (4\text{-}37)$$

由公式(4-35)可得,观测方程可表示为

$$z_{k \mid k-1} = \int h(x_{k \mid k-1}, w_k) N(x_{k \mid k-1}, P_{k \mid k-1}) \mathrm{d}x_{k \mid k-1} \qquad (4\text{-}38)$$

式(4-37)、式(4-38)中的积分为一类 Hammerstein 型积分。根据积分方程的理论,对该积分具有多种数值解法,但计算量庞大,不适合在线计算。高斯积分公式是一种简化积分运算的常用方法:

$$x_{k \mid k-1} = \sum_{i=1}^{L} \omega_i f(\xi_i) \qquad (4\text{-}39)$$

该方法将非线性积分式转化为多个函数值的权值和。该方法无须求解积分,也无须求解偏导数(如广义卡尔曼滤波法),转而求解系列 sigma 点的函数值,从而有效减少积分运算的计算量。因此,采用一定的积分准则将 Hammerstein 型积分转化成高斯积分公式的形式,是解决 SOC 估算问题的重要可行方式。

EKF 法是针对非线性离散系统滤波而提出的方法,主要用于解决状态空间

模型中的非线性问题。EKF法的核心思想是使用非线性函数的Jacobian矩阵（即一阶泰勒多项式近似）实现非线性函数的线性化。EKF法仅采用一阶泰勒展开对非线性函数进行近似，其近似程度较差，故而模型精度一般，且对于强非线性系统，EKF法的估算精度较差。同时EKF法仍基于线性卡尔曼滤波思想，仍要求系统的过程误差与观测误差等均具有高斯白噪声。

EKF法仍不能很好地解决非线性系统滤波问题，其根源在于难以精确描述状态空间模型下非线性特征，并且采用高斯概率密度近似状态空间模型下的概率密度函数。采用对概率密度函数的近似比非线性函数的直接近似要更为容易，故而基于概率密度函数的近似方法精度较高。采用该思想的滤波器主要包括无迹卡尔曼滤波器、容积卡尔曼滤波器和稀疏网格积分器等。

无迹卡尔曼滤波器采用无迹变换的非线性变换对随机变量 x 进行采样，并以采样点的统计特性描述原系统的非线性特性。无迹卡尔曼滤波器可有效解决非线性系统的状态估算问题，但无迹变换的数学原理较为匮乏，常为经验公式，故而在某些情况下无迹卡尔曼滤波器的估算结果并不理想。

容积卡尔曼滤波器具有严谨的数学推导过程，有效保证了容积采样点的准确性与滤波精度、滤波稳定性等问题，因此容积卡尔曼滤波器在多项性能上明显优于其他非线性卡尔曼滤波器。当被积函数的概率密度函数满足高斯分布时，Hammerstein型积分可表示成下述形式：

$$\int_{R^n} \boldsymbol{g}(\boldsymbol{x}) N(\boldsymbol{x};\bar{\boldsymbol{x}},\boldsymbol{P}_x) \mathrm{d}\boldsymbol{x} = \frac{1}{\sqrt{\pi^n}} \int_{R^n} \boldsymbol{g}(\sqrt{2\boldsymbol{P}_x}\boldsymbol{x} + \bar{\boldsymbol{x}}) \mathrm{e}^{-\boldsymbol{x}^\mathrm{T}\boldsymbol{x}} \mathrm{d}\boldsymbol{x} \quad (4\text{-}40)$$

该形式具有某种特殊性。令 $\boldsymbol{x}=r\boldsymbol{y}$，且满足 $\boldsymbol{y}^\mathrm{T}\boldsymbol{y}=1$，即令矢量 $\boldsymbol{y}$ 构成一个单位球体表面 $S_n=\{\boldsymbol{y}|\boldsymbol{y}^\mathrm{T}\boldsymbol{y}=1\}$，$r$ 为球体半径。根据球坐标系下微分准则，有：

$$\mathrm{d}\boldsymbol{x} = r^{n-1}\mathrm{d}r\mathrm{d}\sigma(\boldsymbol{y}) \quad (4\text{-}41)$$

从而将上述积分转化为

$$I = \int_0^\infty \int_S \boldsymbol{g}(r\boldsymbol{y})r^{n-1}\mathrm{e}^{-r^2}\mathrm{d}\sigma(\boldsymbol{y})\mathrm{d}r \quad (4\text{-}42)$$

故而，式(4-42)可转换为多维空间中某个几何体的体积计算式，因此上述转化方式也被称为容积准则。参考三重积分的积分方法，式(4-42)中的积分可分为两次积分，即一次曲面积分与一次定积分：

$$S(r) = \int_S g(r\boldsymbol{y})\mathrm{d}\sigma(\boldsymbol{y}) \tag{4-43}$$

$$R = \int_0^\infty S(r) r^{n-1} \mathrm{e}^{-r^2} \mathrm{d}r \tag{4-44}$$

由式(4-44)可知,原积分被分为球面积分与径向积分。可采用不同方法进行化简。

具有三阶多项式精度的球面积分准则可表示为

$$S_3(r) = \frac{A_n}{2n} \sum_{i=1}^n (\boldsymbol{g}(r\boldsymbol{e}_i) + \boldsymbol{g}(-r\boldsymbol{e}_i)) \tag{4-45}$$

对应的径向积分准则可表示为

$$\begin{cases} r_1 = \dfrac{\sqrt{n}}{2} \\ w_{r,1} = \dfrac{1}{2}\Gamma(\dfrac{n}{2}) \end{cases} \tag{4-46}$$

将两个积分准则结合,即可得到球面-径向容积准则的表达式

$$\int_{R^n} \boldsymbol{g}(\boldsymbol{x}) \mathrm{e}^{-\boldsymbol{x}\boldsymbol{x}^{\mathrm{T}}} \mathrm{d}\boldsymbol{x} = \sum_{j=1}^{w_r} \sum_{i=1}^{w_s} w_{r,j} w_{s,j} \boldsymbol{g}(r_j y_i) = \frac{\sqrt{\pi^n}}{2n} \sum_{i=1}^n \left[\boldsymbol{g}\left(\sqrt{\frac{n}{2}}\boldsymbol{e}_i\right) + \boldsymbol{g}\left(-\sqrt{\frac{n}{2}}\boldsymbol{e}_i\right) \right] \tag{4-47}$$

将式(4-44)、式(4-45)和式(4-46)联立消元,则可得到下述适合于在线计算的球面-径向容积积分准则表达式,进而获得基于容积变换准则的一步预测方程表达式:

$$\boldsymbol{x}_{k|k-1} = \sum_{i=1}^L \frac{1}{L}(f(\bar{x} + \sqrt{n\boldsymbol{P}_x}\boldsymbol{e}_i) + f(\bar{x} - \sqrt{n\boldsymbol{P}_x}\boldsymbol{e}_i)) \tag{4-48}$$

容积卡尔曼滤波即是根据上述积分准则,通过计算采样点 sigma 点的函数值代替非线性积分计算过程,从而实现对非线性积分的高精度计算。该结果具有三阶多项式精度。

4.4.2.3 粒子滤波

粒子滤波算法与卡尔曼滤波算法不同,是基于贝叶斯估计的思想,采用蒙特卡洛采样法代替复杂的非线性积分求解,从而获得较高的非线性积分精度。该算法原理十分复杂,包含蒙特卡洛采样、序列重要性采样、重采样等多个过程,计算量大但精度较高,尤其是对强非线性系统而言,难以作为在线估计方法。

4.4.3 参数辨识方法展望

电池模型参数辨识方法的核心在于最优化问题的解算。目前,基于广义全局最优解的最优化问题解算具有较大的算法复杂性与时空复杂性,难以实现在车载嵌入式系统中的实时应用。而基于卡尔曼滤波与最小二乘法等算法的在线参数辨识法则易受环境干扰,具有较差的参数辨识精度。因此,未来电池模型参数辨识法可从改进最优化算法复杂度方向出发,找到算法算力约束与精度约束的平衡点,牺牲部分精度来换取较低的计算复杂度,以此在车载嵌入式系统中实现较好的参数在线估计算法。

本章参考文献

[1] DOYLE M, FULLER T F, NEWMAN J. Modeling of galvanostatic charge and discharge of the lithium polymer insertion cell[J]. Journal of the Electrochemical Society, 1993, 140(6): 1526-1533.

[2] NEWMAN J, THOMAS K E, HAFEZI H, et al. Modeling of lithium-ion batteries[J]. Journal of Power Sources, 2003, 119-121: 838-843.

[3] JOKAR A, RAJABLOO B, DESILETS M, et al. Review of simplified Pseudo-two-Dimensional models of lithium-ion batteries[J]. Journal of Power Sources, 2016, 327: 44-55.

[4] DAO T, VYASARAYANI C P, MCPHEE J. Simplification and order reduction of lithium-ion battery model based on porous-electrode theory[J]. Journal of Power Sources, 2012, 198: 329-337.

[5] 庞辉. 基于电化学模型的锂离子电池多尺度建模及其简化方法[J]. 物理学报, 2017, 66(23): 312-322.

[6] ZHANG D, POPOV B N, WHITE R E. Modeling lithium intercalation of a single spinel particle under potentiodynamic control[J]. Journal of the Electrochemical Society, 2000, 147(3): 831-838.

[7] RAHMAN M A, ANWAR S, IZADIAN A. Electrochemical model pa-

rameter identification of a lithium-ion battery using particle swarm optimization method[J]. Journal of Power Sources,2016,307:86-97.

[8] SHEN W J,LI H X. Parameter identification for the electrochemical model of Li-ion battery[C]∥IEEE Proceedings of 2016 International Conference on System Science and Engineering(ICSSE). 2016:1-4.

第 5 章
荷电状态（SOC）估计方法

5.1 SOC 的定义

SOC 是电池可用电量与总电量的比值，反映了电池剩余电量的多少，是电池不可直接测量的重要参数。美国先进电池联合会发布的《电动汽车电池实验手册》将 SOC 定义为：在一定放电倍率下，电池的剩余电量与相同条件下额定容量的比值，表达式为

$$\mathrm{SOC}(t) = \mathrm{SOC}(0) - \int_0^t \frac{\eta i(t)}{Q_\mathrm{N}} \mathrm{d}t \tag{5-1}$$

式中：SOC(0) 为初始的 SOC 值（无量纲）；Q_N 为电池的容量（A·h）；η 为充放电效率（无量纲）；i 为电池电流（A），放电时为正，充电时为负。

电池的荷电状态在电池的应用中十分重要，它为电池的使用者提供了电池剩余可用能量的信息，以便于使用者对电池进行适当的操作，确保电池不会出现过充、过放电的情况。所以，在电池应用过程中实时掌握 SOC 值是十分必要的。虽然电池的 SOC 值不能直接测量，但是它与电池的电压、电流、温度、老化程度等因素密切相关，所以，在实际应用中通常利用电池可以直接测量的量如电流、电压、温度等估算电池的 SOC 值。SOC 值的估算方法很多，与所得的电池信息相关，与电池的种类和使用环境也相关。SOC 值估算意义重大，一直是电池管理系统的关键技术之一。

目前，行业还没有在标准实验条件与实验流程方面达成共识，无法获得统一标准的数据，导致 SOC 估算准确性下降。同时，由于温度、寿命、一致性等因素对 SOC 估算的影响，采用基于电池模型的 SOC 估算方法无法长时间保证电池 SOC 的精度。实时准确的 SOC 估算在电动汽车应用中有着十分重要的意

义。首先，对电池本身而言，精确的 SOC 信息可以保证电池不会被过度使用，以达到使用更小、更轻的电池来降低成本的目的。例如，若 SOC 估算值比实际剩余电量低，在放电时，电池只能使用一部分的电池电量，而用户就会比实际需要更频繁地充电以保证有足够的剩余电量，而在充电时，又会导致电池过充，从而使得电池寿命缩短。相应地，若 SOC 估算值比实际电量高，会导致电池充电不足，总的可用能量减少。其次，从电池在电动汽车上的应用的角度来看，SOC 估算值的精确性对电动汽车整车的性能也有影响。SOC 估算值可应用在众多场合：用于与其他状况相结合来进行续驶里程的估计；在整车控制中，SOC 估算值为整车控制算法的参数，控制器依据 SOC 估算值改变控制策略来实现整车能量优化的策略。可见，SOC 估算值的精确程度，对电池的保护和电动汽车的整体性能都有很大的影响。

5.2 SOC 估计方法分类

SOC 估算方法的研究历史可以追溯到 1938 年，几乎是在可以重复充电的二次电池出现时就已开始。1938 年，Heyer 制作了一种设备来展示电池的剩余电量，仅通过电池的电压估算 SOC，该设备可以看作最早的 SOC 估算研究成果。由于早期的 SOC 估算值仅用来判断是否需要更换电池，因此不需要有极高的精确度。随着电池技术的发展和应用范围的扩大，电池的使用环境越来越复杂，对 SOC 估算方法的精度要求越来越高，SOC 的估算方法也越来越复杂多样。

因为在实际估算过程中，电池受电流、电压、自恢复效应、表面温度、充放电倍率、循环次数、新旧程度等影响，在使用过程中呈现高度非线性，对其 SOC 估算方法和精度也有不同程度的影响，SOC 在线准确估算成了 BMS 的一个难点。如图 5-1 所示，SOC 估算方法主要可以分为三类：基于经验模型法、基于电池模型法和数据驱动法。基于经验模型法一般是利用安时积分法或者实验方法获得 SOC 估算值。基于电池模型法通过建立电池模型，如等效电路模型或电化学模型等，可以描述电池的动态特性。数据驱动法不考虑电池内部的反应机理及特性，利用样本数据和模型训练确定输入和输出的关系。

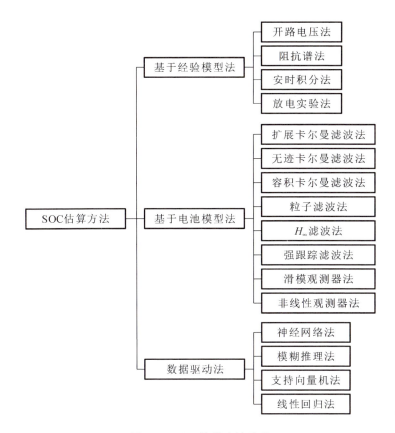

图 5-1　SOC 估算方法分类

5.2.1　基于经验模型法

基于经验模型法分为开路电压法、阻抗谱法、安时积分法和放电实验法等几种。

5.2.1.1　开路电压法

开路电压法是最早应用的 SOC 估算方法之一，也是最简单的 SOC 估算方法之一。开路电压是指电池经过长时间静置稳定后的电压值，开路电压在数值上接近电池电动势。从电池原理的角度来看，电池的电动势与 SOC 之间有着确定的函数关系，且此函数关系基本不随电池的电流和温度而变化，因此利用这个函数关系，就可以用开路电压来估算电池的 SOC 值。常用的方法是将在实验室测得的开路电压与 SOC 的关系以表格的方式储存在微处理器的内存中,在电池静置时测量电池的电压并以查表的方法获得当前的 SOC 值。这种估算方法的优点是简单、能够自动给出 SOC 的初始值,且适用于各种电池。但其不足之处也十分明显,该方法只能在电池静置时达到预计的精度,因此在电池充、放电或向静置状态过渡的过程中,应用开路电压法得到的 SOC 值是不准确的,同时如何确定静置时间也是一个问题,所以开路电压法通常不能单独用于 SOC 估算。从开路电压法中,衍生了负载电压法这一 SOC 估算方法,负载电压即电池在放电时的电压。负载电压法既具有开路电压法简单易行的优点,又可以在非静置状态估算 SOC,但只适用于恒流放电的场合。

5.2.1.2 安时积分法

安时积分法是另一种较为广泛应用的 SOC 估算方法,最早出现在 1975 年 Fingers 等人的专利中,其表达式下:

$$\text{SOC} = \text{SOC}_0 + \frac{1}{C}\int_{t_0}^{t} \eta I \, dt \tag{5-2}$$

安时积分法的基本思路是将电流送入积分器中进行电量消耗的测量,再通过简单的计算得到电池的 SOC。安时积分法也称为库仑积分法,它基本不考虑电池反应因素,将电池看作一个能量交换器,通过对能量交换的计算来得到电池电量的消耗情况以及剩余情况,即通过电池充放电电流的积分值来算出能量的变化量。它通过对负载电流的积分来估算出电池的 SOC 值。由于其便捷性和易用性,安时积分法已成为当前 BMS 中应用最为广泛的 SOC 估算方法。

此方法最大的优点是计算简单,缺点主要有两个。首先,安时积分法为一种开环估算方法,每次计算都要首先确定未知的 SOC 的初始值,在实际使用中很难实现精确估算。实际使用的电池容量由于老化等原因并没有达到 100%,使得预先设定值高于实际值而造成电池 SOC 估计过程中的误差,伴随着电池使用时长的不断增加,其出现的偏差将会逐渐增大。其次,公式(5-2)需要对电流做出积分运算,因其积分环节自身的误差累加特性,电池 SOC 估测误差也将逐渐增大。加上外部环境温度以及路况的影响,安时积分法不能单独使用。所以,实际应用中大多将安时积分法与开路电压法结合使用,SOC 的初始值由开路电压法给出,当有电流流经电池时用电流积分法进行 SOC 估算,电池静置后用开路电压法对 SOC 值进行校正。这样,在整个电池使用过程中都可以得到较为精确的 SOC 估算值。这种开路电压与电流积分相结合的方法在微处理芯片的处理能力不高的历史时期,被广泛地用于 SOC 估算。

5.2.1.3 放电实验法

放电实验法也是目前最准确的估算法,但是这一方法要应用在恒流放电条件下,并不适用于电流多变的场合。一般情况下,这一方法主要适合用在具体的实验测试中,通过获取电流电压的数据,从而对电池的具体外特性进行分析讨论。主要缺点为:

① 电池放电消耗时间长。

② 只能单独进行放电,无法在放电的同时进行其他工作。

5.2.2 基于电池模型法

基于电池模型法大致分为两类:卡尔曼滤波法和观测器法。

卡尔曼滤波法是随着微处理器技术的提高而出现的普遍应用的 SOC 估算方法,其核心思想是将电池看成一个动力系统,并对动力系统的状态做出最小意义上的最优估计。卡尔曼滤波法是一类应用卡尔曼滤波原理的估计方法,具体方法包括扩展卡尔曼滤波(EKF)法、无迹卡尔曼滤波(UKF)法、自适应卡尔曼滤波(adaptive Kalman filter,AKF)法、双通道卡尔曼滤波(dual extended Kalman filter,DEKF)法等,可根据电池模型的形式选择不同的卡尔曼滤波方法。此方法的基本步骤是首先建立电池的状态空间模型,并且将 SOC 作为系统的一个状态,然后应用卡尔曼滤波原理中预测校正的思想并套用相应的公式完成 SOC 估算。卡尔曼滤波方法适用于各种电池,并且能够给出 SOC 估算误差,尤其适合电流波动剧烈的场合,是目前研究中应用最多的 SOC 估算方法。

观测器法的思路与卡尔曼滤波法的类似,也是要建立电池的状态空间模型并将 SOC 作为电池系统的状态量,然后应用控制理论的知识设计收敛的状态观测器来对 SOC 进行估算,常用的观测器有鲁棒观测器、滑模观测器等。观测器法比卡尔曼滤波法的计算量小而且能够保证收敛性,并且有更强的鲁棒性,但是在设计阶段需要更多的控制理论的知识。在现有研究中,多将电池模型建立为线性模型以简化观测器的设计,因此估计算法的精度与模型的精度有关。观测器法的缺点是需要较强的专业知识和数学理论,而且在选择电池模型时需要保证 SOC 的可观测性。

下面对基于电池模型法进行详细介绍。

5.2.2.1 扩展卡尔曼滤波法

卡尔曼滤波法是一种估计电池 SOC 的智能算法,能够利用递推最小二乘法等数学方法来使电池系统状态估计误差方差达到最小,进而进行最优状态估计。该方法是将动力电池看作一个以电流为输入、端电压为输出的动态系统,以要估计的 SOC 作为系统内部状态,输出电压表达式作为观测方程,并通过由上一步 SOC 估算值计算得到的电压预估值与实际观测值之间的误差,不断修正状态估计,以实现电池 SOC 的准确估算。由于该算法只需要上一步的状态估计结果,就能够通过递推的方式不断进行 SOC 估算,所以对系统的存储能力要求较低,降低了该算法的实现门槛。由于卡尔曼滤波法只能对线性系统进行最优估计,而电池是高度非线性系统,所以并不能直接使用卡尔曼滤波法来估计电池 SOC。针对该现象,可以使用扩展卡尔曼滤波(EKF)法和无迹卡尔曼滤波(UKF)法等改进方法来处理。EKF 法通过泰勒级数方法将电池系统线性化,然后继续利用卡尔曼滤波法来对 SOC 进行估算。

对于任意非线性离散系统,有

$$\begin{matrix} \text{状态方程} & \boldsymbol{x}_k = f(\boldsymbol{x}_{k-1}, \boldsymbol{u}_{k-1}) + \boldsymbol{w}_{k-1} \\ \text{观测方程} & \boldsymbol{y}_k = g(\boldsymbol{x}_k, \boldsymbol{u}_k) + \boldsymbol{v}_k \end{matrix} \quad (5\text{-}3)$$

式中:$\boldsymbol{x}_k$ 为系统的状态向量,$\boldsymbol{x}_k \in \mathbf{R}^n$;$\boldsymbol{y}_k$ 为系统的观测向量,$\boldsymbol{y}_k \in \mathbf{R}^m$;$\boldsymbol{w}_k$ 为系统噪声;$\boldsymbol{v}_k$ 为观测噪声;$\boldsymbol{u}_k$ 为系统输入;$f(\boldsymbol{x}_k, \boldsymbol{u}_k)$、$g(\boldsymbol{x}_k, \boldsymbol{u}_k)$ 分别表示非线性状态转换函数和量测函数。

在每一时刻,对 $f(\boldsymbol{x}_k, \boldsymbol{u}_k)$ 和 $g(\boldsymbol{x}_k, \boldsymbol{u}_k)$ 通过一阶泰勒展开进行线性化,有

$$\begin{cases} f(\boldsymbol{x}_k, \boldsymbol{u}_k) \approx f(\hat{\boldsymbol{x}}_k, \boldsymbol{u}_k) + \dfrac{\partial f(\boldsymbol{x}_k, \boldsymbol{u}_k)}{\partial \boldsymbol{x}_k} \bigg|_{\boldsymbol{x}_k = \hat{\boldsymbol{x}}_k} (\boldsymbol{x}_k - \hat{\boldsymbol{x}}_k) \\ g(\boldsymbol{x}_k, \boldsymbol{u}_k) \approx g(\hat{\boldsymbol{x}}_k, \boldsymbol{u}_k) + \dfrac{\partial g(\boldsymbol{x}_k, \boldsymbol{u}_k)}{\partial \boldsymbol{x}_k} \bigg|_{\boldsymbol{x}_k = \hat{\boldsymbol{x}}_k} (\boldsymbol{x}_k - \hat{\boldsymbol{x}}_k) \end{cases} \quad (5\text{-}4)$$

式中:$\hat{\boldsymbol{x}}_k$ 为 $\boldsymbol{x}_k$ 的估计值。

定义 $\hat{\boldsymbol{A}}_k = \dfrac{\partial f(\boldsymbol{x}_k, \boldsymbol{u}_k)}{\partial \boldsymbol{x}_k} \bigg|_{\boldsymbol{x}_k = \hat{\boldsymbol{x}}_k}$,$\hat{\boldsymbol{C}}_k = \dfrac{\partial g(\boldsymbol{x}_k, \boldsymbol{u}_k)}{\partial \boldsymbol{x}_k} \bigg|_{\boldsymbol{x}_k = \hat{\boldsymbol{x}}_k}$,将式(5-4)代入式(5-3),得到系统线性化后状态方程和观测方程:

$$\begin{cases} \boldsymbol{x}_k \approx \boldsymbol{A}_{k-1}\boldsymbol{x}_{k-1} + f(\hat{\boldsymbol{x}}_{k-1}, \boldsymbol{u}_{k-1}) - \boldsymbol{A}_{k-1}\hat{\boldsymbol{x}}_{k-1} + \boldsymbol{w}_{k-1} \\ \boldsymbol{y}_k \approx \boldsymbol{C}_k\boldsymbol{x}_k + g(\hat{\boldsymbol{x}}_k, \boldsymbol{u}_k) - \boldsymbol{C}_k\hat{\boldsymbol{x}}_k + \boldsymbol{v}_k \end{cases} \quad (5\text{-}5)$$

非线性系统的 EKF 法递推公式如式(5-6)至式(5-11)所示。

滤波方程初始条件：

$$\hat{\boldsymbol{x}}_{0|0} = E(\boldsymbol{x}_0), \quad \boldsymbol{P}_{0|0} = \text{var}(\boldsymbol{x}_0) \quad (5\text{-}6)$$

状态更新：

$$\hat{\boldsymbol{x}}_{k|k-1} = f(\hat{\boldsymbol{x}}_{k-1|k-1}, \boldsymbol{u}_{k-1}) \quad (5\text{-}7)$$

协方差时间更新：

$$\boldsymbol{P}_{k|k-1} = \boldsymbol{A}_{k-1}\boldsymbol{P}_{k-1|k-1}\boldsymbol{A}_{k-1}^{\text{T}} + \boldsymbol{Q}_{k-1} \quad (5\text{-}8)$$

Kalman 增益矩阵：

$$\boldsymbol{K}_k = \boldsymbol{P}_{k|k-1}\boldsymbol{C}_k^{\text{T}}(\boldsymbol{C}_k\boldsymbol{P}_{k|k-1}\boldsymbol{C}_k^{\text{T}} + \boldsymbol{R}_k)^{-1} \quad (5\text{-}9)$$

状态估计测量更新：

$$\hat{\boldsymbol{x}}_{k|k} = \hat{\boldsymbol{x}}_{k|k-1} + \boldsymbol{K}_k [\boldsymbol{y}_k - \hat{g}(\boldsymbol{x}_{k|k-1}, \boldsymbol{u}_k)] \quad (5\text{-}10)$$

误差协方差测量更新：

$$\boldsymbol{P}_{k|k} = (\boldsymbol{I} - \boldsymbol{K}_k\boldsymbol{C}_k)\boldsymbol{P}_{k|k-1} \quad (5\text{-}11)$$

式中：$\hat{\boldsymbol{x}}_{k|k-1}$ 为被估计状态的预测值；$\hat{\boldsymbol{x}}_{k|k}$ 为被估计状态的滤波值；$\boldsymbol{K}_k$ 为卡尔曼滤波器增益矩阵；$\boldsymbol{P}_{k|k}$ 为滤波误差协方差矩阵；$\boldsymbol{P}_{k|k-1}$ 为预测误差协方差矩阵。

循环计算式(5-6)至式(5-11)，即可实现基于 EKF 的电池 SOC 估算。

5.2.2.2 无迹卡尔曼滤波法

EKF 在经典卡尔曼滤波的基础上，将非线性系统线性化，在测量结果和估计结果附近进行一阶泰勒展开，但是将非线性系统强制转化成线性系统会引起泰勒截断误差，二阶及以上高阶项被忽视，有可能导致滤波发散；并且 EKF 法在每一次循环估算时都需要重复计算 Jacobian 矩阵，极大增加了系统计算复杂度；最后，EKF 法将非线性系统局部线性化后得到的并不是全局最优解，而仅仅只是局部最优解，当且仅当状态方程和观测方程都是连续方程并且非线性程度较低时才能较好地收敛于全局最优解。

为了克服 EKF 法上述缺点所带来的一系列问题，基于卡尔曼滤波法衍生出一种新型算法，该算法将 EKF 法使用的将非线性系统强制线性化的方式转换为对系统状态变量的概率密度分布的近似，这种新型算法称为无迹卡尔曼滤波法。UKF法将无迹变换(unscented transform,UT)和卡尔曼滤波算法相结合,以无迹变换为前提,采用合适的采样策略来逼近状态变量分布。UKF法不用将非线性系统强制线性化,可避免引入误差,也不需要重复计算复杂的Jacobian矩阵,使得计算难度大大降低。

无迹变换是UKF法最关键的部分,也是UKF法区别于EKF法最主要的部分。无迹变换通过计算非线性变量的统计特性,得到具有相同统计特性的多个变量值。其基本原理是根据状态变量的统计特性,按照一定的采样方法选取相应的有限数目的采样点,使得采样点的概率分布特性同已知变量的概率分布特性相同或相近,从而使用变换后的采样点来进行后面的估算。

UKF法估计锂电池SOC的流程图如图5-2所示。

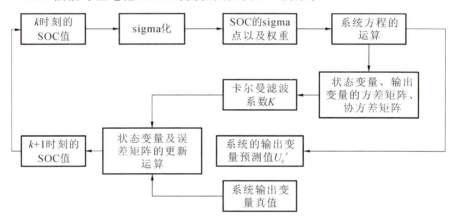

图5-2 UKF法估算锂电池SOC的流程

UKF法估算锂电池SOC的具体过程如下:

(1)初始滤波。初始滤波条件为

$$\hat{x}_0 = E(x_0) \quad P_0 = \mathrm{var}(x_0) \tag{5-12}$$

(2)状态预测。

将$k-1$时刻系统状态变量的最优值通过无迹变换得到$2n+1$个sigma点,将sigma点代入状态方程求取状态变量的一步预测值,构造sigma点的方式如下:

$$\begin{cases} \pmb{x}_{k-1}^i = \hat{\pmb{x}}_{k-1}, & i = 0 \\ \pmb{x}_{k-1}^i = \hat{\pmb{x}}_{k-1} + (\sqrt{(n+\lambda)\pmb{P}_{k-1}})_i, & i = 1, 2, \cdots, n \\ \pmb{x}_{k-1}^i = \hat{\pmb{x}}_{k-1} - (\sqrt{(n+\lambda)\pmb{P}_{k-1}})_{i-n}, & i = n+1, n+2, \cdots, 2n \end{cases} \quad (5\text{-}13)$$

再根据均值权值对状态变量进行时间更新:

$$\begin{cases} \pmb{x}_{k|k-1}^i = f(\pmb{x}_{k-1}^i, \pmb{u}_{k-1}) \\ \hat{\pmb{x}}_{k|k-1} = \sum_{i=0}^{2n} w_{\mathrm{m}}{}^i \pmb{x}_{k|k-1}^i \end{cases} \quad (5\text{-}14)$$

(3) 状态变量协方差更新。更新方程为

$$\pmb{P}_{x,k|k-1} = \sum_{i=0}^{2n} w_{\mathrm{c}}{}^i [\pmb{x}_{k|k-1}^i - \hat{\pmb{x}}_{k-1}][\pmb{x}_{k|k-1}^i - \hat{\pmb{x}}_{k-1}]^{\mathrm{T}} + \pmb{Q}_k \quad (5\text{-}15)$$

(4) 观测变量更新。更新方程为

$$\begin{cases} \pmb{y}_{k|k-1}^i = h(\pmb{x}_{k|k-1}^i, \pmb{u}_k) \\ \hat{\pmb{y}}_{k|k-1} = \sum_{i=0}^{2n} w_{\mathrm{m}}{}^i \pmb{y}^i{}_{k|k-1} \end{cases} \quad (5\text{-}16)$$

(5) 误差协方差更新。更新方程为

$$\begin{cases} \pmb{P}_{yy,k} = \sum_{i=0}^{2n} w_{\mathrm{c}}{}^i [\pmb{y}_{k|k-1}^i - \hat{\pmb{y}}_{k|k-1}][\pmb{y}_{k|k-1}^i - \hat{\pmb{y}}_{k|k-1}]^{\mathrm{T}} + \pmb{R}_k \\ \pmb{P}_{xy,k} = \sum_{i=0}^{2n} w_{\mathrm{c}}{}^i [\pmb{x}_{k|k-1}^i - \hat{\pmb{x}}_{k|k-1}][\pmb{y}_{k|k-1}^i - \hat{\pmb{y}}_{k|k-1}]^{\mathrm{T}} \end{cases} \quad (5\text{-}17)$$

(6) 卡尔曼增益更新。更新方程为

$$\pmb{K}_k = \pmb{P}_{xy,k} / \pmb{P}_{yy,k} \quad (5\text{-}18)$$

(7) 状态更新及求最优协方差矩阵。

状态更新方程为

$$\hat{\pmb{x}}_{k|k} = \hat{\pmb{x}}_{k|k-1} + \pmb{K}_k(\pmb{y}_k - \hat{\pmb{y}}_{k|k-1})$$

最优协方差矩阵为

$$\pmb{P}_{x,k|k} = \pmb{P}_{x,k|k-1} - \pmb{K}_k \pmb{P}_{yy,k} \pmb{K}_k^{\mathrm{T}} \quad (5\text{-}19)$$

UKF算法估算锂电池SOC时,对状态变量初始化后,在每一个采样周期内对电池SOC进行预测和更新,同时,根据误差协方差的大小,不断调节卡尔曼增益,并反馈回修正估算误差。随着时间累积,算法循环次数增加,SOC估算值不断向真实值靠近。UKF算法在预测估算时具有校正能力,即使初始值设定得与真值相差较远,随着算法的进行,估算值也能逐渐逼近真实值。

5.2.2.3 容积卡尔曼滤波法

容积卡尔曼滤波(cubature Kalman filtering,CKF)是近几年提出的一种新型非线性高斯滤波方法,其具有严格的数学证明,通过基于三阶容积准则的数值积分方法来近似高斯加权积分,充分利用了容积积分近似计算多维函数积分具有的高效率特点。实验证明,容积卡尔曼滤波对随机变量非线性变换后的概率分布具有良好的逼近精度。

容积卡尔曼滤波法进行锂电池 SOC 估算的流程如图 5-3 所示。

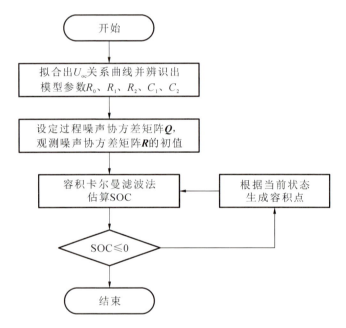

图 5-3 容积卡尔曼滤波法估算电池 SOC 的流程

5.2.2.4 粒子滤波算法

粒子滤波算法是基于蒙特卡洛方法,针对系统的状态空间模型,利用粒子集来表示概率,其核心思想是通过从后验概率中抽取的随机状态粒子来表达粒子的概率分布,是一种顺序重要性采样法。该方法通过贝叶斯滤波准则对随机粒子进行加权递归而实现以样本均值代替积分运算,从而获得状态的最小方差估计。粒子滤波算法早在 20 世纪 70 年代就开始发展,但早期粒子滤波算法存在计算量大和有粒子退化现象等缺点,限制了其发展,直到 Gordon、Salmond 和 Smith 提出粒子滤波的重采样技术,克服了算法的粒子退化问题,然后随着科学计算机计算能力的提高,粒子滤波算法重新被开发应用并成为热点。粒子滤波算法对过程噪声和测量噪声没有任何限制,能够适应任何非线性系统,建模能力强。目前粒子滤波算法广泛应用于视觉追踪、目标识别等领域。

利用粒子滤波算法估算电池的 SOC 时,对系统过程噪声和观测噪声没有任何要求。它基于建立的电池状态空间模型在 MATLAB 上实现电池的 SOC 估算。整个粒子滤波算法流程如图 5-4 所示。

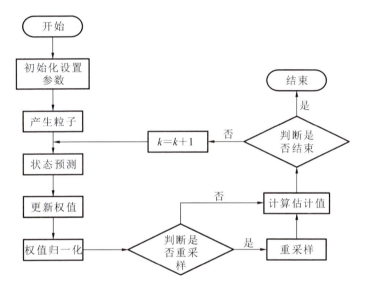

图 5-4 粒子滤波算法流程

以电池 SOC 作为状态变量,电池负载电压作为观测变量,根据过程模型和观测模型建立电池离散的状态空间模型:

$$x_{k+1} = f(x_k, i_k, w_k) = x_k - \frac{ni_k \Delta t}{\eta_i \eta_T \eta_n Q_n} + w_k$$

$$y_{k+1} = f(y_k, i_k, v_k)$$
$$= K_0 - Ri_k - \frac{K_1}{x_k} - K_2 x_k + K_3 \ln(x_k) + K_4 \ln(1-x_k) + v_k$$

(5-20)

式中:w_k 为系统过程噪声;v_k 为系统观测噪声,设 $w_k \sim N(0, Q)$,$v_k \sim N(0, R)$;

Δt 为系统采样周期。

粒子滤波算法步骤如下。

(1) 初始化：$k=0$，由初始概率分布 $P(x_0)$ 随机产生 N 个粒子 $\{x_{0,i}\}$。

(2) 状态预测。基于生成的粒子集 $\{x_{0,i}\}$，每个粒子通过状态模型方程生成新的粒子集 $\{x_{0,i}\}^+$。

(3) 粒子权重计算和归一化。当系统获得新的观测值 y_k 时，由状态方程可生成粒子集 $\{y_{0,i}\}^+$，通过观测值 y_k 和各个粒子的预测值 $\{y_{0,i}\}^+$ 之间的误差来求得粒子的权重 w_i。粒子权重方程为

$$w_i = \frac{1}{\sqrt{2\pi R}} e^{\frac{(y_k - y_{i,k})^2}{2R}} \tag{5-21}$$

然后进行归一化处理，则有

$$w_i^* = w_i \Big/ \sum_{i=1}^{N} w_i \tag{5-22}$$

式中：w_i^* 表示归一化的粒子权重。

(4) 重采样。

基于生成的新的随机样本分布，通过重采样的优胜劣汰使高概率的粒子被复制，低概率粒子被淘汰，从而又生成新的样本分布。重采样后的粒子权重均为 $1/N$，输出估算值 $\overline{x_k}$：

$$\overline{x_k} = \sum_{i=1}^{N} w_k(i) x_k(i) \tag{5-23}$$

基本粒子滤波算法——序列重要性采样算法的实现步骤如下。

(1) 预测。从系统重要性密度函数中抽取新粒子：

$$x_k(i) \sim p(x_k \mid x_{k-1}(i)) \quad (i=1,2,\cdots,N) \tag{5-24}$$

(2) 更新。利用重要性概率密度函数计算各个粒子的权重 $w_k^*(i)$ 并归一化：

$$w_k(i) = \frac{w_k^*(i)}{\sum_{i=0}^{N} w_k^*(i)} \tag{5-25}$$

(3) 进行状态估计。状态估计方程为

$$\overline{x_k} = \sum_{i=1}^{N} w_k(i) x_k(i) \tag{5-26}$$

(4)进行多项式重采样。

计算有效粒子数 $\widehat{N_{\text{eff}}} = 1/\sum_{i=1}^{N}(\widehat{w_k^i})^2$，若 $\widehat{N_{\text{eff}}} < N_{\text{thr}}$，$N_{\text{thr}}$ 为设定的阈值，则按照确定的重采样方法进行重采样，得到新的粒子集。

粒子滤波中使用重采样方法会给粒子带来额外的随机误差，故一般在重采样之前计算系统后验估计和其他相关估计而在滤波算法后才进行重采样。

为了减轻粒子滤波算法中重采样导致的样本枯竭现象，可以根据遗传算法的思想加入一个参数 $\alpha(0<\alpha<1)$，使

$$w_t^{(i)} = (w_{t-1}^i)^{\alpha} \cdot \frac{P(Z_t \mid X_t^{(i)})P(X_t^{(i)} \mid X_{t-1}^{(i)})}{P(X_t^{(i)} \mid X_{t-1}^{(i)}, Z_t)} \tag{5-27}$$

α 为重要性因子，用来控制先前粒子的重要性权值的影响，减轻粒子滤波的样本枯竭现象。

算法按式(5-24)至式(5-27)进行循环迭代，实现状态量 x_k 的递推估计。

5.2.2.5 H_∞ 滤波法

EKF算法在实际中应用十分广泛，但是它的一些先天性缺陷导致了它的使用范围受到限制以及精度常常不能达到工程要求。我们知道，只有事先知道系统噪声的统计特性，应用EKF算法才能得到比较好的估计结果。如果事前并不确定系统的准确先验信息，则需要在设计卡尔曼滤波器时适当增大噪声协方差矩阵 Q 的取值，以增大对实时测量的利用权重，同时降低对一步预测的利用权重，此法俗称调谐。但是调谐存在一定的盲目性，无法确定 Q 究竟增大到多少才能使估计精度达到最佳。并且，如果系统的测量噪声和过程噪声不是白噪声，或者存在偏差量，则卡尔曼滤波效果会严重恶化，甚至发散。以上缺陷使EKF算法的实际应用效果很不理想。H_∞ 滤波法则避免了上述缺点，H_∞ 滤波法只要求系统的噪声信号为有限的随机信号，即噪声是衰减的，并不要求事前知道精确的噪声统计特性指标，并且在噪声干扰很大的情况下取得最小的估计误差。H_∞ 滤波法的设计思路是：在 Q、R 和 P 未知的情况下，将系统过程噪声、测量噪声和初始状态变量 x 的不确定性对估计精度的影响降低到最低限度，使滤波器在最恶劣的条件下估计误差达到最小。H_∞ 滤波可以看作系统存在严重干扰情况下的最优滤波，H_∞ 滤波法具有很好的鲁棒性。电动汽车在运行过程中，电流复杂多变，在此种情况下使用 H_∞

滤波法可以得到比使用扩展卡尔曼滤波算法更好的估计效果。

H_∞滤波法的递推方程如下：

$$\hat{x}_{k+1,k} = f(\hat{x}_k, u_k) \tag{5-28}$$

$$\hat{x}_{k-1} = \hat{x}_{k+1,k} + K_{k+1}(y_{k+1} - g(\hat{x}_{k+1,k}, u_{k+1})) \tag{5-29}$$

$$K_{k+1} = P_{k+1}\hat{C}_{k+1}[I + \hat{C}_{k+1}P_{k+1}\hat{C}^T_{k+1}]^{-1} \tag{5-30}$$

$$\hat{z}_{k+1,k} = L_{k+1}\hat{x}_{k+1} \tag{5-31}$$

式中：K_{k+1}为滤波器增益；L_{k+1}为系统的估计矩阵；其余量和采用 EKF 法时使用的参数一致。

由于电池模型的复杂非线性的特点，在使用 H_∞ 滤波法时，需要对非线性系统进行线性化处理。将其近似看作一个线性时变系统，再继续使用鲁棒 H_∞ 滤波法进行系统的状态估计。

5.2.2.6 状态观测器法

状态观测器法是在卡尔曼滤波法之后兴起的，从某种角度来讲，卡尔曼滤波法也是状态观测器法的一种，因为它也是通过实际输出与估计的模型输出间的误差来估计状态值的，只是卡尔曼滤波法的观测器参数的设计方法已经公式化，只要根据状态空间模型的形式，选择合适的卡尔曼滤波方法（UKF、EKF、AKF 等），并且按照公式代入相关的初始值及参数进行递推即可。而状态观测器法需要设计能保证系统稳定、基于控制系统理论的状态观测器。明显地，这种方法的观测器设计阶段要比卡尔曼滤波法复杂，需要更多的控制系统理论知识来设计观测器的参数。虽然在观测器设计环节比卡尔曼滤波法要耗费更多的精力和时间，但状态观测器法比卡尔曼滤波法的鲁棒性更强，而且耗费的系统资源也要比卡尔曼滤波法少，因为卡尔曼滤波法的校正系数是在不断更新的。状态观测器法目前常用的是线性系统的状态观测器、PI 观测器和滑模观测器。状态观测器的原理如图 5-5 所示，不同的状态观测器反馈参数 H 的设计方法和形式有所不同。

状态观测器法适用于电动汽车 SOC 估计，状态观测器在设计时对系统的输入没有要求，因此适用于电流剧烈变化的场合，而在观测器设计时严格保证了系统的稳定性，不存在卡尔曼滤波法中线性化不当导致观测器发散的问题。由于观测器本身的鲁棒性，当模型与实际系统存在误差时，仍然能够得到精确的 SOC 估计值，在实际应用中比要求有精确电池模型的卡尔曼滤波法具有更高的精度。而且反馈参数 H 一旦设计好，在应用中就不需要改变，所以观测器法的计算量也小于卡尔曼滤波法。

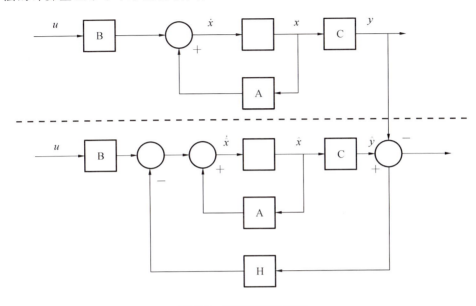

图 5-5　状态观测器原理

5.2.3　数据驱动法

5.2.3.1　神经网络法

神经网络是通过模拟自然界动物的神经行为，进行并行信息处理的算法模型。电池电热行为呈现出较强的非线性，普通方法难以准确描述其状态，神经网络恰好具备非线性的基本特点，因而部分研究者将神经网络法运用到 SOC 估计中，在模型得到较好训练的前提下，应用神经网络法估算 SOC 能取得较好结果，其原理如图 5-6 所示。神经网络法通过导入训练所需实验数据，采用并行的数据处理进行仿真模拟建模。神经网络结构由基本的输入输出层以及隐含层组成。神经网络法估算电池的 SOC 时，根据实际要求确定各层神经元个数，一般选择充放电倍率、温度和端电压等参数作为模型的输入量，选择电池 SOC 作为输出量。该方法不需要状态初始值和任何先验公式，通过构造神经网络，形成各个非线性特性参数与电池 SOC 的一一对应的映射关系，能够快速处理数据,并且能够适应不同类型电池,适用性强。该方法也存在一些缺点:建立神经网络系统的过程复杂;建模过程中需要大量的理想样本实验数据;该方法训练运算时间长,计算量大,训练数据、训练方法在很大程度上会影响估算结果的精度;要求在稳定的系统运行,不能够处理因参数突变等情况引起的估算误差;基于实验室数据训练的模型对车用工况的适用性也存疑,难以保证精度。目前,基于神经网络的SOC估计算法离实用还有较大差距。

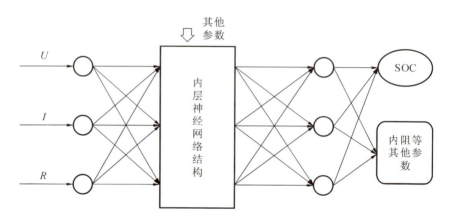

图 5-6　神经网络法估计 SOC 原理

5.2.3.2　支持向量机法

支持向量机(support vector machine,SVM)法是 Vapnik 等人于 20 世纪 90 年代中期在统计学习理论的基础上提出的一种新的机器学习方法。它专门针对有限样本案例,基于结构风险最小化,通过核函数将非线性特征的样本从输入空间映射到高维特征空间,兼顾误差率和模型复杂度,构造最优分类超平面,以提高机器的学习能力和泛化能力,实现机器学习方法在高维空间中的推广。在样本数目很少时,支持向量机法也能获得良好的统计结果。SVM 法的关键是通过学习数据训练出的预测模型预测新的没有被跟踪过的数据,合理提取动力电池 SOC 相关数据,训练得到最优模型,并用到 BMS 中,具有一定的工程实用价值。线性支持向量机示意图如图 5-7 所示。

5.2.3.3　深度神经网络法

深度神经网络(DNN)法是一种新的机器学习算法,其好处是可以通过真实的实验数据训练和自学习进行 SOC 估计,不需要设计模型。深度神经网络法

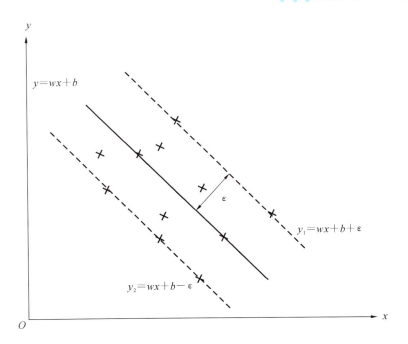

图 5-7 线性支持向量机示意图

可以在没有卡尔曼滤波器法或任何其他推理方法帮助的情况下准确估算 SOC。深度神经网络法将电压、电流和温度等电池测量值直接映射到 SOC，作为神经网络的输入，以 SOC 估计值为输出。其原理如图 5-8 所示。

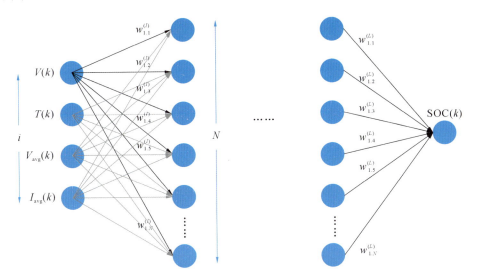

图 5-8 深度神经网络法原理

5.3 案例分析

基于扩展卡尔曼滤波算法进行案例分析,选择 Thevenin 等效电路模型,建立数学模型,对电池模型参数进行辨识。在 MATLAB/Simulink 中搭建 SOC 估计模型,并在不同工况下进行验证。

5.3.1 仿真

5.3.1.1 参数辨识

在应用时,选取模型要兼顾两个方面:一是能比较准确地反映电池工作特性;二是模型计算方便,易于在工程实际中实现。对比多种等效电路模型,证实 Thevenin 模型在仿真精度和易实现性上可以取得较好的效果。首先,该模型可以较好地反映电池的电压输出特性;其次,模型中各个等效参数的物理意义清晰,便于参数辨识;此外,Thevenin 模型等效电路计算简便,工程实现的难度也较小,因此选用如图 4-7(a)所示的 Thevenin 模型。

Thevenin 模型的数学模型如下所示:

$$\begin{cases} \dot{U}_p = -\dfrac{U_p}{C_p R_p} + \dfrac{I_L}{C_p} \\ U_t = U_{oc} - U_p - I_L R_o \end{cases} \quad (5\text{-}32)$$

式中:R_o 为欧姆内阻;R_p 为极化内阻;C_p 为极化电容;U_p 为极化电压;U_{oc} 为开路电压;I_L 为负载电流,放电时为正,充电时为负。

式(5-32)中第一个公式是一阶线性微分方程,需要对其进行离散化处理。假设在一个采样周期内保持恒定,根据线性系统离散化规则可以得到

$$U_{p,k} = \exp(-\Delta t/\tau) U_{p,k-1} + R_p I_{L,k-1} [1 - \exp(-\Delta t/\tau)] \quad (5\text{-}33)$$

根据递推关系,就可以进一步计算出极化电压。

根据第 4 章介绍的参数辨识估计方法,采用放电+静置的实验方法,利用其中的电池端电压恢复阶段的数据,采用最小二乘法进行参数辨识。设计的实验步骤如下:

①在常温下将电池恒流恒压充满电,并在恒温箱内静置 1 h 以上;

②以 1C 放电倍率将电池放电至 SOC 值达到 10%;

③将电池静置1 h,记录静置阶段电池的电压变化;

④循环步骤②~③,直至电池 SOC 值为 0;

⑤利用最小二乘法对本次循环各个 SOC 下的电压回升曲线进行拟合。改变环境舱温度,重复步骤①~④。

各个测试循环下电池的端电压如图 5-9 所示。

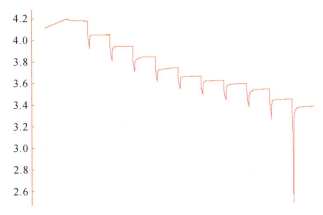

图 5-9 测量的电池端电压

基于最小二乘法进行参数辨识,对静置阶段的数据进行拟合,图 5-10 所示为电池端电压的拟合值和实验值的对比。从图 5-10 中可以看到,电池端电压的拟合值和实验值的跟随性很高,相关指数为 0.988。对等效电路模型中的参数进行辨识,包括欧姆内阻、极化内阻、时间常数等,辨识结果如图 5-11 所示。

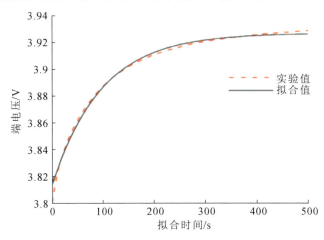

图 5-10 电池端电压对比

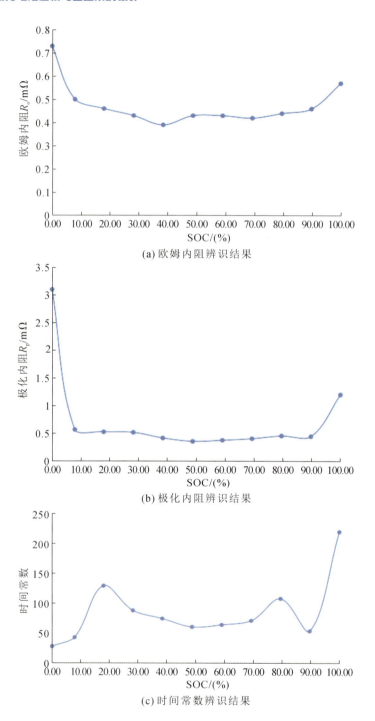

(a) 欧姆内阻辨识结果

(b) 极化内阻辨识结果

(c) 时间常数辨识结果

图 5-11　模型参数辨识结果

从图 5-11 中可以看到,欧姆内阻在 SOC 值大于 10% 且小于 90% 时比较平稳,呈现出左右高中间低的整体态势。相对欧姆内阻,极化内阻更加明显,尤其是在 SOC 值较小时,极化内阻增大更加明显。时间常数在 SOC 值较小时明显较小,这与电池位于开路电压快速下降区间,而且参数变化迅速有关。

5.3.1.2 模型搭建

假设电流在一个采样周期内保持恒定,根据 Thevenin 模型及其数学表达式,对系统进行离散化处理,得到极化电压的表达式如下:

$$U_{p,k} = e^{(-\Delta t/\tau)} U_{p,k-1} + R_p I_{t,k-1} [1 - e^{(-\Delta t/\tau)}] \tag{5-34}$$

SOC 的离散化方程由安时积分法获取,公式如下:

$$z_k = z_{k-1} - I_{t,k} \Delta t / C_n \tag{5-35}$$

式中:z_k 为 k 时刻的 SOC 值;Δt 为系统采样时间;C_n 为电池在当前温度下的额定容量。

在估计 SOC 的卡尔曼滤波器中,将电池的极化电压 U_p 和 SOC 值作为系统状态值,观测方程采用端电压表达式,所以系统的状态方程和观测方程分别为

$$\begin{bmatrix} U_{p,k} \\ z_k \end{bmatrix} = \begin{bmatrix} e^{-\Delta t/\tau} & 0 \\ 0 & 1 \end{bmatrix} \begin{bmatrix} U_{p,k-1} \\ z_{k-1} \end{bmatrix} + \begin{bmatrix} (1 - e^{-\Delta t/\tau}) R_p \\ -\Delta t/C_n \end{bmatrix} I_{t,k} + \boldsymbol{\omega}_{1,k-1} \tag{5-36}$$

$$U_{t,k} = \begin{bmatrix} -1 & \dfrac{\mathrm{d}U_{oc}}{\mathrm{d}z} \end{bmatrix} \begin{bmatrix} U_{p,k} \\ z_k \end{bmatrix} - I_{t,k} R_o + v_{1,k} \tag{5-37}$$

在基于 DEKF 法的 SOC 联合估计中,x 为估计 SOC 的系统状态值,即 $x = [U_p \quad z]^T$。首先设定系统状态和协方差的初始值,初始值的选择不会影响后续计算结果,一般将状态初始值设为状态的期望值,协方差的初始值设为 0,即

$$\hat{\boldsymbol{x}}_{0|0} = E(\boldsymbol{x}_0), \quad \boldsymbol{P}_{0|0}^x = \boldsymbol{0}$$

在电池 SOC 的预测更新中,系统状态方程如下:

$$\hat{\boldsymbol{x}}_{k|k-1} = \begin{bmatrix} e^{-\Delta t/\tau} & 0 \\ 0 & 1 \end{bmatrix} \hat{\boldsymbol{x}}_{k-1|k-1} + \begin{bmatrix} (1 - e^{-\Delta t/\tau}) R_p \\ -\Delta t/C_n \end{bmatrix} I_{L,k} \tag{5-38}$$

SOC 系统的协方差预测方程为

$$\boldsymbol{P}_{k|k-1}^x = \begin{bmatrix} e^{-\Delta t/\tau} & 0 \\ 0 & 1 \end{bmatrix} \boldsymbol{P}_{k-1|k-1}^x \begin{bmatrix} e^{-\Delta t/\tau} & 0 \\ 0 & 1 \end{bmatrix}^T + \boldsymbol{Q}_{k-1}^x \tag{5-39}$$

式中:$\boldsymbol{Q}$ 为系统噪声的方差。

SOC 估计的卡尔曼滤波增益计算为

$$\boldsymbol{K}_k^x = \boldsymbol{P}_{k|k-1}^x \boldsymbol{C}_k^{x\mathrm{T}} (\boldsymbol{C}_k^x \boldsymbol{P}_{k|k-1}^x \boldsymbol{C}_k^{x\mathrm{T}} + \boldsymbol{R}_k^x)^{-1}$$
$$= \boldsymbol{P}_{k|k-1}^x \left[-1 \quad \frac{\mathrm{d}U_{oc}}{\mathrm{d}z} \right]^{\mathrm{T}} \left(\left[-1 \quad \frac{\mathrm{d}U_{oc}}{\mathrm{d}z} \right] \boldsymbol{P}_{k|k-1} \left[-1 \quad \frac{\mathrm{d}U_{oc}}{\mathrm{d}z} \right]^{\mathrm{T}} + \boldsymbol{R}_k^x \right)^{-1}$$

(5-40)

式中：$\boldsymbol{R}$ 为观测噪声的方差。

SOC 的状态更新计算为

$$\hat{\boldsymbol{x}}_{k|k} = \hat{\boldsymbol{x}}_{k|k-1} + \boldsymbol{K}_k^x \left[U_{t,k} - \left(\left[-1 \quad \frac{\mathrm{d}U_{oc}}{\mathrm{d}z} \right] \hat{\boldsymbol{x}}_{k|k-1} - I_{t,k} R_o \right) \right] \quad (5\text{-}41)$$

SOC 的误差协方差更新计算为

$$\boldsymbol{P}_{k|k}^x = (\boldsymbol{I} - \boldsymbol{K}_k^x \boldsymbol{C}_k^x) \boldsymbol{P}_{k|k-1}^x = \left(\boldsymbol{I} - \boldsymbol{K}_k^x \left[-1 \quad \frac{\mathrm{d}U_{oc}}{\mathrm{d}z} \right] \right) \boldsymbol{P}_{k|k-1}^x \quad (5\text{-}42)$$

循环计算式(5-40)至式(5-42)，即可实现基于 DEKF 法的电池 SOC 估计。在该算法中，估计的 SOC 值用于计算容量更新值，而估计出的容量值用于计算预估的 SOC 值。基于多时间尺度的模型算法分析，在 Simulink 中搭建多时间尺度的 SOC 及容量联合估计模型，该模型主要包括输入层、安时积分模块、状态估计模块、输出层。

1. 输入层

输入层的输入包含电流(current)、电压(volt)、温度(temp)数据，如图 5-12 所示。在输入层中，前 4 个模块对应 4 种不同的工况，其中 RT_130AH_110A 对应 110 A 恒流放电工况，RT_130AH_120A 对应 120 A 恒流放电工况，RT_130AH_charge 对应恒流恒压充电工况，RT_130AH_DST 对应动态 DST 工况；Temp 为预留的输入温度。在每一个模块前注明了各个工况的工步时间及初始 SOC 值。其中初始 SOC 值设定为 SOC_0。各个模块的数据可由 Excel 导入。

2. 安时积分模块

安时积分模块 Ah_integral 用于验证 EKF 法估计的准确性，如图 5-13 所示。安时积分模块的 SOC 初始值设定为 SOC_0。

3. 状态估计模块

1) 参数辨识模块

参数辨识模块通过 SOC 及温度对时间常数 tao、欧姆内阻 R_o、极化内阻 R_p

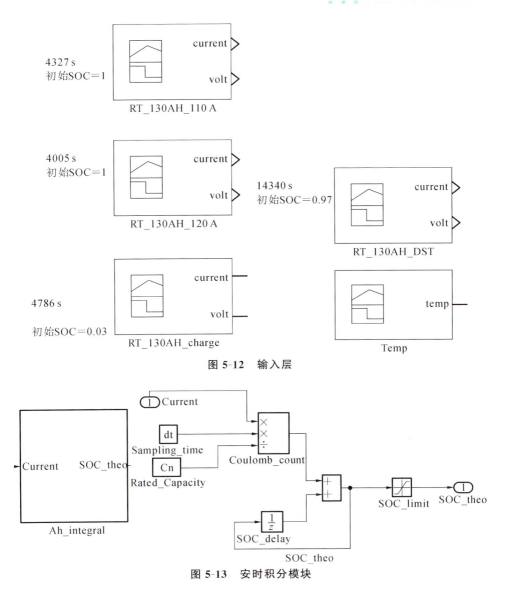

图 5-12 输入层

图 5-13 安时积分模块

进行二维插值,如图 5-14 所示。

2) EKF 估计 SOC 模块

根据 5.2.2 节推导的估计 SOC 的 EKF 算法,建立 Simulink 模型,EKF 模块主要包括 Coefficient_A_B 模块、MATLAB Function_Xt_prediction、Voltage_estimation 模块、Coefficient_Ck 模块、Covariance and Kalman gain 模块、State_update 模块,如图 5-15 所示。

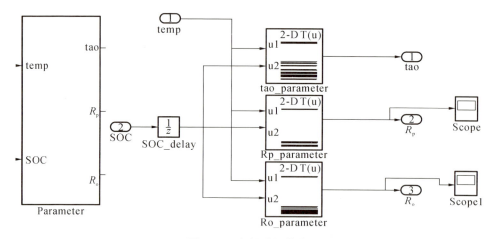

图 5-14　参数辨识模块

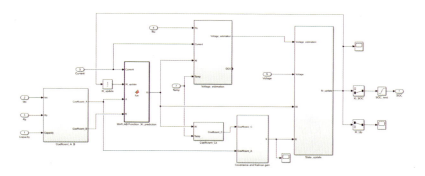

图 5-15　EKF 模块

4. 输出层

输出层的输出包含 SOC 估计值 SOC_estimation 和 SOC 估计误差 SOC_error，如图 5-16 所示。

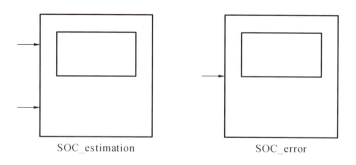

图 5-16　输出层

5.3.2 精度验证

5.3.2.1 恒流工况验证

通过恒流工况可以模拟电动汽车在充电和等速巡航时的状态。此外,因为某些工况辨识的模型参数可能和恒流工况差异较大,在持续的放电过程中 SOC 值的偏差不能得到较好的修正,误差可能会增大,因此验证算法在恒流工况下的性能很有必要。

在 45 ℃、125 A 的条件下充放电时,电压拟合值和实验值如图 5-17 所示。该工况前半段为恒流放电阶段,中间为静置阶段,后半段为恒流恒压充电阶段。由图 5-17 可以看出,端电压的拟合值和实验值具有很好的跟随性,这说明搭建的电池模型准确度很高,这也进一步验证了参数辨识的准确性。

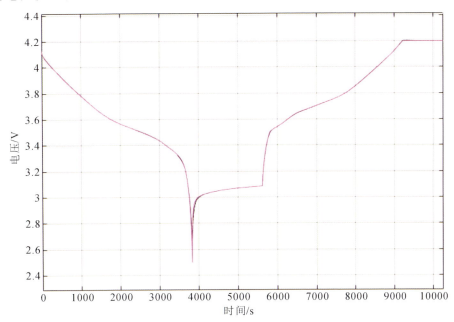

图 5-17 恒流工况端电压拟合值与实验值对比(45 ℃、125 A)

在该工况下进行 SOC 值估计,估计结果及误差如图 5-18 所示。

在该恒流工况下,SOC 值的估计精度在放电和静置阶段很高,在充电到 SOC 值为 0.5 时,误差略有增大,但整体仍保持在 3% 以内,整体精度较高。

在低温下也同样进行了类似的恒流工况验证,在温度为 −10 ℃,电流为

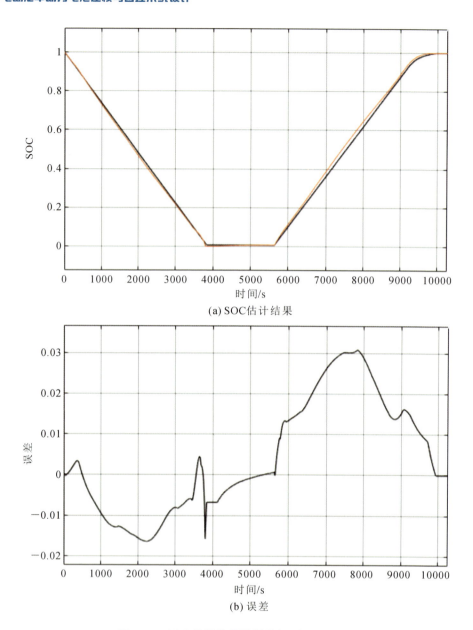

图 5-18 SOC 估计结果及误差(45 ℃、125 A)

125 A 的条件下进行放电时得到的 SOC 估计结果如图 5-19 所示。在 -10 ℃ 下,SOC 值的估计误差保持在 3% 以内。

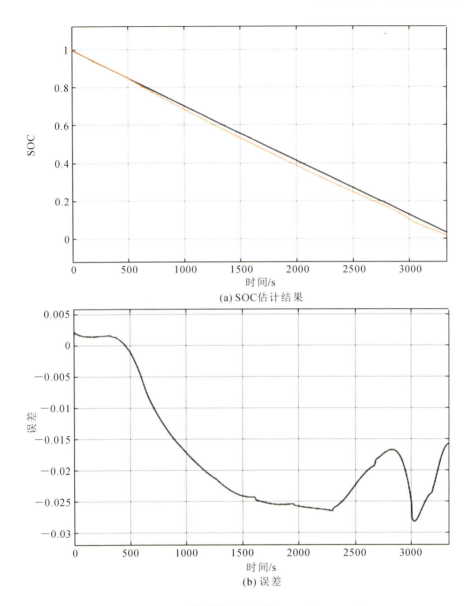

图 5-19 SOC 估计结果及误差（−10 ℃、125 A）

5.3.2.2 动态工况验证

为了进一步验证算法及模型的可靠性，进行了动态工况测试，选择整车实测工况，再在实验室下进行测试获取工况数据，满足电动汽车在不同功率的需求。在−10 ℃下 SOC 的验证结果如图 5-20 所示。从图中可以看到，SOC 值的估计误差保持在 2% 以内，精度较高。

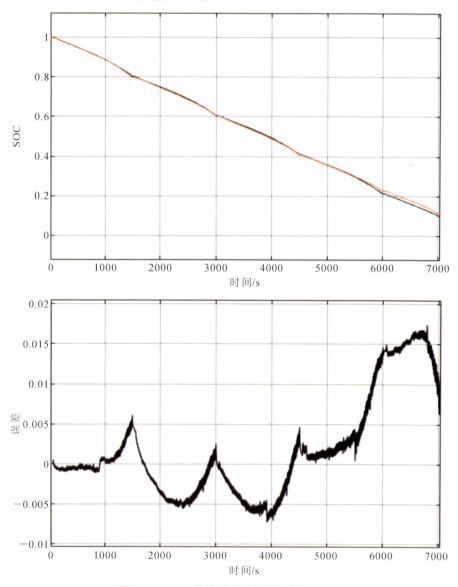

图 5-20　SOC 估计结果及误差（动态工况）

5.3.2.3　收敛性验证

以上模型验证工作均是在较为理想情况下进行的，实际使用当中估计结果可能会受到 SOC 初始值和容量初始值不确定的影响。

假设 SOC 初始值具有 10% 的误差，以恒流放电工况为例，SOC 的估计结果如图 5-21 所示。可以看到,基于扩展卡尔曼滤波算法可以逐步校正 SOC 初始值的误差,到 SOC 为 0.7 时,误差已经降到 2% 以内。当然在动态工况下也有类似的效果。所以该方法能够克服常规的安时积分法无法校正 SOC 初始值误差的缺点,对 SOC 初始值估计误差不敏感。

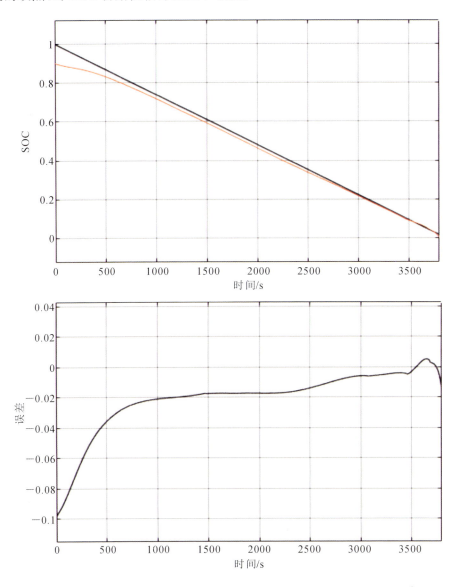

图 5-21 SOC 估计结果(45 ℃、125 A 放电,SOC 初始值估计误差为 10%)

本章参考文献

[1] LU L G, HAN X B, LI J Q, et al. A review on the key issues for lithium-ion battery management in electric vehicles[J]. Journal of Power Sources, 2013, 226: 272-288.

[2] DENG Z W, YANG L, CAI Y S, et al. Online available capacity prediction and state of charge estimation based on advanced data-driven algorithms for lithium iron phosphate battery[J]. Energy, 2016, 112: 469-480.

[3] LI Y, CHATTOPADHYAY P, XIONG S H, et al. Dynamic data-driven and model-based recursive analysis for estimation of battery state-of charge[J]. Applied Energy, 2016, 184: 266-275.

[4] XIONG R, CAO J Y, YU Q Q, et al. Critical review on the battery state of charge estimation methods for electric vehicles[J]. IEEE Access, 2017, 6: 1832-1843.

[5] LIN C, YU Q Q, XIONG R, et al. A study on the impact of open circuit voltage tests on state of charge estimation for lithium-ion batteries[J]. Applied Energy, 2017, 205: 892-902.

[6] LIU S J, JIANG J C, SHI W, et al. State of charge and peak power estimation of NCM/$Li_4Ti_5O_{12}$ battery using IC curve for rail tractor application[J]. IEEE Transp. Electrif. Conf. Expo, ITEC Asia-Pacific 2014-Conf. Proc. 2014: 1-3.

[7] ZHENG L F, ZHU J G, LU D D, et al. Incremental capacity analysis and differential voltage analysis based state of charge and capacity estimation for lithium-ion batteries[J]. Energy, 2018, 150: 759-69.

[8] XIONG R, TIAN J P, SHEN W X, et al. A novel fractional order model for state of charge estimation in lithium ion batteries[J]. IEEE Trans Veh. Technol 2018, 68(5): 4130-4139.

[9] ZHANG C P,WANG L Y,LI X,et al. Robust and adaptive estimation of state of charge for lithium-ion batteries[J]. IEEE Trans. Ind. Electron.,2015,62(8):4948-4957.

[10] YANG R X,XIONG R,HE H W,et al. A novel method on estimating the degradation and state of charge of lithium-ion batteries used for electrical vehicles[J]. Applied Energy,2017,207:336-345.

第 6 章
健康状态（SOH）估计方法

6.1 SOH 的定义

动力电池长期使用必然会发生老化或裂化，从而导致其存储容量与所能提供功率降低。SOH 是评估电池老化程度的关键性指标。

电池 SOH 的定义为：在标准条件下，动力电池从充满状态以一定倍率放电到电压达到截止电压时所放出的容量与其对应的标称容量的比值。电池测试程序手册（《USABC 电池测试手册》）规定，当电池容量在特定测试协议下降至初始额定容量的 80% 时，电池则被认为不适合车辆应用并且需要更换。从衍生的角度来讲，SOH 也可定义为电池在使用一段时间后某些直接测量或间接计算得到的性能参数的实际值与标称值的比值，即电池的健康程度可实际表现在电池内部某些参数（如内阻、容量等）的变化上。目前，最常用的 SOH 指标是电池容量和内阻，二者可分别反映能量容量和功率容量。

(1) 从电池剩余容量角度定义 SOH：

$$\text{SOH} = \frac{Q_{\text{aged}}}{Q_{\text{new}}} \tag{6-1}$$

式中：Q_{aged} 为电池当前可用的最大容量；Q_{new} 为电池未使用时的最大容量。

(2) 从电池内阻的角度定义 SOH：

$$\text{SOH} = \frac{R_{\text{EOL}} - R}{R_{\text{EOL}} - R_{\text{new}}} \tag{6-2}$$

式中：R_{EOL} 为电池寿命终结时的电池内阻；R_{new} 为电池出厂时的内阻；R 为电池在当前状态下的内阻。

由于动力电池是一个复杂系统，其老化过程很复杂，容量减少和功率衰减不是源于单一因素,而是源于许多不同的过程及其相互作用。此外,对这些过程大多数不能独立进行研究,并且有些过程会在相似的时间尺度下发生,使老化机制的研究复杂化。

锂离子电池正极和负极发生的老化机制有着明显的不同。负极上的老化主要是由 SEI 膜的形成导致的阻抗显著增加引起的。电池在低温和/或高倍率下充电时,可能会发生析锂,导致容量衰减和功率下降。正极材料的性能会受到循环和日历寿命的显著影响。通常正极材料的容量衰减包括循环过程中的结构变化、化学分解和溶解反应等。电解质分解等反应也会造成电池老化。

为了预测这些变化,目前已经使用各种工具和方法估算 SOH。SOH 估计方法有多种,每种方法都有自己的特点。这里将 SOH 估计方法分为四类:直接测量法、间接分析法、数据驱动法和多尺度联合估计方法,每种方法下都包含几种常用的方法,具体如图 6-1 所示。

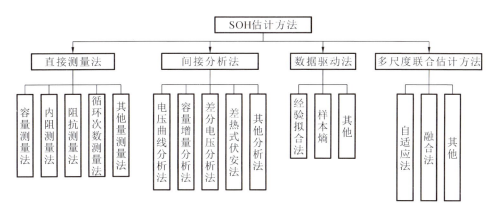

图 6-1　SOH 估计方法分类

6.2　直接测量法

直接测量法一般指通过直接测量 SOH 指标来评估电池健康状态的方法。能直接测量的 SOH 指标一般包括容量、欧姆电阻、阻抗、循环次数等。

6.2.1　容量法

电动汽车的续驶里程的多少由电池可用容量确定。电池容量反映了可以将多少能量存储到完全充电的电池中,因此被广泛用作 SOH 评价指标。如果可以准确测量电池的当前容量,则可以直接确定 SOH。

容量法是一种比较传统的 SOH 测量方法,该方法最简单,也最精确,在某一状态下将电池充满电,然后以额定电流放电到电压达到截止电压,测量这段时间内放出的电量就是该状态下电池的容量,即该容量与电池的额定容量比值的百分数就是电池的 SOH 值。但对于正在运行的电动汽车,很难停止并测量电池完全充电的容量。因此,该方法一般仅适用于实验室等固定环境。

6.2.2 内阻法

电池提供功率的能力与其内阻密切相关。电池内阻表征了放电时电池上的电压降,内阻可作为评价 SOH 的常用参数。

电池内阻主要包括欧姆内阻和极化内阻。研究证明电池 SOH 和欧姆内阻之间存在一定联系,而极化内阻和 SOH 之间无特别明显的关系。图 6-2 描述了电池充放电时的脉冲曲线,当电动汽车处于制动或加速状态时,或者在特定脉冲测试中,可以获得类似的脉冲。欧姆内阻主要由电极材料、电解液、隔膜内阻和接触内阻决定。在正常工作条件下,欧姆内阻主要对电压降有贡献,而电压降基本上与电流成线性关系。因此,可以按照欧姆定律计算欧姆内阻,具体可按下式计算:

$$R_。 = \frac{\Delta U}{\Delta I} \qquad (6-3)$$

式中:ΔU 表示脉冲电压;ΔI 表示施加的脉冲电流,可以改变施加脉冲电流的时间和大小来研究其对欧姆内阻的影响。

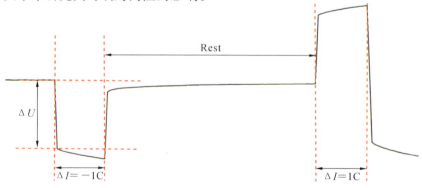

图 6-2 电池充放电脉冲曲线

由于电池是一种复杂的电化学装置,欧姆内阻还受状态参数如放电深度(DOD)、温度、SOC、老化状态等的影响。

6.2.3 阻抗法

电化学阻抗谱(EIS)方法是一种无损的参数测定和有效的电池动力学行为测定方法。EIS 具有很高的实用性,可以从低频率(μHz)扫描到高频率(MHz)来实现宽频范围的电化学界面反应研究。EIS 是研究电极/电解液界面电化学反应的有力工具之一,广泛应用于正负极材料的阻抗以及锂离子在正负极材料中的嵌入和脱出等研究。

EIS 方法是表征锂离子电池老化效应的重要方法之一。电池的电化学阻抗可分为欧姆阻抗、电荷传递阻抗和扩散阻抗。通过 EIS 测量的阻抗可以显示出由于多孔结构电池在高频阻抗下产生的感应效应、由于扩散而在低频阻抗下产生的电容效应,以及在中频范围内的纯欧姆效应。如图 6-3 所示,中频范围的阻抗随电池老化而增大,可以用作电池 SOH 的表征指标。同时 EIS 可以与等效电路模型结合,如图 6-4 所示,提供有关不同老化机制的定量分析,从而可以用作电池健康状态的诊断工具。

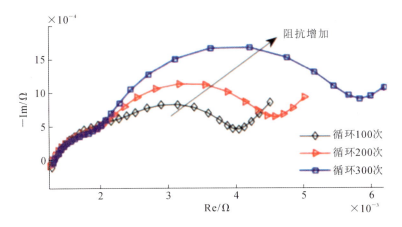

图 6-3 电池在不同循环次数下的电化学阻抗谱

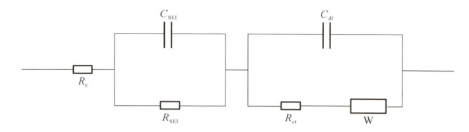

图 6-4　与电化学阻抗谱对应的锂离子电池等效电路模型

R_o—欧姆内阻；R_{SEI}—SEI 膜的电阻；C_{SEI}—SEI 膜的电容，与高频部分的半圆对应；
R_{ct}—电荷传递电阻；C_{dl}—电双层电容，与中频部分半圆对应；
W—Warburg 阻抗，锂离子在电极材料中的扩散阻抗，在复平面上用与实轴成 45°角的直线表示

6.2.4　循环次数法

目前，电池在寿命期间的循环次数已经成为人们选择电池的重要参考标准。这主要是由于电池的循环次数与其寿命有着直接联系。所以用循环次数来表征电池 SOH 是一种简单且直接的方法。如果制造商给出了电池的总循环次数，并且记录或计算了电池所经历的循环次数，则可以计算电池 SOH 值，具体公式如下：

$$\text{SOH} = \frac{N_T - N_E}{N_T} \times 100\% \tag{6-4}$$

式中：N_T 表示电池制造商提供的电池的标准总循环次数；N_E 表示换算成标准循环后电池所经历的循环次数。

该方法主要通过记录完全放电次数（100%放电深度）来确定 SOH。对于不完全充电或放电操作的情况，可将不同深度的充电和放电通过一定的转换系数转换成完全充电和放电，而转换系数一般可以通过实验来计算。

6.2.5　其他方法

电池 SOH 还可通过破坏性手段来检测，即通过将样本解体，直接观测电池内部各个部件的情况，区分电池不同部位老化的原因及程度。拆解分析法主要有两种：①利用拆解出的电池材料制作扣式半电池进行测试；②对电池不同材料直接进行观察分析，如进行扫描电子显微镜（scanning electron microscope，

SEM)、透射电子显微镜(transmission electron microscope,TEM)、X 射线衍射(X-ray diffraction,XRD)、X 射线光电子能谱(X-ray photoelectron spectroscopy,XPS)、红外光谱(infrared spectroscopy,IR)和气相色谱(gas chromatography,GC)等分析。然而,这些方法通常仅适用于实验室研究。

6.3 间接分析法

间接分析法是使用与电池容量或内阻相关的健康指标的典型多步推导方法,一般是通过分析电池不同老化阶段的数据,寻找与电池容量或内阻相关的健康指标,然后得到健康指标与电池容量或内阻的关系式,即可估计电池的 SOH 值。

6.3.1 电压曲线法

当电池健康状态恶化以后,对电池进行大电流充/放电时,电压的变化比较剧烈。电压曲线法的原理是:利用在不同老化程度的电池上充入相等电量时电压波动值的不同,来估计电池当前 SOH 值。由于汽车运行实时工况不断变化,放电电压不易控制,因而通常采集电池充电电压。对已经标定过的不同老化程度电池,进行充/放电循环实验,将采集到的充电电压曲线进行归一化处理,最终选定基准曲线来估计 SOH 值。其流程如图 6-5 所示。

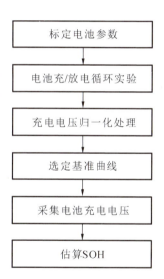

图 6-5 电压曲线法的基本流程

6.3.2 容量增量分析法

容量增量分析(incremental capacity analysis,ICA)法是目前在不拆解电池的前提下分析锂电池衰退机理的重要方法,其核心为电池容量增量(IC)曲线,等电压间隔(ΔV)测量电池充放电过程中的电压和电流,得到一组等间隔的电压值以及与之相对应的电流值,将电流在每个间隔为 ΔV 的电压区间中对时间进行积分,得到一组 ΔQ。IC 曲线中横坐标为电压,纵坐标为容量增量($\Delta Q/\Delta V$)。容量增量分析法的优点是将传统的充放电电压曲线上涉及电池一阶相变的电压平台转化成容量增量曲线上能明确识别的 $\Delta Q/\Delta V$ 峰。由于容量增量曲线比传统的充放电曲线有更高的敏感性,故可通过监测和分析这些 $\Delta Q/\Delta V$ 峰随环境与工况的变化和不同老化程度的演变过程,得到电池电化学特性变化的关键信息,建立起电池外特性和内部电化学特性的对应关系。一般用很小的电流(如 C/20)对电池进行充放电以获取 IC 曲线,从而辨识电池 SOH 变化过程并了解电池老化机理。然而在实际应用中通常难以准确捕获较小的电流,所以较大的电流(如 C/3)也被用来分析 IC 曲线。

锂离子电池的老化通常由锂离子的损失(loss of lithium inventory,LLI)和活性材料的损失(loss of active materials,LAM)引起。活性材料的损失可以进一步分为两种类型:正极上活性材料的损失(LAM_{PE})和负极上活性材料的损失(LAM_{NE})。从图 6-6 可看出,随着循环次数的增加,IC 曲线的峰值呈下降现象,并且所有峰都出现向右移动的现象,而造成这些现象的原因是电池发生了锂离子的损失和活性材料的损失,IC 曲线的峰值和峰值的位置可用来表征电池 SOH。

6.3.3 差分电压分析法

差分电压分析(differential voltage analysis,DVA)是一种广泛使用的方法,可以反映电池电压相对电池容量的变化率,即与 IC 曲线成倒数关系。差分电压(DV)曲线的峰值反映电池充放电过程中的相变,即代表电池电极材料进入某一单相的特征点;而 DV 曲线中两个峰之间的距离表示两相中涉及相变的容量,可用来分析电池的容量损失和活性材料损失。

图 6-7 所示的是磷酸铁锂/石墨电池在温度为 25℃、电流大小为 1/3C 条件下恒流充电时的电压曲线和 DV 曲线。DV 曲线的峰将曲线分成三个区域,对应于每个区域的电池容量分别标记为 Q_A、Q_B 和 Q_C,Q_A、Q_B 和 Q_C 的变化与电池的老化机制相关联。

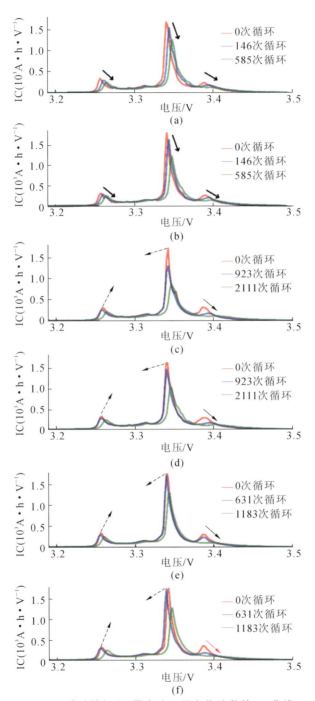

图 6-6 磷酸铁锂/石墨电池不同老化阶段的 IC 曲线

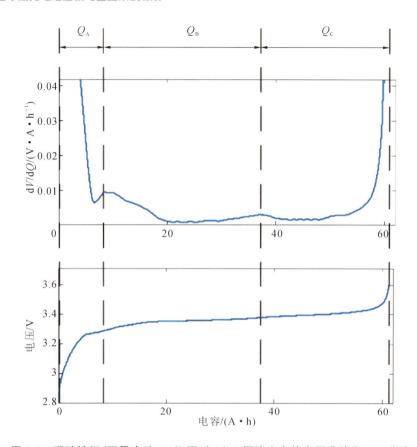

图 6-7 磷酸铁锂/石墨电池 25 ℃下以 1/3C 恒流充电的电压曲线和 DV 曲线

6.3.4 差热伏安法

差热伏安(differential thermal voltammetry,DTV)法是通过在恒流充电/放电期间获取电池表面的温度分布,从而获得电池熵变化的一种方法。由于不同的降解机制对电池焓和熵增减的速率的影响不同,因此直接测量熵就可以诊断电池的老化程度。DTV 法是一种分析电池健康状态的新技术。DTV 法仅需要测量电池的电压和温度即可得到相关参数,而温度可以使用简单的热电偶或热成像相机测量。DTV 参数主要通过电池温度和电压差的比率来计算,如下所示:

$$\text{DTV} = \frac{\mathrm{d}T}{\mathrm{d}t} \bigg/ \frac{\mathrm{d}V}{\mathrm{d}t} = \frac{\mathrm{d}T}{\mathrm{d}V} \qquad (6\text{-}5)$$

式中：T 为电池温度；V 为电池电压；t 为时间。绘制出以 DTV 参数为纵坐标，电池电压为横坐标的曲线，然后分析该曲线的特征就可以获得关于电池的健康状态的信息。

与 IC 和 DV 曲线类似，DTV 曲线中的峰可代表电池锂离子脱嵌/嵌入的阶段，因为该阶段会影响电池产生的熵热量和电位的变化率。不同老化阶段电池的 DTV 曲线的峰值演变可以为 ICA 和 DVA 提供电池老化机制的一些补充信息。DTV 法不需要保持等温条件来获得准确的诊断结果，而是依赖于在充/放电期间电池温度的变化。

图 6-8 显示了一种磷酸铁锂/石墨电池在不同充/放电倍率和老化过程的 DTV 曲线。图中峰值区域表示放电曲线上的电压不会快速变化但电池会产生大量热量的区域。峰值之间的过渡通常是电压快速变化的体现，并且表示其中一个电极经历了相变，类似于电池容量变化。IC 曲线和 DTV 曲线之间的显著差异是 DTV 曲线中会出现负峰值。因为如果电极中的吸热反应的熵热吸收量显著大于该电流下的焓热产生量，则温度会降低，即 DTV 曲线中会出现负峰值，但随着电流的增加，负峰值将消失并变为正值，因为熵热的产生量与电流成线性关系，而焓热产生量则与电流的平方相关。此外，当电流方向改变时，由熵热吸收主导产生的负峰值将翻转，因为吸热反应在逆反应中将变成放热。随着电池老化，峰值位置在充电时向高电位移动，在放电时向低电位移动，这主要是由于由降解引起的内阻增加，导致电极上产生了更大的过电位。因此，通过确定峰值高度、位置或宽度等简单测量值与电池老化程度的关系，就可以得到电池的 SOH 值。

6.3.5 其他方法

电池在经历电循环和老化期间，会经历机械演变，例如模量和密度分布的演变。超声波检测是超声波无损评估（non-destructive evaluation，NDE）和结构健康监测（structural health monitoring，SHM）中最简捷和广泛使用的解决方案之一。机械应力波会在结构中被激发、传播和接收，可实现实时准确且连续地监测机械特性、结构完整性和内部损坏情况。因此，超声波检测可以用于监测电池模量和密度的演变情况，并以此来估计电池的 SOH。另外，还可通过找寻机械应力等与电池容量或者内阻的关系，以实现电池 SOH 的估计。

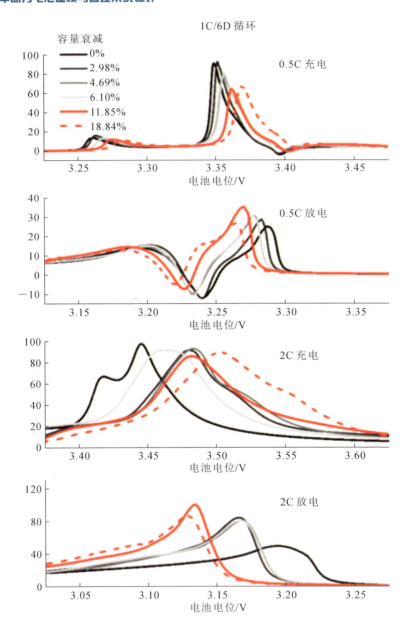

图 6-8　磷酸铁锂/石墨电池在不同充/放电倍率和老化过程的 DTV 曲线

6.4　数据驱动法

由于动力电池复杂的内部原理和不确定的工作条件,很难建立能够准确显示电池动态特性的电池模型。用于SOH估计的数据驱动法的实现与电池工作原理无关,也不需要明确的电池模型,而是仅依赖于收集的老化数据。然而,为了获得足够的老化数据,实验通常需要持续几个月并且成本高,这是数据驱动法估计SOH的主要缺点。

6.4.1 经验拟合法

经验拟合法是直接通过拟合实验数据的方式获得电池性能衰减与其工况和外部环境之间的关系,不依靠电池内部的机理,使用较为方便,在大量实验数据的支持下也能针对特定的电池达到较好的精度。经验拟合法所需要的实验数据一般是通过对电池进行各种加速和非加速测试得到的。非加速测试方法得到的实验数据比加速测试方法得到的实验数据能提供更好的结果。电池SOH估计的经验公式一般是利用(类似)阿伦尼乌斯(Arrhenius)方程或多项式方程对实验数据进行拟合而得到的,而具体数学模型的选择则取决于不同类型电池的化学性质和拟合精度。

1. Arrhenius方程

通过经验拟合法获得的电池SOH估计模型大多数都是使用Arrhenius方程。Arrhenius方程决定了电池化学反应的速率常数与主要因素(即温度、活化能)之间的关系,表达式如下:

$$k = A\exp\left(-\frac{E_a}{RT}\right) \tag{6-6}$$

式中:k为速率常数;R为摩尔气体常量;T为热力学温度;E_a为表观活化能;A为指前因子(也称频率因子)。在基本方程中做一些变化和修改以适应温度、放电深度(DOD)、SOC、充放电倍率C、循环次数和安培小时吞吐量的影响,并使用Arrhenius方程拟合实验数据,得到如下经验公式:

$$Q = B\exp(-\frac{E_a}{RT})t^z \tag{6-7}$$

式中:B是指前因子;E_a为表观活化能;t是时间;z是功率因数。不同测试条件下这些参数的数值将不同,以达到更高的拟合精度。该模型解释了电池由日历老化和循环老化引起的容量衰减和功率衰减与时间的幂律关系。

2. 基于多项式的经验公式

虽然大多数电池容量或功率衰减模型的温度依赖性可由 Arrhenius 定律表示,但通常锂离子电池特性并不完全符合指数规律,因此可基于循环老化测试结果拟合出一种以温度为变量的多项式函数来表示电池寿命终止前的循环次数。例如对于日历老化,可以用时间的多项式函数来表示电池寿命终止前的循环次数。

6.4.2 样本熵

样本熵(sample entropy)是由 Richman 等人提出的一种新的时间序列复杂性的度量方法。样本熵的一般计算方法如下。

分析对象:N 个数据组成的时间序列 $\{x(n)\} = x(1), x(2), \cdots, x(N)$。

步骤1:按序号组成一组维数为 m 的向量序列 $\boldsymbol{X}_m(1), \boldsymbol{X}_m(2), \cdots, \boldsymbol{X}_m(N-m+1)$,其中 $\boldsymbol{X}_m(i) = \{x(i), x(i+1), \cdots, x(i+m-1)\}, 1 \leq i \leq N-m+1$。这些向量代表从第 i 点开始的 m 个连续的 x 值。

步骤2:定义向量 $\boldsymbol{X}_m(i)$ 与 $\boldsymbol{X}_m(j)$ 之间的距离 $d[\boldsymbol{X}_m(i), \boldsymbol{X}_m(j)]$ 为两者对应元素中最大差值的绝对值,即

$$d[\boldsymbol{X}_m(i), \boldsymbol{X}_m(j)] = \max_{k=0,\cdots,m-1}(|x(i+k) - x(j+k)|) \quad (6-8)$$

步骤3:对于给定的 $\boldsymbol{X}_m(i)$,统计 $\boldsymbol{X}_m(i)$ 与 $\boldsymbol{X}_m(j)(1 \leq j \leq N-m, j \neq i)$ 之间距离小于或等于 r 的数目,并记作 B_i。对于 $1 \leq i \leq N-m$,定义:

$$B_i^m(r) = \frac{1}{N-m-1} B_i \quad (6-9)$$

步骤4:定义 $B^{(m)}(r)$ 为

$$B^{(m)}(r) = \frac{1}{N-m} \sum_{i=1}^{N-m} B_i^m(r) \quad (6-10)$$

步骤5:增加维数到 $m+1$,计算 $\boldsymbol{X}_{m+1}(i)$ 与 $\boldsymbol{X}_{m+1}(j)(1 \leq j \leq N-m, j \neq i)$ 之间距离小于或等于 r 的数目,记为 A_i。$A_i^m(r)$ 定义为

$$A_i^m(r) = \frac{1}{N-m-1} A_i \quad (6-11)$$

步骤6:定义 $A^{(m)}(r)$ 为

$$A^{(m)}(r) = \frac{1}{N-m} \sum_{i=1}^{N-m} A_i^m(r) \qquad (6\text{-}12)$$

这样，$B^{(m)}(r)$ 是两个序列在相似容限 r 下匹配 m 个点的概率，而 $A^{(m)}(r)$ 是两个序列匹配 $m+1$ 个点的概率。样本熵定义为

$$\mathrm{SampEn}(m,r) = \lim_{N\to\infty}\left\{-\ln\left[\frac{A^m(r)}{B^m(r)}\right]\right\} \qquad (6\text{-}13)$$

当 N 为有限值时，可以用下式估计：

$$\mathrm{SampEn}(m,r,N) = -\ln\left[\frac{A^m(r)}{B^m(r)}\right] \qquad (6\text{-}14)$$

由于样本熵可应用于捕获老化期间电池的电压响应的波动和复杂性，因此它被认为是监视电池容量的一种诊断工具。样本熵一般与其他方法相结合，以获得有效和精确的结果。

6.4.3 其他方法

数据驱动法还包括一些机器学习算法，比如人工神经网络（artificial neural network，ANN）算法、最小二乘（ordinary least squares regression）法、支持向量机（support vector machine，SVM）算法、模糊逻辑（fuzzy logic）算法、高斯回归过程（Gaussian process regression，GPR）算法等。

1. 人工神经网络

人工神经网络是受自然神经元静息和动作电位的产生机制启发而建立的一个运算模型，目前它已成为对复杂甚至未知系统建模的常用工具。人工神经网络用于 SOH 估计的最大优点是它能够处理具有非线性依赖性的数据及其普遍性，因为不需要考虑电池的所有细节；但其最大的缺点是计算成本很高，这是其在 BMS 中实现运行的一个问题。

2. 支持向量机

支持向量机算法以统计学习理论为基础，根据结构风险最小化原则，通过核函数在一个高维特征空间中构造最优线性决策函数，既可避免维数灾难，又能达到全局最优解，而且泛化能力也较高。SVM 主要包括用于分类问题的支持向量回归（support vector classification，SVC）算法和用于拟合回归的支持向量回归（support vector regression，SVR）算法。SVR 算法在对电池进行 SOH

估计或者寿命预测时,不仅所用时间短,而且能保证高精度。SVM 算法比较适合小数量样本,但其对于大数据集难以实施、对参数和核函数的选择敏感,且无法给出预测结果的不确定性表达,一般需要与其他方法结合使用。

3. 模糊逻辑

模糊逻辑技术可以通过使用模糊逻辑理论的规则来处理测量数据,并对非线性和复杂系统进行建模。它是一种非单调逻辑,以各种可能的方式使用真实和错误的陈述。模糊逻辑方法允许在计算中具有一定程度的不确定性,也可以通过清晰或模糊集对测量数据进行分类。模糊逻辑方法是一种功能强大的方法,但它需要大量的测试数据,即需要相对较大的计算量以及对电池本身的理解,以实现准确的 SOH 估计。

4. 高斯回归过程

GPR 算法的原理是通过对历史样本进行学习得到预测模型,再将测试样本输入该模型中得到预测结果。GPR 算法可以显示预测结果的置信区间,即预测结果具有概率意义,与 ANN、SVM 等算法相比,适用于维数较高的非线性系统。

6.5 多尺度联合估计方法

6.5.1 自适应法

自适应法在 BMS 中有着广阔的应用前景。通过估算电阻、阻抗、开路电压等电池性能衰减的敏感参数来确定 SOH,同时这些必要的数据必须是可测量的,或者在电池的整个操作过程中应可以估计。该类方法的主要优点是不需要对电池进行多次测试和模拟,就能确保其能适应不同类型的电池,但其具有高计算负荷的缺点,这使得其在实际应用中的在线运行变得困难。通常采用卡尔曼滤波来估计电池模型参数和状态。目前已有许多基于 EKF、UKF、PF、自适应扩展卡尔曼滤波器(adaptive extended Kalman filter,AEKF)、自适应无迹卡尔曼滤波器(adaptive unscented Kalman filter,AUKF)和自适应粒子滤波器(adaptive particle filter,APF)等来估计电池模型参数和状态的方法。此外,非线性状态观测器,如 Luenberger 观测器、比例积分(PI)观测器、H 无穷观测器和滑模观测器,也被用来估计电池参数和状态。

6.5.2 融合法

融合法的核心思想是将多类数据、模型或算法进行联合、相关及融合,充分发挥各自的优势,实现更精确可靠的锂离子电池 SOH 协同估计。融合法通过将不同的状态估计方法进行有机结合,针对不同的实际需求,发挥各自的应用优势,实现锂离子电池 SOH 的协同估计。这种联合估计方法能够弥补单一方法容易出现估计精度低、可靠性差和误判的缺点,且其本身的实现过程简单快速,表现出了良好的应用前景,因此受到了越来越多的关注和研究。

例如,可利用双卡尔曼滤波器(dual Kalman filter,DKF)和 SVM 在线估计 SOH,或利用基于高斯过程模型和先验函数(priori function,PF)混合的预测方法进行 SOH 评估等。

6.6 仿真案例

6.6.1 SOC-SOH 联合估计模型

本小节介绍一个 SOC-SOH 联合估计模型的仿真案例。采用双扩展卡尔曼滤波器(dual extended Kalman filter,DEKF),其中一个卡尔曼滤波器用来估计电池的容量。假设电流在一个采样周期内保持恒定,根据 Thevenin 模型及其数学表达式,对系统进行离散化处理,得到极化电压的表达式如下:

$$U_{p,k} = e^{(-\Delta t/\tau)} U_{p,k-1} + R_p I_{t,k-1} [1 - e^{(-\Delta t/\tau)}] \quad (6\text{-}15)$$

SOC 的离散化方程由安时积分法获取,计算式如下:

$$z_k = z_{k-1} - I_{t,k} \Delta t / C_n \quad (6\text{-}16)$$

式中:z_k 为 k 时刻的 SOC 值;Δt 为系统采样时间;C_n 为电池在当前温度下的额定容量。

在估计容量的卡尔曼滤波器中,由于容量具有短时不变的特性,所以估计容量系统的状态方程和观测方程分别为

$$C_k = C_{k-1} + w_{2,k-1} \quad (6\text{-}17)$$

$$d_k = z_k - z_{k-1} + \frac{\eta I_t \Delta t}{C_k} + v_{2,k} \tag{6-18}$$

式中：C_k 为 EKF 算法中的系统状态值，表示电池容量；z_k 为估计出的 SOC 值，由 EKF 算法求得；d_k 为系统的观测值，在该系统中，观测值期望为 0。

基于 DEKF 的容量联合估计中，C 为估计容量的系统状态值。首先设定系统状态和协方差的初始值。初始值的选择不会影响后续计算结果，一般将状态初始值设为状态的期望值，协方差的初始值设为 0。

$$\hat{C}_{0|0} = E(C_0), \quad P^C_{0|0} = 0$$

在电池容量的预测更新中，采用其状态方程，计算式如下：

$$\hat{C}_{k|k-1} = \hat{C}_{k-1|k-1} \tag{6-19}$$

容量系统的协方差预测计算式为

$$P^C_{k|k-1} = P^C_{k-1|k-1} + Q^C_{k-1} \tag{6-20}$$

式中：Q 为系统噪声的方差。

容量估计的卡尔曼滤波增益计算式为

$$\begin{aligned} K^C_k &= P^C_{k|k-1} C^{CT}_k (C^C_k P_{k|k-1} C^{CT}_k + R^C_k)^{-1} \\ &= P^C_{k|k-1} \left(-\frac{\eta I_t \Delta t}{C^2_{k|k-1}}\right)^T \left[-\frac{\eta I_t \Delta t}{C^2_{k|k-1}} P_{k|k-1} \left[-\frac{\eta I_t \Delta t}{C^2_{k|k-1}}\right]^T + R^C_k\right]^{-1} \end{aligned} \tag{6-21}$$

式中：R 为观测噪声的方差。

容量的状态更新计算式为

$$\hat{C}_{k|k} = \hat{C}_{k|k-1} + K^C_k \left[0 - \left(\hat{z}_{k|k} - \hat{z}_{k-1|k-1} + \frac{\eta I_{t,k} \Delta t}{\hat{C}_{k|k-1}}\right)\right] \tag{6-22}$$

容量的误差协方差更新计算式为

$$P^C_{k|k} = (I - K^C_k C^C_k) P^C_{k|k-1} = \left(I - K^C_k \left(-\frac{\eta I_t \Delta t}{C^2_{k|k-1}}\right)\right) P^C_{k|k-1} \tag{6-23}$$

循环计算式(6-19)至式(6-23)，即可实现基于 DEKF 的电池容量估计。

基于上述分析，在 Simulink 中搭建多时间尺度的联合估计模型。容量估计是以 25 ℃下的电池容量为标准进行的，即需将当前估计出的实时容量值根据温度进行映射，映射到 25 ℃下的容量值。容量估计模块包括 Observation_equation 模块、Coefficient_C 模块、Covariance 和 Kalman gain 模块、State_update 模块，如图 6-9 至图 6-12 所示。

第6章 健康状态(SOH)估计方法

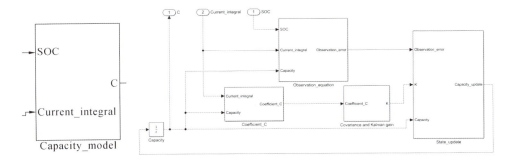

图 6-9 容量估计模块

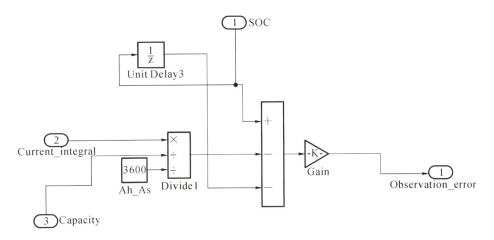

图 6-10 Observation_equation 模块

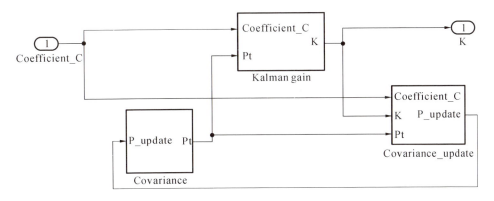

图 6-11 Covariance 和 Kalman gain 模块

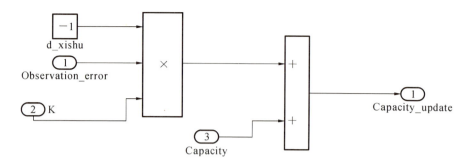

图 6-12 State_update 模块

6.6.2 精度验证

1. 恒流工况验证

在恒流工况下可以模拟电动汽车在充电和等速巡航时的状态。此外，因为某些工况辨识的模型参数可能和恒流工况差异较大，在持续的放电过程中 SOH 值的偏差不能得到较好的修正，误差可能会增大，因此验证算法在恒流工况下的性能很有必要。

在 45 ℃、125 A 的条件下充放电时，端电压模拟值和实验值如图 6-13 所示。该工况前半段为恒流放电阶段，中间为静置阶段，后半段为恒流恒压充电阶段。图 6-13 中电池端电压的模拟值和实验值具有很好的跟随性，说明搭建的电池模型准确度很高，也进一步验证了参数辨识的准确性。

在该工况下进行容量估计，估计结果如图 6-14 所示。

在该恒流工况下，容量估计以 25 ℃ 时的为参考，将当前估计出的容量值映射到 25 ℃ 下，以此为标准确定电池的老化程度。从映射后的结果可以看到，容量估计值保持在 130 A·h 左右，误差最大为 1.2 A·h，整体精度较高。

在低温下也同样进行了类似的恒流工况验证，以 −10 ℃ 为例，以 125 A 电流进行放电得到的容量估计结果如图 6-15 所示。在 −10 ℃ 下，容量的估计结果保持在 130 A·h 左右，最大误差为 0.6 A·h，精度较高。

2. 动态工况验证

为了进一步验证算法及模型的可靠性，进行了动态工况测试，选择了比亚迪提供的整车实测工况，在实验室进行测试获取工况数据，满足电动汽车在不

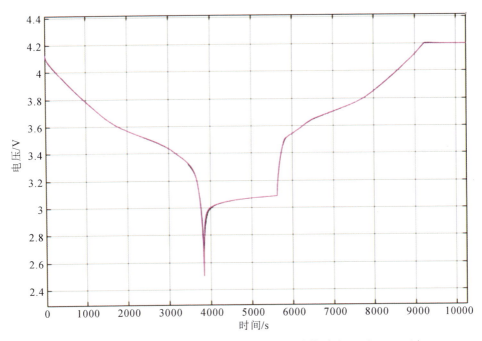

图 6-13　恒流工况下电池端电压模拟值与实验值对比(45 ℃、125 A)

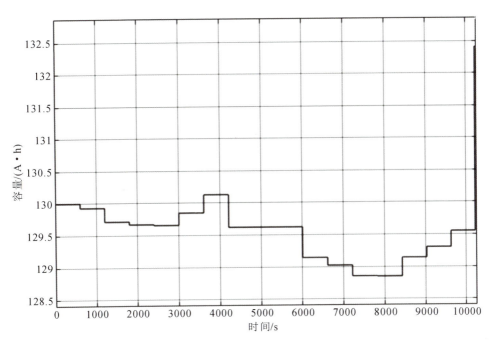

图 6-14　容量估计结果(45 ℃、125 A)

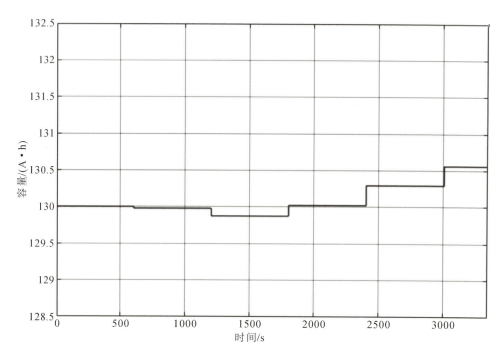

图 6-15 容量估计结果(－10 ℃、125 A)

同功率的需求。在－10 ℃下容量的估计结果如图 6-16 所示。从图中可以看到,容量估计值保持在 130～132 A·h 之间,最大误差为 2 A·h。

3. 收敛性验证

以上模型验证均是在较为理想情况下进行的,实际使用过程中可能会受到容量初始值不确定的影响。假设容量初始值为 135 A·h,以恒流放电工况为例,容量的估计结果如图 6-17 所示。从图中可以看出,容量的估计值在逐渐收敛到真值。虽然收敛速度比较慢,但是后续可以采取几个循环后验证容量稳定性的方法。每隔几个循环对容量进行一次判定,判断容量值是否达到稳定条件,然后再将容量值传入 SOC,进行容量值的更新。

4. SOC 误差对容量的影响

由于双扩展卡尔曼滤波算法是 SOC 和容量的联合估计,所以验证 SOC 和容量之间的相互影响也至关重要。在 5.3.2 节中,假定 SOC 值有 10%的误差,验证其对容量的影响,容量的估计结果如图 6-18 所示。从图上可以看到,容量的最大误差在 2 A·h 左右,相比没有 SOC 初始误差的情况,容量误差增大了

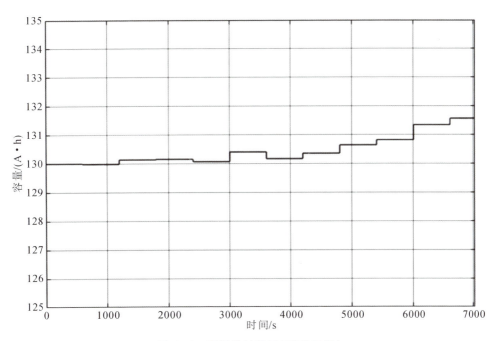

图 6-16 容量估计结果(DST 工况)

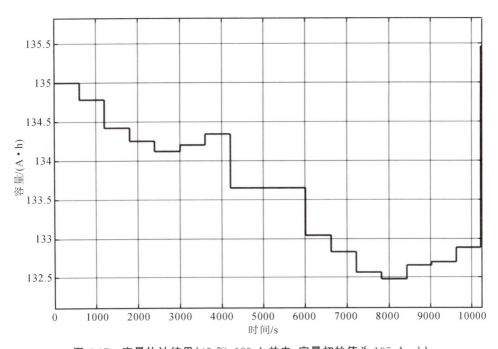

图 6-17 容量估计结果(45 ℃、125 A 放电,容量初始值为 135 A·h)

1.6 A·h，不到 1.5%，表明 SOC 值的误差对容量估计影响很小。

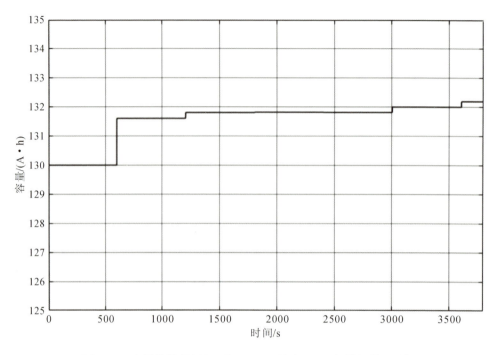

图 6-18 容量估计结果(45 ℃、125 A 放电，SOC 初始误差 10%)

6.7 总结

目前还没有针对 SOH 估计的完美解决方案，应该根据估计的内容和可用的数据来选择最佳的不同估计方法组合。例如，在拥有大量数据并且可以使用简单算法的情况下，ICA、DVA 等老化机制检测方法和大数据方法的组合将是最合适的；若无法马上获得完整数据，则使用结合 ICA、DVA 等老化机制检测方法的自适应模型会更合适，因为在这种情况下，通过数据的自学习可以达到更好的准确性。

未来电池 SOH 估计的研究方向可能分为三个：一是构建简化模型，该类模型应能够在实际环境中具备强抗干扰能力和高鲁棒性，而且具有较高的计算速度、精度和快速校准能力；二是从研究单体向研究模组转变，解决电池单体不一致性等对 SOH 估计模型的影响；三是开发能不受化学变化、电池设计、电池尺寸、几何形状,以及操作和老化条件等限制的 SOH 估计模型,即开发应用更广泛的模型。

本章参考文献

[1] WAAG W,KÄBITZ S,SAUER D U. Experimental investigation of the lithium-ion battery impedance characteristic at various conditions and aging states and its influence on the application[J]. Applied Energy,2013,102:885-897.

[2] JÜRGEN R,BUCHHOLZ M,MEILER M,et al. State-of-health monitoring of lithium-ion batteries in electric vehicles by on-board internal resistance estimation[J]. Journal of Power Sources,2011,196(12):5357-5363.

[3] WAAG W,FLEISCHER C,SAUER D U. Critical review of the methods for monitoring of lithium-ion batteries in electric and hybrid vehicles[J]. Journal of Power Sources,2014,258:321-339.

[4] JIANG Y,JIANG J C,ZHANG C P,et al. State of health estimation of second-life LiFePO$_4$ batteries for energy storage applications[J]. Journal of Cleaner Production,2018,205:754-762.

[5] HAN X B,OUYANG M G,LU L G,et al. A comparative study of commercial lithium ion battery cycle life in electrical vehicle:aging mechanism identification[J]. Journal of Power Sources,2014,251:38-54.

[6] MERLA Y,WU B,YUFIT V,et al. Novel application of differential thermal voltammetry as an in-depth state-of-health diagnosis method for lithium-ion batteries[J]. Journal of Power Sources,2016,307:308-319.

[7] SHIBAGAKI T,MERLA Y,OFFER G J. Tracking degradation in lithium iron phosphate batteries using differential thermal voltammetry[J]. Journal of Power Sources,2018,374:188-195.

[8] LADPLI P,KOPSAFTOPOULOS F,CHANG F K. Estimating state of

charge and health of lithium-ion batteries with guided waves using built-in piezoelectric sensors/actuators[J]. Journal of Power Sources,2018,384:342-354.

[9] CANNARELLA J,ARNOLD C B. State of health and charge measurements in lithium-ion batteries using mechanical stress[J]. Journal of Power Sources,2014,269:7-14.

[10] BLOOM I,COLE B W,SOHN J J,et al. An accelerated calendar and cycle life study of Li-ion cells[J]. Journal of Power Sources,2001,101(2):238-247.

[11] RICHMAN J S,LAKE D E,MOORMAN J R. Sample entropy[J]. Methods in Enzymology,2004,384:172-184.

[12] LIU D T,PANG J Y,ZHOU J B,et al. Prognostics for state of health estimation of lithium-ion batteries based on combination Gaussian process functional regression[J]. Microelectronics Reliability,2013,53(6):832-839.

[13] ANDRE D,APPLE C,SOCZKA-GUTH T,et al. Advanced mathematical methods of SOC and SOH estimation for lithium-ion batteries[J]. Journal of Power Sources,2013,224:20-27.

[14] LI F,XU J P. A new prognostics method for state of health estimation of lithium-ion batteries based on a mixture of Gaussian process models and particle filter[J]. Microelectronics Reliability,2015,55(7):1035-1045.

第7章
功率状态（SOP）估计方法

7.1　SOP 的定义

　　动力电池的 SOP 是电动汽车，尤其是混合电动汽车安全控制及能量回收的重要参数。动力电池的 SOP 用来表征电池在一段时间内的峰值功率。在加速、再生制动、梯度爬坡过程中，对功率状态进行准确估计，可以在保证电池安全的前提下，实现整车动力性能的最优匹配，达到整车控制的最优化。

　　锂离子电池分为能量型电池和功率型电池。在纯电动乘用车和电动大巴上，以能量型居多；在混合动力电动汽车上，由于纯电状态续驶里程短，充放电倍率大，所以对电池的功率特性有着更加严格的要求，通常使用功率型电池。混合动力电动汽车的内燃机工作在匀速行驶状态，而动力电池则多工作在车辆起步、加速或刹车状态，为车辆提供或吸收瞬时的大功率。所以电池输入输出的峰值功率直接影响车辆的快速起步、加速和紧急制动能力，进而关系到整车运行的安全性和可靠性。通常采用电池的短时峰值功率来表征电池 SOP。自 2001 年美国能源局（Department of Energy，DOE）提出新一代汽车合作伙伴计划（Partnership for a New Generation of Vehicle，PNGV）项目后，车用动力电池的 SOP 就成为动力电池性能评判的重要指标之一。

　　电池管理系统在监测过程中不能直接了解电池内部的电化学过程，不能及时反映电池内部机理，对电池的状态或参数估计可能会存在差异。而且锂离子电池的 SOP 会受到温度、SOC、老化程度、内阻等的影响，很难通过某些具体的参数直接量化，导致电池 SOP 的估计精度下降或者估计方法变得更加复杂。目前对锂离子电池峰值功率的相关研究主要集中在峰值功率的测试方法和峰值功率的预测算法方面。目前对锂离子电池 SOP 的估计方法主要分为三类：插值法、基于参数的模型法、基于数据驱动的非参数模型法，如图 7-1 所示。

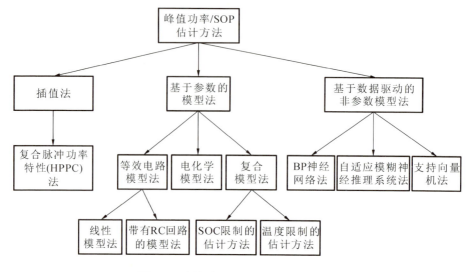

图 7-1　峰值功率/SOP 估计方法分类

7.2　插值法

复合脉冲功率特性(hybrid pulse power characteristic，HPPC)法由美国爱达荷国家工程与环境实验室所提出，是目前比较简单、应用较为广泛的一种 SOP 估计方法。HPPC 法是在电池充放电装置及电池的充放电电压范围内，使用放电和反馈脉冲的测试制度来确定其动态功率能力的方法。HPPC 法在不同 SOC 下进行充放电脉冲测试：①采用宽度为 10 s 的放电脉冲测试放电，放电结束，电压达到 U_{min} 时电池的放电功率能力；②采用宽度为 10 s 的反馈脉冲测试反馈，反馈结束时，电压达到 U_{max} 时电池的反馈脉冲功率能力。每隔一段时间对 SOC 进行一次脉冲功率特性测试，并在每次脉冲测试前将电池静置 1 h，以允许电池在进行脉冲测试前恢复到电化学和热平衡状态。由此可以得到不同 SOC 下的充放电脉冲功率。考虑到温度对电池功率的影响，在不同温度下进行多次脉冲循环测试，即可得到不同温度、不同 SOC 下电池可达到的充放电功率值，并制作二维 map 图，其结果如图 7-2 所示。

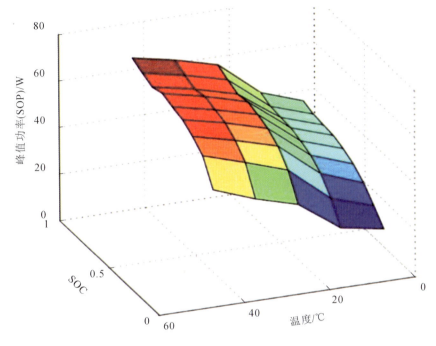

图 7-2　通过 HPPC 方法得到的放电功率图

基于 HPPC 测试 SOP 的方法原理简单,但是锂离子电池的功率状态与电池的 SOC、温度和老化状态等因素有关,前期需要进行大量的测试。电池的特性是非线性的,很大程度上取决于电池前期的工作过程及状态,比如当电池连接负载时,电池内部会出现极化现象,HPPC 测试并没有考虑电池前期的工作状态。除此之外,电池特性及内部状态也会随着电池老化而变化,使得该方法的准确性受到很大影响。

7.3　基于参数的模型法

基于参数的模型法和插值法不同,采用这种方法时,需对电池建立一个参数模型,通过参数计算和参数限制,直接估计出电池的 SOP。基于参数的模型法分为等效电路模型法、电化学模型法和复合模型法。

7.3.1　等效电路模型法

等效电路模型采用电容、电阻、电感等电路元器件来表征电池内部的阻抗和极化作用，通过对电路元器件的合理配置，来模拟电池的稳态及动态响应，尽可能准确地再现电池内部的电化学过程，通常用于在线参数辨识和状态估计。常见的用于 SOP 估计的等效电路模型有内阻模型、带有 RC 回路的模型等。

内阻模型的电路中仅包含理想电压源和电阻元件（其阻值为电池内阻），如图 4-6 所示。该模型可以跟踪电池工作时端电压的瞬时突变，结构及计算比较简单。

首先在某一 SOC、某一温度下进行脉冲实验，测试得到某一脉冲电流 I 下的电压变化 dU，端电压的变化与电流的比值即为当前状态下的电池内阻。关系表达式如下：

$$R_\circ = \frac{dU}{I} \tag{7-1}$$

在不同 SOC、不同温度下进行多次脉冲实验，得到电池的充放电内阻值，则电池的充放电峰值功率可表达为

$$\begin{cases} P_{\min}^{\mathrm{chg}} = U_{\max} \times \dfrac{U_{\mathrm{ocv}} - U_{\max}}{R_{\mathrm{chg}}} \\ P_{\max}^{\mathrm{dis}} = U_{\min} \times \dfrac{U_{\mathrm{ocv}} - U_{\min}}{R_{\mathrm{dis}}} \end{cases} \tag{7-2}$$

其中充电功率为负，放电功率为正。

采用只考虑电池内阻的线性模型，可以跟踪电池工作状态切换时发生的端电压瞬时突变，但是忽略了电池的浓差极化等过程，在电池电流动态变化时会产生较大误差，因此可用带有 RC 回路的模型来估计电池 SOP。

这种等效电路模型是在线性模型的基础上增加一个或多个 RC 环节而构成的，主路的欧姆内阻的变化反映电池端电压的瞬时突变，极化内阻和极化电容用来表征电池的极化过渡过程。基于该模型的动态峰值功率预测算法是一种较为精确的估算 SOP 的方法，在考虑电压限制的基础上，基于递归估计的方法，比如扩展卡尔曼滤波器、双扩展卡尔曼滤波器、自适应扩展卡尔曼滤波器和自适应无迹卡尔曼滤波器等算法，可以实现多采样时间的在线峰值功率估计。目前常用的等效电路模型有 Thevenin 模型、PNGV 模型和二阶 RC 模型等。

Thevenin 模型和二阶 RC 模型如图 4-7 所示，Thevenin 模型能够较好地反映电池的非线性特点，具有较高的精度，模型简单，应用广泛。二阶 RC 模型是在 Thevenin 模型的基础上串联一个 RC 环节而构成的，可模拟时间常数不同的电池极化过程，提高模型精度，但是由于参数增多，模型标定复杂，运算的复杂程度较大。PNGV 模型如图 4-9 所示，可以描述负载电流随时间增加所造成的电动势变化，也能反映电池的极化效应，参数辨识的精度很高，但是在在线估计 SOP 时，随着时间的增加，误差变大。

以 Thevenin 模型为例，可以得到如下数学表达式：

$$\begin{cases} \dot{U}_\mathrm{p} = -\dfrac{U_\mathrm{p}}{C_\mathrm{p} R_\mathrm{p}} + \dfrac{I_\mathrm{L}}{C_\mathrm{p}} \\ U_\mathrm{t} = U_\mathrm{oc} - U_\mathrm{p} - I_\mathrm{L} R_\mathrm{o} \end{cases} \quad (7\text{-}3)$$

设定在 Δt 的时间内，电流大小保持不变，由线性系统离散化规则可以得到：

$$\begin{cases} U_{\mathrm{p},k+1} = \exp(-\Delta t/\tau) U_{\mathrm{p},k} + R_\mathrm{p} I_\mathrm{L} [1 - \exp(-\Delta t/\tau)] \\ U_{\mathrm{t},k+1} = U_{\mathrm{oc},k+1} - I_{\mathrm{L},k+1} R_\mathrm{o} - U_{\mathrm{p},k+1} \end{cases} \quad (7\text{-}4)$$

系统的状态变量为极化电压和 SOC 值，系统的状态方程和观测方程分别为

$$\begin{bmatrix} U_{\mathrm{p},k+1} \\ z_{k+1} \end{bmatrix} = \begin{bmatrix} \exp\left(\dfrac{-\Delta t}{\tau}\right) & 0 \\ 0 & 1 \end{bmatrix} \begin{bmatrix} U_{\mathrm{p},k} \\ z_k \end{bmatrix} + \begin{bmatrix} R_\mathrm{p}\left(1 - \exp\left(\dfrac{-\Delta t}{\tau}\right)\right) \\ \dfrac{\eta \Delta t}{C} \end{bmatrix} I_{\mathrm{L},k} + \omega_k$$

$$(7\text{-}5)$$

$$U_{\mathrm{t},k+1} = \begin{bmatrix} -1 & \dfrac{\mathrm{d}U_\mathrm{oc}}{\mathrm{d}z} \end{bmatrix} \begin{bmatrix} U_{\mathrm{p},k+1} \\ z_{k+1} \end{bmatrix} + [-R_\mathrm{o}] I_{\mathrm{L},k} + \nu_k \quad (7\text{-}6)$$

式中：Δt 为采样时间周期；z_k 为 k 采样时刻的 SOC 值；η 为充放电效率；C 为电池的额定容量；ω_k 为系统白噪声；ν_k 为观测白噪声。

引入电池 OCV 和 SOC 之间的关系，设定电池端电压的最大值与最小值，即可得到实时充放电峰值电流值：

$$\begin{cases} I_{\max}^{\text{dis}} = \dfrac{U_{\text{oc}}(z_k) - U_{\text{p},k}\exp\left(-\dfrac{\Delta t}{\tau}\right) - U_{t,\min}}{\dfrac{\eta \Delta t}{C}\dfrac{dU_{\text{oc}}(z)}{dz} + R_{\text{p}}\left(1 - \exp\left(-\dfrac{\Delta t}{\tau}\right)\right) + R_{\text{o}}} \\[2em] I_{\min}^{\text{chg}} = \dfrac{U_{\text{oc}}(z_k) - U_{\text{p},k}\exp\left(-\dfrac{\Delta t}{\tau}\right) - U_{t,\max}}{\dfrac{\eta \Delta t}{C}\dfrac{dU_{\text{oc}}(z)}{dz} + R_{\text{p}}\left(1 - \exp\left(-\dfrac{\Delta t}{\tau}\right)\right) + R_{\text{o}}} \end{cases}$$

连续的峰值电流估计是指计算一段时间允许的最大充放电电流值。对电动汽车而言,持续峰值电流更为重要,因为电动汽车的加速、爬坡以及制动能量回收并不可能在单个采样时间内完成。对于动力电池模型,假设在持续时间 $L \cdot \Delta t$ 时间内输入恒定,即

$$\begin{cases} U_{\text{p},k+L} = \left(\exp\left(\dfrac{-\Delta t}{\tau}\right)\right)^L U_{\text{p},k} + R_{\text{p}} I_L \sum_{j=0}^{L-1}\left(\exp\left(\dfrac{-\Delta t}{\tau}\right)\right)^{L-1-j}\left[1 - \exp\left(\dfrac{-\Delta t}{\tau}\right)\right] \\[1em] U_{\text{t},k+L} = U_{\text{oc}}(z_{k+L}) - I_{L,k+1}\left(R_{\text{o}} + R_{\text{p}}\left(1 - \exp\left(-\dfrac{\Delta t}{\tau}\right)\right)\right) \times \sum_{j=0}^{L-1}\left(\exp\left(\dfrac{-\Delta t}{\tau}\right)\right)^{L-1-j} - U_{\text{p},k}\left(\exp\left(\dfrac{-\Delta t}{\tau}\right)\right)^L \end{cases}$$

(7-7)

可以得到动力电池在 $L \cdot \Delta t$ 时间内的持续峰值放电电流和持续峰值充电电流估计表达式:

$$\begin{cases} I_{\max,L}^{\text{dis}} = \dfrac{U_{\text{oc}}(z_k) - U_{\text{p},k}\left(\exp\left(-\dfrac{\Delta t}{\tau}\right)\right)^L - U_{t,\min}}{\dfrac{\eta L \Delta t}{C}\dfrac{dU_{\text{oc}}(z)}{dz} + R_{\text{p}}\left(1 - \exp\left(-\dfrac{\Delta t}{\tau}\right)\right)\sum_{j=0}^{L-1}\left(\exp\left(\dfrac{-\Delta t}{\tau}\right)\right)^{L-1-j} + R_{\text{o}}} \\[2em] I_{\min,L}^{\text{chg}} = \dfrac{U_{\text{oc}}(z_k) - U_{\text{p},k}\left(\exp\left(-\dfrac{\Delta t}{\tau}\right)\right)^L - U_{t,\max}}{\dfrac{\eta L \Delta t}{C}\dfrac{dU_{\text{oc}}(z)}{dz} + R_{\text{p}}\left(1 - \exp\left(-\dfrac{\Delta t}{\tau}\right)\right)\sum_{j=0}^{L-1}\left(\exp\left(\dfrac{-\Delta t}{\tau}\right)\right)^{L-1-j} + R_{\text{o}}} \end{cases}$$

(7-8)

当 L 为 1 时,持续峰值电流估计即转化为瞬时峰值电流估计。通过模型计算得到的峰值电流值和设定的电池端电压进行计算,得到动态峰值功率。峰值功率表达式为

$$\begin{cases} P_{\min}^{\text{chg}} = \max\left(P_{\min}, \left(U_{\text{oc}}(z_{k+L}) - U_{\text{p},k}\left(\exp\left(-\frac{\Delta t}{\tau}\right)\right)^L \right.\right. \\ \qquad\qquad \left.\left. - I_{\min}^{\text{chg}}\left(R_{\text{p}}\left(1 - \exp\left(-\frac{\Delta t}{\tau}\right)\right)\sum_{j=0}^{L-1}\left(\exp\left(-\frac{\Delta t}{\tau}\right)\right)^{L-1-j} + R_{\text{o}}\right)I_{\min}^{\text{chg}}\right) \\ P_{\max}^{\text{dis}} = \min\left(P_{\max}, \left(U_{\text{oc}}(z_{k+L}) - U_{\text{p},k}\left(\exp\left(-\frac{\Delta t}{\tau}\right)\right)^L \right.\right. \\ \qquad\qquad \left.\left. - I_{\max}^{\text{dis}}\left(R_{\text{p}}\left(1 - \exp\left(-\frac{\Delta t}{\tau}\right)\right)\sum_{j=0}^{L-1}\left(\exp\left(-\frac{\Delta t}{\tau}\right)\right)^{L-1-j} + R_{\text{o}}\right)I_{\max}^{\text{dis}}\right) \end{cases}$$

(7-9)

使用该模型估算电池的SOP值时,通常和电池的SOC进行联合估算,其流程如图7-3所示。基于RC等效电路模型的动态峰值功率预测算法可以满足动态峰值电流的计算要求,可以实现在线实时估计,可以自由设定功率预测时间,模型精度较高,但是该算法对模型参数的准确性及计算能力有一定的要求。

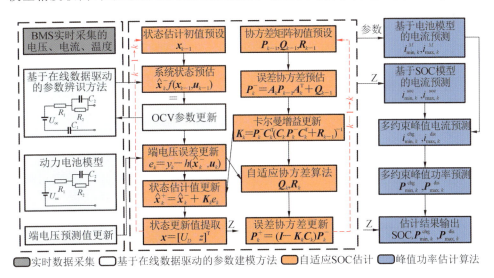

图7-3 基于等效电路模型的SOC及峰值功率联合估计方法

在该动态模型的基础上,考虑温度和电池老化对模型参数的影响,可以使模型更加精确,估算出的电池SOP更加可靠。

7.3.2 电化学模型法

如前文所述,电化学模型中最常用的是准二维(P2D)模型,准二维是指极板厚度方向和活性粒子半径方向,模型包括正负极集流体、正负极图层和隔膜等,典型的 P2D 模型如图 4-2 所示。电池的正负极包含固相活性材料和液相电解质。固相采用微米级的球形离子进行模拟,锂离子在球形颗粒中的扩散代表传质过程。放电过程中负极粒子中的锂离子进入电解液中,通过迁移过程从负极、隔膜到达正极,充电过程与之相反。电化学反应在球形颗粒表面发生,反应速率采用 Bulter-Volmer 方程来模拟。电池端电压由正负极集流体侧的固相电动势决定。P2D 的数学模型可以用锂离子的质量守恒、电量守恒和电化学反应动力学来描述。该模型可以全面系统地描述电池的充放电特性。

该方法基于固体颗粒内锂离子不能快速扩散到固体颗粒表面的假设,使用表面锂离子浓度来描述电池的瞬时功率能力。从电池内部物理机制出发,并考虑电池的老化水平和环境温度,研究电池的功率预测,对表面浓度与瞬时可用功率之间的关系进行量化,模型估计的相对误差不超过 3.5%。但是该方法包含的方程较多,模型参数的不确定性较大,模型计算复杂,难以保证较高的估算精度。

7.3.3 复合模型法

等效电路模型的估计方法只考虑了电池端电压的限制,忽略了电池 SOC 的限制和温度的限制,为此可采用复合模型方法,增加 SOP 估计的限制因素,实现 SOP 的高精度估计。复合模型法综合考虑 SOC 限制、温度限制、出厂设定限制等一系列限制,再结合等效电路模型法等方法,要求估算的结果满足所有限制,弥补了其他方法的一些缺陷,提高了 SOP 的估算精度和电池的安全性能。

7.3.3.1 考虑 SOC 限制的估计方法

该方法通过限制电池 SOC 的最大值(SOC_{max})与最小值(SOC_{min})来对电池充放电过程的电流进行限制,先计算得到电池的峰值电流,再基于电池的等效电路模型求出电池的端电压值,最后计算得到电池的峰值功率。当电池的 SOC 值接近电池的设计 SOC_{max} 时,应限制电池的充电电流,最大化电池的放电电流,在 SOC 值较低时对放电电流的限制也如此,否则会导致电池出现过充或过放现象。一段时间内电池 SOC 值的变化可表达如下:

$$SOC(t+\Delta t) = SOC(t) - \eta \frac{i(t)\Delta t}{C} \quad (7\text{-}10)$$

式中:η 为电池的充放电库仑效率;C 为电池的额定容量,充电电流为负值,放电电流为正值。在 Δt 的时间内,采用安时积分法计算电池 SOC 值。

由公式(7-10)可推导出电池的充放电峰值电流为

$$\begin{cases} i_{\min}^{\text{chg}} = \dfrac{\text{SOC}(t) - \text{SOC}_{\max}}{\eta \Delta t / C} \\ i_{\max}^{\text{dis}} = \dfrac{\text{SOC}(t) - \text{SOC}_{\min}}{\eta \Delta t / C} \end{cases} \qquad (7\text{-}11)$$

通过公式(7-11)计算出电池的峰值电流后,再利用电池的等效电路模型求出电池的端电压值,即可得到考虑 SOC 限制的峰值功率估计值。通过 SOC 约束来计算电池的峰值功率考虑了峰值功率的预测时间,但是单独使用该方法估计 SOP 时,计算出来的峰值电流绝对值偏大,安全性较低。所以该方法通常和其他方法相结合使用,形成多参数的电池 SOP 估计方法。

7.3.3.2 考虑温度限制的估计方法

电池的工作温度过高,会使电池的寿命缩短。所以在计算电池 SOP 时需要考虑温度的限制,当电池运行温度接近设计极限时,应对电池功率进行控制。在考虑温度限制的估计方法中,电池热特性方程中的温度值会对锂电池内部化学反应造成影响,充放电过程中电池产生的热会造成温度上升,进而会损坏电池内部的化学和能量平衡方程。电池在 $L\Delta t$ 时间内的能量平衡方程为

$$I_k^2 R + T_{\text{avg,batt}} \dfrac{\mathrm{d}U}{\mathrm{d}T} I_k + h_w S (T_{\text{amb}} - T_{\text{avg,batt}}) - C_p m \dfrac{T_{k+L} - T_k}{L \Delta T} = 0$$

$$(7\text{-}12)$$

式中:R 为电池总内阻;$T_{\text{avg,batt}}$ 和 T_{amb} 分别为电池的平均温度和环境温度;C_p 为电池的比热容;m 为电池质量;h_w 为电池与外界的换热系数;S 为换热表面积。

在充放电过程中对电池设定最高温度阈值,即可根据式(7-12)得到温度限制下的峰值电流值,再根据端电压求出充放电的峰值功率。

考虑温度的 SOP 估计方法考虑了电化学反应和焦耳热,以及电池与外界的热传递。该方法可以提高电池的热安全性能,有效防止电池过热和热失控的发生。但是该方法也仅在电池温度较高时才能起到限制电池功率的作用,通常将该方法与其他方法结合使用。

7.4 基于数据驱动的非参数模型估计方法

数据驱动方法,顾名思义是以数据为出发点,通过利用研究对象的在线和离线数据,以统计理论、数据挖掘、模式识别等技术作为理论指导,应用神经网络算法、逻辑回归算法、遗传算法、贝叶斯方法、支持向量机法等机器学习方法分析数据内部包含的信息,总结学习数据深层关系,最终实现基于数据的预报、评价、调度、监控、诊断、决策和优化等的各种期望功能。借助数据分析技术,数据资源将得到最大化的利用,可帮助人们在工作生活的各个领域做出推断和决策。

数据驱动方法从数据本身出发,借助数据驱动理论和技术对研究对象历史数据进行学习分析,将原始数据转化为相关信息和行为模型,实现对部件、系统或过程的建模,并用于状态的估计和预测。数据驱动方法的优势在于其不要求深度认识研究对象的内部机理,而是在统计学、数据挖掘等理论指导下,借助神经网络算法、支持向量机法等机器学习算法,通过对数据的学习和信息挖掘,总结数据变量间的深层关系,帮助建立输入与输出变量之间的隐式关系模型。基于数据驱动的研究可以综合各方面已知或未知的因素,提供预测过程中可能忽略的细节和所用模型的假设。

基于数据驱动的非参数模型估计方法是将电池看成一个"黑匣子",不考虑电池内部的反应机理及特性,利用数据分析和机器学习的方法,将要估计的 SOP 作为模型的输出量,将影响因素作为输入量,通过测试大量的数据,并利用模型进行学习训练,从而实现电池 SOP 的估计。

7.4.1 BP 神经网络法

BP 神经网络是一种按误差反向传播算法训练的多层前馈网络,由输入层、隐含层和输出层构成。输入层输入电池的基本量,包括电压、温度、SOC 等;输出层为电池的 SOP 值。输出层将误差按原线路反向计算,用梯度下降法调整各层节点的权值和阈值,直至输出层得到期望的输出结果。BP 神经网络结构如图 7-4 所示。

BP 神经网络根据建模的需求选择合适的输入层、隐含层、输出层的层数,利用隐含层连接输入层与输出层,并建立层与层之间的节点权值。然后将归一化处理后的训练样本送入输出层,对网络进行训练。最后根据误差调整网络权值,直至误差控制在允许范围内。电池 SOP 估计模型的构造流程如图 7-5 所示。

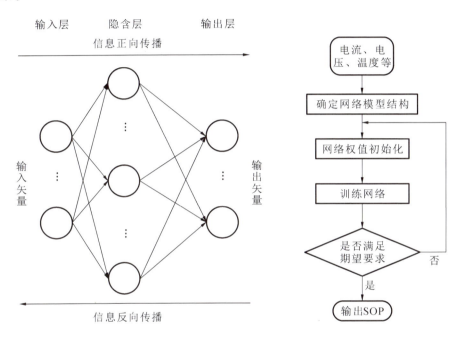

图 7-4　BP 神经网络结构图　　图 7-5　构造 SOP 估计模型流程图

7.4.2　支持向量机法

支持向量机法是基于统计学理论发展来的机器学习算法,具有较强的学习能力,尤其适用于小样本数据的识别和估计,具有很好的适用性和鲁棒性。SVM 模型的确定主要依赖于以下 5 个参数:核函数参数 g、支持向量的数目、非零 Lagrange 乘子、目标函数偏置量 b、惩罚系数 c。其中,核函数参数 g 以及惩罚系数 c 是需要事先确定的,而其他参数则是在模型训练过程中通过解二次规划问题得到。对于 SVM 模型的核函数,其参数 g 通常采用试算的方式得到。预先选取 g 为某一固定值,然后进行模型计算,根据计算结果以及经验来调整 g 的取值,直至得到预测精度最高、最为满意的计算结果,同时通过评估选取合

适的惩罚系数 c，从而得出两参数的最优值。通过对电池数据进行训练及拟合，可以实现对动力电池的 SOP 估计。

7.5 仿真案例

以 Thevenin 等效电路模型为基础，采用 7.3.1 节介绍的基于参数模型的方法进行案例仿真，再额外考虑 SOC 限制和温度限制，组成复合模型约束方法，如图 7-6 所示。

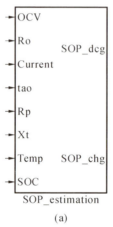

(a)

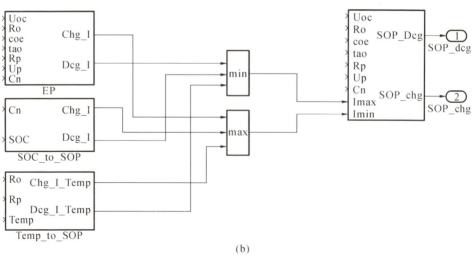

(b)

图 7-6　组合模型方法估计 SOP 仿真建模

在图 7-6(b)中,最左侧三个模块依次为基于等效电路模型的电压约束法、SOC 约束法、温度约束法,综合考虑三种方法,计算满足三种方法的充放电电流,然后基于 Thevenin 模型计算在峰值电流下工作的端电压,进而计算峰值功率 SOP。其充放电工况下的 3000 s 峰值电流和峰值功率如图 7-7 和图 7-8 所示。

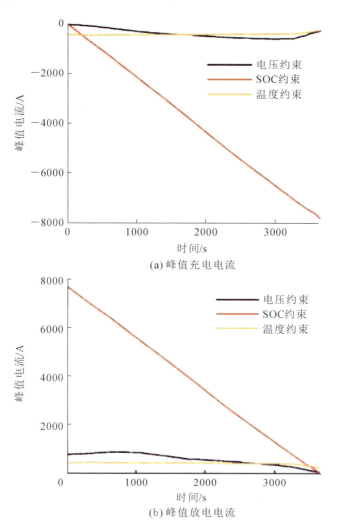

(a) 峰值充电电流

(b) 峰值放电电流

图 7-7 充放电工况下的 3000 s 峰值电流

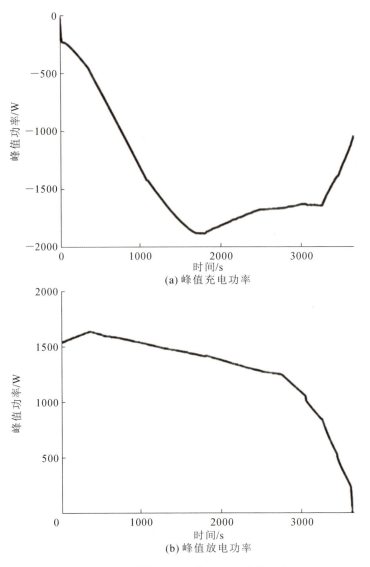

图 7-8　充放电工况下的 3000 s 峰值功率

本章参考文献

[1] FARMANN A, SAUER D U. A comprehensive review of on-board state-of-available-power prediction techniques for lithium-ion batteries in electric vehicles[J]. Journal of Power Sources, 2016, 329:123-137.

[2] BHATTACHARYA S,BAUER P. Requirements for charging of an electric vehicle system based on state of power(SoP) and state of energy (SoE)[J]. International Power Electronics and Motion Control Conference(IPEMC),2012,1:434-438.

[3] JUANG L W,KOLLMEYER P L,JAHNS T M,et al. Implementation of online battery state-of-power and state-of-function estimation in electric vehicle applications[J]. Energy Convers. Congr. Expo. ,2012. 1819-1826.

[4] SUN F C,XIONG R W,HE H. Estimation of state-of-charge and state-of-power capability of lithium-ion battery considering varying health conditions[J]. Journal of Power Sources,2014,259:166-176.

[5] FENG F,YANG L,ZHAO X,et al. Online identification of lithiumion battery parameters based on an improved equivalent-circuit model and its implementation on battery state-of-power prediction[J]. Journal of Power Sources,2015,281:192-203.

[6] MALYSZ P,YE J,GU R,et al. Battery state-of-power peak current calculation and verification using an asymmetric parameter equivalent circuit model[J]. IEEE Transactions on Vehicular Technology,2016(6): 4512-4522.

[7] LIU K L,LI K,PENG Q,et al. A brief review on key technologies in the battery management system of electric vehicles[J]. Front. Mech. Eng. 2019,14(1):47-64.

[8] LU L,HAN X,LI J,et al. A review on the key issues for lithium-ion battery management in electric vehicles[J]. Journal of Power Sources,2013, 226:272-288.

[9] LAI X,HE L,WANG S Y,et al. Co-estimation of state of charge and state of power for lithium-ion batteries based on fractional variable-order model[J]. Journal of Cleaner Production,2020,255.

[10] LIN P,JIN P,HONG J C,et al. Battery voltage and state of power prediction based on an improved novel polarization voltage model[J]. Energy Reports,2020,6:2299-2308.

第8章
能量状态（SOE）与安全状态（SOS）估计

8.1 能量状态（SOE）估计

8.1.1 定义

传统上，电池状态一般以荷电状态（SOC）进行描述，利用 SOC 从容量角度描述电池的电量，忽略了端电压的影响，在实际应用中难以与续驶里程、续驶时间等与能量/功率直接相关的预测参量线性对应；同时，SOC 估算方法大部分仅以充放电倍率、温度等外部参数为标准，无法有效考虑电池内部生热等引起的能量损耗，在大电流充放电的工况下，存在较大的误差。为了更精确地衡量电池的剩余电量，K. Mamadou 等提出电池能量状态（SOE）的概念。电池 SOE 定义为电池的当前剩余能量与额定能量的比值，即

$$\mathrm{SOE} = \frac{E_{\mathrm{remaining}}}{E_{\mathrm{rated}}} \tag{8-1}$$

式中：E_{rated} 表示电池额定能量，是电池在标准放电工况下从满充状态放电至电压达到截止电压的能量，SOE 为 1 或者 100% 表示电池处于满充状态；$E_{\mathrm{remaining}}$ 表示电池剩余能量，是电池在标准放电工况下从当前状态放电至电压达到截止电压时电池的能量。电池的标准放电工况由电池生产商规定，或基于电池使用者的研究需求确定。

SOE 比 SOC 更加全面准确地反映了电池的真实能量状态，精确的电池 SOE 估算，可以增强动力电池剩余能量估计及预测的可靠性，从而对电动汽车的剩余续驶里程进行预测。另外，SOE 作为能量状态的重要参数，可以作为整车能量优化依据，合理分配电池能量，最大限度地给电动机提供能量，从而延长

电动汽车的续驶里程,提高电池能量利用效率,满足车辆的动力性能,这对提高动力电池的经济性具有重要意义。常用的 SOE 估计方法有功率积分法、开路电压法、基于神经网络的方法和基于模型的方法。

8.1.2 功率积分法

功率积分法在已知 SOE 初始值的前提下,通过对端电压与电流的乘积累计求得当前的能量,进而实现对当前 SOE 值的估计,即

$$\mathrm{SOE} = \mathrm{SOE}_0 + \frac{\int_0^t \eta_{\mathrm{ED}} I U \mathrm{d}t}{\eta_{\mathrm{E}} E_{\mathrm{N}}} \tag{8-2}$$

式中:SOE_0 为电池的 SOE 初始值;η_{ED} 为电池的充放电效率;I 为电池负载电流,单位为 A,设定电池的充电电流为正;U 为电池端电压,单位为 V;t 为工作时间,单位为 s;η_{E} 为电池额定充放电效率;E_{N} 为电池额定能量,单位为 W·h。

功率积分法虽然简单直接,但是存在缺陷。由式(8-2)可知,在已知准确的 SOE 初始值情况下,功率积分法在电池充放电初始阶段能够保持较高的估计精度和动态估计能力。随着充放电的进行,该方法处于开环工作环境中,电流传感器和电压传感器精度虽然保持在较高的水平,但是测量过程中引入的噪声使得估计误差持续累积,导致 SOE 估计值与真实值之间的偏差不断增大,最终使 SOE 估计值偏离真实值。此外,SOE 初始值的获取存在难度,且初始值对估计结果有直接影响。因此,功率积分法的 SOE 估计无法长时间使用,也无法独立使用,需要配合其他估计方法对其初始值进行标定或者对其估计值定期进行修正。

8.1.3 开路电压法

利用开路电压法估计 SOE 时,要在电池经过长时间的静置、开路电压逐渐稳定后,才能准确地表征。而在电动汽车行驶过程中,动力电池工况复杂,工作电流波动剧烈,因此开路电压很难在短时间内稳定下来,稳定所需时间受当前时刻 SOE、放电电流等因素影响,且电池的工作状态需要中断。因此开路电压法不适合行驶中的电动汽车 SOE 的在线估计,仅用于电动汽车电池的检修过程。开路电压法一般用作功率积分法的补充。

8.1.4 基于神经网络的方法

基于神经网络的方法利用神经网络的并行结构、学习能力以及非线性的基本特征,根据输入的外部激励得到相应的输出,该方法利用神经网络来模拟电池的动态特性进而进行 SOE 估算。

但基于神经网络的方法是一种开环的估计方式,其估计的准确性受错误的测量值的影响,且这种方法需要大量训练参数,结果受参数规模和训练方法的制约。由此可知,研究动力电池的外特性,建立精确的电池模型对准确估计 SOE 具有重要意义。

8.1.5 基于模型的方法

不基于模型的方法原理简单,易于实现,但对 SOE 值的估计精度有限;数据的获取需要消耗大量时间,并不能实现实时应用。而基于模型的方法,模型精度会在很大程度上影响电池的 SOE 估计精度,因此不仅需要深入研究电池特性,更需要精度高、鲁棒性强的 SOE 估计算法。基于模型的方法需在满足电池模型精度的同时减少计算量,以满足 SOE 在线估计的速度和精度,以便进一步应用于电池管理系统的能量优化。

电池模型主要可以分为四类:电化学模型、热模型、耦合模型和性能模型。四种模型的对比如表 8-1 所示。

表 8-1 电池模型对比

模型分类	原理	适用范围	缺点
电化学模型	基于电化学理论以数学方法描述电池内部反应过程	描述电池电压特性、电池电极、隔膜电流分布、过电势变化等	模型较为复杂
热模型	基于传热学理论	研究电池生热和传热过程,适用于电池热管理	无法表达电池的电流电压变化
耦合模型	电化学原理及传热学理论	研究电池生热和电化学反应之间存在的相互影响	较为复杂
性能模型	基于电池内部反应原理	选择合适的电路元件来描述电池内部活化损耗、极化损耗、欧姆损耗等,描述电池工作外特性	简单易用、结构多样,在电动汽车研究领域应用广泛

性能模型又可分为简化电化学模型、等效电路模型、神经网络模型、部分放电模型和特定因素模型。等效电路模型不关心电池内部的化学反应,结构简单,计算复杂度低,参数辨识过程简单,在电池状态估算方面应用广泛。典型的等效电路模型有 Rint 模型、RC 模型、PNGV 模型、GNL 模型和 Thevenin 模型等。综合精度和计算的复杂度,Thevenin 模型是电池状态估计中最常用的模型。

8.1.6 仿真实例

一种基于多时间尺度滤波器的 SOE 算法首先应用等效电路电池模型来反映电池的动态性能,然后使用粒子群优化(PSO)的方法辨识电池模型参数,最后通过无迹卡尔曼滤波器(UKF)预测电池 SOE 值及端电压。

8.1.6.1 电池模型

本实例使用如图 8-1 所示的等效电路模型。它包含 n 个开路电压(OCV) U_{ocv},n 个电阻 R_o,n 个极化 RC 网络。连续时间域中电池模型的关系可以描述为

$$\begin{cases} \dot{U}_p^i = -\frac{1}{R_p^i C_p^i} U_p^i - \frac{1}{C_p^i} I_b \\ U_t^i = U_{ocv}^i - R_o^i I_b - U_p^i \end{cases} \quad (i=1,2,\cdots,n) \tag{8-3}$$

式中:U_p 是极化 RC 网络的电压,单位为 V;U_t 是电池端电压,单位是 V;I_b 是电池负载电流;n 为电池组中的串联电池数量;R_o 是电阻;U_{ocv} 是开路电压,它是 SOC 的函数,如下所示:

$$U_{ocv}(z) = K_0 + K_1 z + K_2 z^2 + K_3/z + K_4 \ln(z) + K_5 \ln(1-z) \tag{8-4}$$

式中:z 表示 SOC;$K_i (i=0,\cdots,5)$ 是 6 个系数。

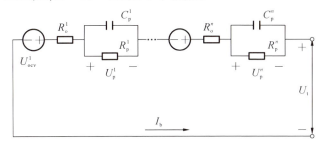

图 8-1 多阶等效电路模型

定义 $\alpha_p = \exp(-\Delta t / R_p C_p)$，公式(8-3)在离散时域内可以表示为

$$\begin{cases} \begin{bmatrix} z_{k+1}^i \\ U_{p,k+1}^i \end{bmatrix} = \begin{bmatrix} 1 & 0 \\ 0 & \alpha_p^i \end{bmatrix} \begin{bmatrix} z_k^i & U_{p,k}^i \end{bmatrix} - \begin{bmatrix} -\Delta t / C_a^i \\ (1-\alpha_p^i) R_p^i \end{bmatrix} I_{L,k} + w_k & (i=1,2,\cdots,n) \\ U_{t,k}^i = U_{ocv,k}^i - U_{p,k}^i - I_{L,k} R_{o,k}^i + v_k \end{cases}$$

(8-5)

式中：C_a 为电池最大可用容量；Δt 为采样间隔；w 和 v 分别为过程噪声矩阵和测量噪声矩阵。

8.1.6.2 SOE 定义

本实例中 SOE 定义为剩余能量与最大可用能量之比，如下所示：

$$\text{SOE} = \frac{E_{rem}}{E_{ava}} \tag{8-6}$$

式中：E_{rem} 是剩余能量；E_{ava} 是最大可用能量。

稳定的电池系统通常由数百个电池组成。因此，电池剩余能量是从单体电池当前状态到下截止状态的放电累积能量。电池充电能量是从单体电池当前状态到上截止状态的电荷累积能量。电池可用能量可以定义为电池剩余能量和充电能量之和，有

$$E_{rem} = \sum_{i=1}^{n} \int_{SOC_{t_1}^i}^{SOC_t^i} C_a^i U_{ocv}^i(\text{SOC}) d\text{SOC} \tag{8-7}$$

$$E_{chge} = \sum_{i=1}^{n} \int_{SOC_t^i}^{SOC_{t_2}^i} C_a^i U_{ocv}^i(\text{SOC}) d\text{SOC} \tag{8-8}$$

$$E_{ava} = E_{rem} + E_{chge} \tag{8-9}$$

式中：E_{chge} 为电池的充电能量，电池能量的单位是 $W \cdot h$；$SOC_{t_1}^i$ 为电池在时间 t_1 内达到下截止状态时，第 i 个电池的 SOC；$SOC_{t_2}^i$ 表示电池在时间 t_2 内达到上截止状态时，第 i 个电池的 SOC。

8.1.6.3 SOE 估计方法

本实例采用 PSO 方法进行电池参数辨识。定义 $E = U_t - U_{ocv}$，根据式(8-5)，电池频域方程可以写成如下形式：

$$E(s) = I_L(s)\left(R_o + \frac{R_p}{1 + R_p C_p}\right) \tag{8-10}$$

电池离散时域方程如下：

$$E_k^i = \alpha_1^i I_{b,k} + \alpha_2^i E_{t,k-1}^i + \alpha_3^i I_{L,k-1} \quad (8\text{-}11)$$

式中

$$\begin{cases} \alpha_1^i = R_o^i \\ \alpha_2^i = \alpha_p^i \\ \alpha_3^i = (1-\alpha_p^i)R_p^i - \alpha_p^i R_p^i \end{cases} \quad (8\text{-}12)$$

由以上分析可知,可以通过 PSO 方法获得电池模型参数。由于电池参数变化缓慢,因此不必一直更新电池模型参数。电池模型参数会在每个宏时间长度处更新。

UKF 方法被广泛用于电池状态估计,因为它可以根据 sigma 点捕获统计分布特征。在 PSO-UKF 方法中,精度的历史数据首先存储在微控制器中,用于通过 PSO 方法识别电池模型参数。基于准确的电池模型参数,UKF 在每个微时间内应用于电池 SOE 估算。此外,历史数据会在 UKF 的过程中进行更新。

基于以上分析,提出的方法仅涉及简单的算术运算,而没有复杂的矩阵运算,而且基于 PSO 方法的电池模型参数识别并非一直都在运行。因此,所提出的方法可以应用于在微控制器上进行的电池组 SOE 实时估计。

实验选定三元锂离子电池(Li($Ni_{1/3}Co_{1/3}Mn_{1/3}$)O_2 电池)为研究对象,其额定容量为 38 A·h,充放电截止电压为 4.2 V/2.7V,额定电压为 3.7 V。在 NEDC(New European Driving Cycle)工况和动态工况下分别进行算法验证,结果如图 8-2 至图 8-5 所示。

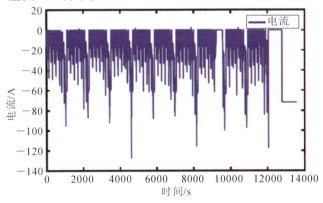

(a) NEDC 工况下的配置文件

图 8-2 NEDC 工况下的配置文件和实验结果

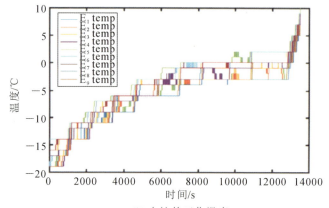

(b) 电池的工作温度

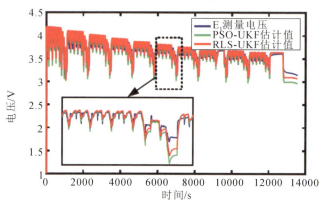

(c) 单体电池1的电压预测

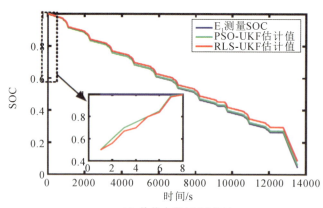

(d) 单体电池1SOC估计

续图 8-2

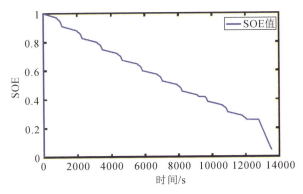

图 8-3 NEDC 工况下的电池 SOE 估计

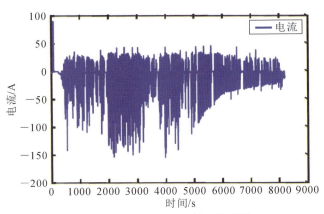

(a) NEDC 工况下的文件配置

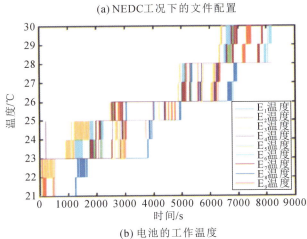

(b) 电池的工作温度

图 8-4 动态测试图和实验结果

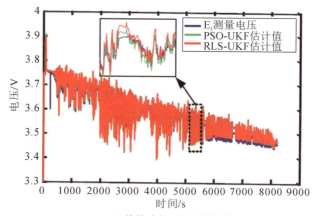

(c) 单体电池1的电压预测

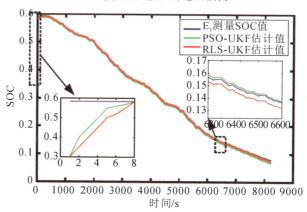

(d) 单体电池1的SOC预测

续图 8-4

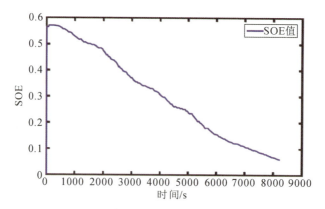

图 8-5 动态工况下的电池 SOE 预测

8.2 安全状态(SOS)估计

故障诊断是保证电池安全的必要技术之一。国际电工学会(IEC)在1995年制定的电池管理系统标准(IEC/TR 361431—1995)要求,电动车用电池管理系统必须具备一定的电池诊断功能,包括不健康电池早期报警和电池老化信息监测。中国汽车行业标准 QC/T 897—2011 规定了电池故障诊断基本要求项目和可扩展的故障诊断项目(项目总计 26 项),并将故障等级分为 3 级。安全状态估计属于电池故障诊断的重要项目之一,BMS 可以根据电池的安全状态给出电池的故障等级。目前导致电池严重事故的是电池的热失控,掌握以热失控为核心的安全状态估计方法是最迫切的需求。导致热失控的主要诱因有过热、过充电、自引发内短路等。研究过热、内短路的热失控机理可以获得电池的热失控边界。

8.2.1 热失控机理

热失控(thermal runaway)指单体电池放热连锁反应引起电池自温升速率急剧变化而导致的过热、起火、爆炸现象。热失控扩展(thermal runaway propagation)指的是电池包或系统内部的单体电池热失控,并触发该电池系统中相邻或其他部位电池的热失控现象。

电池热失控都是由于电池的生热速率远高于散热速率,且热量大量累积而未及时散发出去所引起的。就其本质而言,热失控是一个能量正反馈过程:升高的温度会导致系统变热,系统变热温度升高,使系统变得更热。

1. 热失控的三个阶段

电池热失控大体上可以分为三个阶段。

第一阶段:电池内部热失控阶段。

由于内部短路、外部受热,或者电池自身在大电流充放电时自身发热,电池内部温度升高到 90~100 ℃,锂盐 $LiPF_6$ 开始分解;处于充电状态的碳负极化学活性非常高,接近金属锂,在高温下表面的 SEI 膜分解,嵌入石墨的锂离子与电解液、黏结剂会发生反应,进一步把电池温度推高到 150 ℃,此温度下又有新的剧烈放热反应发生,例如电解质大量分解,生成 PF_5,PF_5 进一步催化有机溶剂发生分解反应等。

第二阶段:电池鼓包阶段。

电池温度达到 200 ℃ 之上时,正极材料分解,释放出大量热和气体,持续升温。250～350 ℃ 嵌锂态负极开始与电解液发生反应。

第三阶段:电池热失控,爆炸失效阶段。

在反应发生过程中,充电态正极材料开始发生剧烈分解反应,电解液发生剧烈的氧化反应,释放出大量的热,产生高温和大量气体,电池发生燃烧爆炸。

2. 引发热失控的因素

引发热失控的因素很多,总的来说分为内部因素和外部因素两类。内部因素主要是电池生产缺陷导致的内短路:电池使用不当,导致内部产生锂枝晶,引发正负极短路。外部因素包括机械滥用、电滥用、热滥用等,例如挤压和针刺等外部应力导致锂离子电池发生短路,电池外部短路造成电池内部热量累积过快,温度过高导致 SEI 膜和正极材料等发生分解等。

1)过热触发热失控

导致动力电池过热的原因包括电池的选型和热设计不合理、外短路导致电池温度升高、电缆接头松动等。应该从电池设计和电池管理两个方面来解决动力电池过热问题。从电池材料设计角度,可以开发防止热失控的材料,阻断热失控的反应;从电池管理角度,可以预测不同的温度范围,来定义不同的安全等级,从而进行分级报警。

2)过充电触发热失控

过充电触发热失控是指电池满电后还继续充电引发的热失控故障。随着电池的老化,各个电池之间的一致性会越来越差,这时更容易发生过充情况。解决过充电触发热失控的措施:一方面,可结合均衡技术,提高电池组的一致性;另一方面,电池管理系统应针对单体、模组及系统的过充电设计相应安全功能,以避免过充电发生。

3)机械触发热失控

碰撞触发热失控是一种典型的机械触发热失控。解决碰撞触发热失控需要做好电池的安全保护设计,同时结合碰撞传感器和电压、电流、温度等信号采集实现热失控安全预警。

4）内短路触发热失控

电池制造杂质、金属颗粒、充放电时电池的膨胀和收缩、析锂等都有可能造成内短路。这种内短路发生过程缓慢且难以重复，如何进行安全预警仍是行业难题。

8.2.2 安全预警

近年来，电动汽车安全问题引发了世界各国广泛关注。从 2016 年开始，我国工业和信息化部就在积极推动电动汽车安全标准的制定和修订工作。制定电动汽车安全标准的主要目的是使电池在发生热失控时电池管理系统能够提早预警，确保乘员有足够时间逃生。

锂离子电池热失控发展过程中，通常伴随着电池温度、电压、电流以及副反应所释放出来的气体成分及其浓度的变化。因此，将电池温度、电压、电流以及副反应所释放出来的气体成分作为电池热失控故障辨识参数，引入热失控早期预警机制，是当前动力电池安全预警的主要手段。

若直接使用外部可测参数（如电压、电流、电池表面温度和压力等）进行热失控预测，其实时性和准确性难以保证，在电池内部嵌入高性能传感器则需要对锂离子电池的封装工艺进行改进。因此，基于内部状态预测的热失控预警、基于气体检测的热失控早期预警和基于云端的热失控预警等方法成为研究热点。

8.2.2.1 基于内部状态预测的热失控预警

有学者提出基于观测数据进行参数辨识以实现电池内部状态预测的预警方法。例如：通过电池热特性和化学反应动力学特性，建立基于热传导分析的电池内部温度追踪模型来预测热失控风险；基于压力、温度等信号传感器辨识电池内部应力和温度变化，进行安全预警；通过电池单体一致性差异来识别安全风险。但内部状态参数估计模型的可靠性、预测准确度和故障识别速度尚难以满足整车需求。

8.2.2.2 基于气体检测的热失控早期预警

锂离子电池热失控早期，由于电池温度、放电电压、放电电流等特征识别参数的变化较为缓慢,难以实现电池故障早期预警,而热失控过程中电池内部发生电化学反应时会释放大量的气体物质,其中可能包括电解液蒸气碳酸二甲酯、碳酸二乙酯,以及无机气体 CO_2、CO 和 H_2 等。因此,可利用气体检测传感器来实现热失控早期预警。

图 8-6 所示为采用温度检测技术、电压检测技术、气体检测技术的锂离子电池热失控早期预警效果,从图中可以看出采用气体检测技术时预警时间明显提前,因此电池管理系统能更早发出预警信息,有助于避免锂离子电池热失控,在发生热失控的时候为乘员撤离赢得更多的时间。

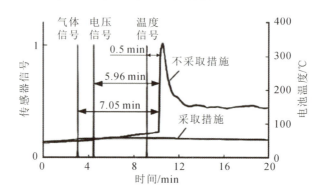

图 8-6 采用温度检测技术、电压检测技术、气体检测技术的锂离子电池热失控预警效果比较

8.2.2.3 基于云端的热失控预警

热失控预警的另一趋势是将 BMS 实时监控数据和云端大数据相结合,建立完整的电池热失控预警模型,判断电池热失控的风险,通过人机界面(HMI)显示、车端预警、云端预警和主动防护控制措施,实现风险预警和处理,确保人员和车辆的安全。

本章参考文献

[1] CUMMINGS S R,SWARTZ S I. Off-gas monitoring for lithium ion battery health and safety[R]. Wright Patterson AFB:Power Sources Committee Meeting,2017.

[2] LI X Y, XU J H, HONG J X, et al. State of energy estimation for a series-connected lithium-ion battery pack based on an adaptive weighted strategy[J]. Energy, 2021, 214.

[3] ZHANG W, SHI W, MA Z Y. Adaptive unscented Kalman filter based state of energy and power capability estimation approach for lithium-ion battery[J]. J. Power Sources, 2015, 289: 50-62.

[4] LI X Y, FAN G D, PAN K, et al. A physics-based fractional order model and state of energy estimation for lithium ion batteries. Part I: model development and observability analysis[J]. J. Power Sources, 2017, 367: 187-201.

[5] LI X Y, PAN K, FAN G D, et al. A physics-based fractional order model and state of energy estimation for lithium ion batteries. Part II: parameter identification and state of energy estimation for $LiFePO_4$ battery[J]. J. Power Sources, 2017, 367: 202-213.

[6] ZHENG L F, ZHU J Q, WANG G X, et al. Novel methods for estimating lithiumion battery state of energy and maximum available energy[J]. APPL. ENERG, 2016, 178: 1-8.

[7] DONG G Z, CHEN Z H, WEI J W, et al. An online model-based method for state of energy estimation of lithium-ion batteries using dual filters. J. Power Sources, 2016, 301: 277-86.

[8] LIU X T, WU J, ZHANG C B, et al. A method for state of energy estimation of lithium-ion batteries at dynamic currents and temperatures[J]. J. Power Sources, 2014, 270: 151-157.

[9] FENG X N, OUYANG M G, LIU X, et al. Thermal runaway mechanism of lithium ion battery for electric vehicles: A review[J]. Energy Storage Materials, 2018, 10: 246-267.

[10] XIA Y Z, LI T L, REN F, et al. Failure analysis of pinch-torsion tests as a thermal runaway risk evaluation method of Li-ion cells[J]. J. Power Sources, 2014, 265: 356-362.

[11] KELLI M,DELAILLE A,ELISABETH L-P,et al. The state-of-energy:A new criterion for the energetic performances evaluation of electrochemical storage devices[C]. 216th ECS Meeting,2009:1.

[12] PLETT G L. Sigma-point Kalman filtering for battery management systems of Li PB-based HEV battery packs. Part 1:Introduction and state estimation[J]. J. Power Sources,2006,134(2):277-292.

[13] GUENTHER C,SCHOTT B,HENNINGS W,et al. Model-based investigation of electric vehicle battery aging by means of vehicle-to-grid scenario simulations[J]. J. Power Sources,2013,239:604-610.

[14] LAI X,ZHENG Y J,SUN T. A comparative study of different equivalent circuit models for estimating state-of-charge of lithium-ion batteries [J]. Electrochimica Acta,2018,259:566-577.

第 3 篇　控 制 方 法

第 9 章
被动均衡及主动均衡

9.1 电池组的不一致性分析

动力电池的不一致性通常是指一组电池内电池的剩余容量差异过大、电压差异过大,引起电池续航能力变差的现象。电池组内可用充电容量由当前容量最高单体的可充入容量决定,同理,可用放电容量由当前容量最低单体的可放电容量决定。故而当电池组内存在性能指标不一致性时,各单体的充放电容量也不一致,进而导致各单体老化速度也不一致。如对普通的 18650 电池进行串并联,成组后电池在使用中的不一致性可达 3%。这种不一致性会随时间累积而逐渐增大,导致电池组提前老化;在充放电循环过程中可能导致过充和过放现象,使电池存在热失控安全风险。

如图 9-1 所示,锂离子电池组内不一致性的影响可通过木桶理论形象地解释。

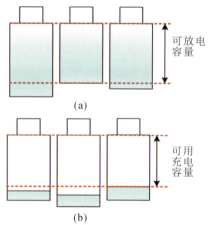

图 9-1 不一致性下电池组可用容量

造成锂离子电池组不一致性的因素众多,大体可分为生产因素、环境因素与使用因素,如图 9-2 所示。生产因素造成的不一致性无法消除;使用因素造成的不一致性是指在电池使用中,由于内部参数不一致,在动态工况作用下产生的电池状态的不一致性,可通过电池管理系统的优化控制来削弱或消除;环境因素造成的不一致性主要是指电池在使用过程中温度分布不均匀引起的不一致性。

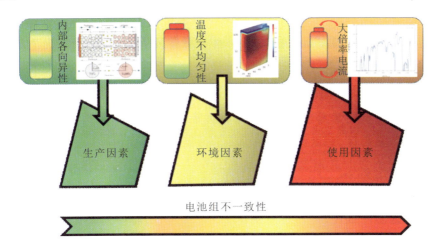

图 9-2 不一致性产生因素

9.1.1 生产因素

锂离子电池制造工艺复杂,包括合浆、涂布、分切、制片、卷绕、组装和注液等多个工序,各个工序均对锂离子电池的性能有影响。对于非同一批号的电池,因制造过程中总存在不确定性干扰,故而单体电池之间必定存在不一致性。甚至同一批号的电池也可能因工艺误差而产生弱不一致性。生产因素造成的不一致性表现为出厂时电池参数(包括内阻、锂离子浓度、隔膜厚度等)不一致。

9.1.2 使用因素

出厂时经初筛后的锂离子电池组具有较好的一致性,但随着电池使用时间延长,弱不一致性逐渐扩大,进而影响电池组性能。对电池组一致性影响较大的使用因素包括充放电倍率、温度等。

9.1.2.1 电流效应

充放电倍率对一致性的影响主要表现在加速容量小的单体电池的老化上。在高充放电倍率下,小容量电池会较为频繁地发生过充电与过放电现象,容量衰减加速,从而导致电池组可用容量减小,甚至因过充电、过放电等现象造成热安全问题。

9.1.2.2 温度

各单体电池内阻不一致,故而各单体间生热存在差异,表现为电池组内的温度分布不均匀。温度是直接影响电池可用容量的因素,一般情况下温度越高,电池老化速度越快。电池组内温度较高的单体电池处于加速老化进程中,随着时间的积累,各单体电池老化程度不一致,将影响电池组整体寿命与可用容量。这种现象在低温环境中表现尤为明显。

9.1.3 不一致性的改善

电池不一致性难以完全消除,但可控制在安全边界范围内。对于生产因素导致的电池不一致性,可通过对生产工艺进行优化而得到改善。具体方法包括:提高原材料(如正极材料、负极材料、电解液等)一致性,提高生产工艺均一性(如减小极片厚度、隔膜孔隙率差异)等。同时,对出厂的新电池进行分类处理也是改善电池组不一致性的重要方法,即出厂时按电池参数对电池进行初步筛选,如根据 K-means 聚类分析法按电池电压、内阻、容量、自放电率等综合参数对电池进行初筛,以使同一组内的电池具有较好的一致性。

而对于成组后电池在使用过程中产生的不一致性,则需通过其他方法进行改善。最重要的方法为均衡管理,其他方法也可在一定程度上改善电池组的不一致性。例如对 18650 电池而言,电池间隔对电池组内温度一致性有明显影响,如当电池间隔增大到 5.5 mm 时不一致性可缩减 13%,这种方案设计可在不使用额外方法的条件下有效降低电池组的不一致性。

并联电池组由于各单体电压有趋向一致的趋势,因此存在自均衡现象。电池自均衡在一定程度上可以改善不一致性现象。自均衡主要是指不同容量的电池进行小倍率充放电时容量趋于一致,该过程与电池温度、充放电倍率、高 SOC 条件下电池静置时间相关。

9.2 均衡管理系统

均衡管理系统可有效降低电池组间的不一致性，提高电池寿命，对于实现电池的安全、健康运行具有重要意义。

9.2.1 均衡系统架构

均衡系统的架构按能量传输路径可分为单体间均衡、单体-模组均衡、模组-模组均衡三种。单体间均衡最基础，但对于整车应用中所使用的大规模电池组其可行性较差。单体-模组均衡是实现电池均衡的重要方法，该方法使模组内各单体间的能量一致。而模组-模组均衡较为复杂，需要采用大均衡电流与高可靠性的均衡控制策略。其他拓扑形式也值得研究，如模组-单体形式的拓扑等。

均衡系统的数学模型比较复杂。目前，均衡系统的数学模型主要依据单体电池等效电路模型实现，如分为被动均衡拓扑、单体间主动均衡拓扑、单体-模组主动均衡拓扑数学模型等。数学模型具有一定程度上的泛用性，可辅助指导均衡控制策略的设计。

9.2.2 均衡系统分类

电池均衡系统按不同分类标准可分为多种：按电路拓扑结构不同可大体划分为被动均衡系统与主动均衡系统；基于控制变量的区别可分为电压均衡系统、荷电状态(SOC)均衡系统和容量均衡系统等；基于均衡策略的不同，又可分为经典控制系统、模糊控制系统、模型预测控制系统等类型。目前实际应用较多的仍为被动均衡系统，主动均衡系统也在小范围内推广应用。如比亚迪秦、荣威 eRX5、荣威 ei5 等纯电动汽车均已配备均衡系统，可实现电池组充电末期的均衡充电功能，有效改善了动力电池组一致性。英飞凌、凌特等芯片公司也推出了适用于均衡系统功能的芯片。例如英飞凌推出的 TLE8001 芯片，可结合均衡控制策略实现被动均衡及主动均衡功能。而凌特公司推出的 LTC6802、LTC6804 也可支持主动均衡功能实现。

研究结果表明，无论主动均衡系统还是被动均衡系统均对模组减缓电池容量衰减与内阻增大有一定的作用,即可延长电池模组寿命。但目前均衡系统的主要应用仍局限于静置均衡、充电末期均衡等静态工况下均衡,而对于充放电过程等动态工况下均衡也有进展,但得到实际应用仍需进一步深入研究。有学者认为,均衡系统可应用于满充满放等工况,以获取最好的均衡效果,而不必在全工况下实现均衡。

9.3 均衡电路拓扑结构

9.3.1 被动均衡

被动均衡为能量耗散型均衡,是通过耗能元件将单体电池内的多余电量转化为热能加以消耗,从而改善电池单体间的电压及电量的不一致性。被动均衡电路的主要拓扑结构形式为开关电阻式,如图9-3所示。

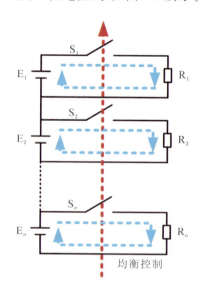

图 9-3 开关电阻式均衡电路拓扑结构

如图9-3所示,开关电阻式均衡电路使用可控开关方式(多采用功率半导体器件,如MOSFET等)决定耗能元件是否接入电路,接入电路的均衡电阻可通过生热消耗掉一部分电池能量。均衡电阻的能量耗散功率符合焦耳定律:

$$\dot{Q}_{\text{dissipation}} = I_{\text{balance}}^2 R \tag{9-1}$$

式中：$\dot{Q}_{\text{dissipation}}$ 表示能量耗散功率；I_{balance} 表示均衡电流；R 表示 BMS 的均衡电阻值。

被动均衡方法可将电池组中高容量单体的电能加以释放，但无法为低容量单体补充能量。被动均衡方法的拓扑电路结构较为简单，耗能元件可持续放电，也可根据输入信号以间断方式放电。常见的电动汽车大多采用该种方法实现均衡功能。

对小型电池模组或系统而言，带有被动均衡系统的模组老化后，因容量不一致而产生的需均衡量逐渐减小（从 1.21 A·h 到 0.82 A·h），且使用被动均衡即可满足需求。但对乘用车与电动客车等的大型电池系统而言，被动均衡的效率较低且速度较慢，难以满足大均衡量的需求。

9.3.2 主动均衡

主动均衡为非耗散型均衡，通过不同的电路拓扑结构及控制策略，实现不同单体间的能量传递，也可实现电池与模组、模组与模组间的能量传递，从而实现电池系统的均衡控制。主动均衡在能量利用率、均衡效率等方面优于被动均衡，但目前限制主动均衡技术发展的因素包括均衡拓扑等，尚难以开发体积小、易集成、成本低、均衡速度快、可靠性高的拓扑结构。

目前主动均衡电路拓扑结构主要包含基于电容、电感和变压器等几种，它们分别将电容、电感或变压器作为能量转换和缓冲的器件。

9.3.2.1 基于电容的均衡电路拓扑

基于电容的均衡电路拓扑利用旁接的电容器实现能量在电池单体间或单体与电池组间的传输，其控制策略相对简单且成本低廉，但均衡时间较长。基于电容的拓扑效率可高达 90%。基于电容的均衡电路拓扑结构主要可分为单电容式、开关电容式、模块化开关电容式等几种，如图 9-4 至图 9-6 所示。

图 9-4 为一种单电容式均衡电路拓扑结构。首先基于特定均衡策略筛选出容量（或电压等）较高与较低的单体，而后通过控制相邻单体间的开关，以单电容作为能量转移元件实现单体间的能量传递。

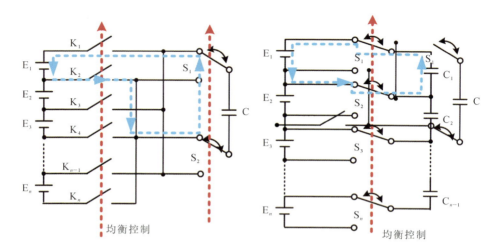

图 9-4　单电容式均衡电路拓扑结构　　图 9-5　开关电容式均衡电路拓扑结构

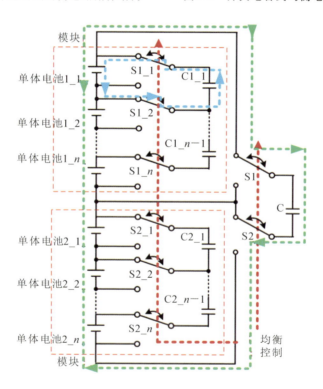

图 9-6　模块化开关电容式均衡电路拓扑结构

以单电容式均衡电路的能量转移过程为例:假设单体电池 E_1 为高能量单

体,E_2 为低能量单体。先闭合 K_1、K_2,且将 S_1、S_2 拨至上方,则此时单体电池 E_1 向电容转移能量,电容存储电能且电极方向为上正下负,能量转移功率符合公式:

$$\dot{Q} = UI = CU\frac{dU}{dt} \tag{9-2}$$

式中:C 为电容的容值;U 为电容的端电压值;I 为流过电容的电流。

随后将切换开关 K_2、K_3 闭合,且将 S_1、S_2 拨至下方,此时电容向单体电池 E_2 充电,表现为电能从电容向单体 E_2 移动。

图 9-5 所示为一种开关电容式均衡电路拓扑结构,通过控制相邻单体间的开关器件,利用电容实现单体间的能量转移。控制简单且成本较低,但均衡效率较低,当相邻电池电压差很小时,需要较长的时间均衡。类似的还有双层开关电容式拓扑,使用两层电容传递能量,将均衡时间减小至开关电容式的四分之一,但结构相对更为复杂。

图 9-6 所示为一种模块化开关电容式均衡电路拓扑结构。每个模组对应一组模块化开关电容,除实现单体间能量传递外,还可实现模组及电池组的能量平衡,有效提高电池组的一致性。

9.3.2.2 基于电感的均衡拓扑

这种均衡拓扑以电感作为主要能量储存及缓冲元件,可实现电能在单体、模组或电池组间的传输。该类均衡拓扑的元件价格偏高,且存在磁化损失,通常还需要额外使用电容器作为高频滤波器。

常见的基于电感的均衡电路拓扑结构如图 9-7 和图 9-8 所示。图 9-7 为一种单电感式均衡拓扑结构,可以实现电能从高容量电池向低容量电池的转移。该拓扑可根据单体电池电压水平差异,通过开关器件控制电感对需要均衡的电池进行充放电操作。对多节电池均衡时,该拓扑的均衡时间相对较短。

以单电感式拓扑的能量转移过程为例:假设单体电池 E_1 为高能量单体,E_2 为低能量单体,电感为逆时针方向螺旋。先闭合 S_1、S_2,此时单体向电感转移能量,电感存储电能,且电压方向符合右手定则,则电感 L 的电压方向为上正下负,能量转移功率符合公式:

$$\dot{Q} = UI = IL\frac{dI}{dt} \tag{9-3}$$

式中:L 为电感值;U 为电感的端电压值。

随后切换开关为 S_2、S_3 闭合,此时电容向 E_2 单体充电,表现为电能从电容向单体 E_2 移动。由于电感中的能量会随着电流衰减而减少,其中能量无法长期储存,因此这种均衡拓扑适用于短时均衡过程。

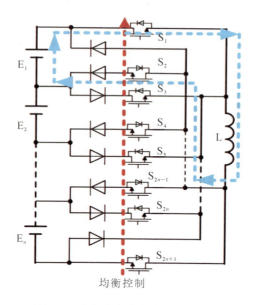

图 9-7　单电感式均衡电路拓扑结构

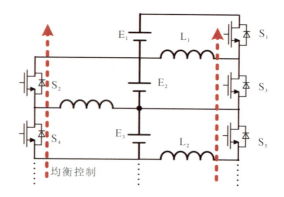

图 9-8　多电感式均衡电路拓扑结构

图 9-8 所示为一种多电感式均衡电路拓扑结构,使用 PWM 信号控制开关器件在相邻单体间传递能量,随后将高电能电池中的电能依次传递至低电能单

体中,实现电池组的能量均衡。该方法为单向均衡,即电能只能按能量梯度方向传输。对于串联单体比较多的电池组,这种拓扑所需的均衡时间较长。

9.3.2.3 基于变压器的均衡拓扑

这种均衡拓扑以变压器作为主要能量储存及缓冲元件,包括单绕组变压器式与多绕组变压器式。

单绕组变压器式均衡拓扑也称为开关变压器式均衡拓扑,图 9-9 所示为一种典型的单绕组变压器式均衡拓扑。该拓扑使用开关器件控制变压器通断,可将能量从电池模组传递至低容量电池,也可从高能量电池中获取电能,将电能传递至电池模组。当串联单体较多时,该单绕组变压器式均衡电路所需的变压器数目较多,导致电路结构笨重,且造价相对昂贵。

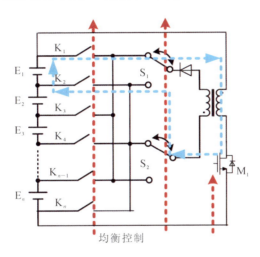

图 9-9 单绕组变压器式拓扑结构

以图 9-9 所示的单绕组变压器式拓扑结构为例,假定单体 E_1 为高能量单体,E_2 为低能量单体,变压器为逆时针螺旋。在均衡开始时,先闭合 K_1、K_2,同时将 S_1 与 S_2 拨至上方,则此时 E_1 单体向原边线圈转移能量,随后能量被转移至副边线圈中存储,且电压方向符合右手定则,则原边变压器的电压方向为上正下负,原边线圈能量转移功率符合公式(9-3)。随后将开关切换为 K_2、K_3 闭合,同时将 S_1 与 S_2 拨至下方。此时副边线圈通过变压器向 E_2 单体充电,表现为电能从副边线圈向单体 E_2 移动。由于原边线圈、副边线圈相互隔离,故而变压器式拓扑不受均衡电流大小限制，可以通过提高均衡电流值来提高均衡效率。

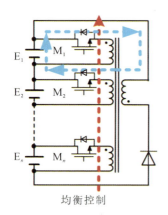

图 9-10　多绕组变压器式拓扑结构

图 9-10 所示为一种多绕组变压器式均衡电路拓扑结构，其使用单原边多副边结构变压器，每个副边与一个单体相连，原边单芯变压器可以从单体上获取电能，也可以将电能传回至相应单体。该方法设计成本高且复杂，集成使用较为困难。

9.3.2.4　基于 DC/DC 变换器的均衡拓扑

利用 Buck、Boost、Buck-Boost 和 Cuk 以及其他半桥式或全桥式等 DC/DC 拓扑实现主动均衡的方式称为基于 DC/DC 变换器的均衡拓扑。由于 DC/DC 拓扑同样会将电感或变压器等作为能量储存及缓冲元件，其拓扑与电感或变压器式拓扑方式有重合之处。该均衡电路的控制精度高，均衡性能好，但结构较为复杂且成本较高。

采用 DC/DC 拓扑方法的优势在于，DC/DC 组件常具有隔离功能。如采用变压器式，原副边相互隔离，可有效提高均衡功率。同时副边上也可组成能量传递线路，方便能量在不同的模组间传递。

图 9-11 所示为一种 Cuk 式拓扑结构，可实现能量双向传递。每个单体并接两个电感，通过 MOSFET 管控制电感的通断。该拓扑可实现能量在电池单体间的传递，Cuk 电路在整个均衡周期内，无论控制开关的 MOSFET 管是闭合还是断开，能量总能通过电容或电感传给相邻电池。Cuk 电路的主要问题在于，能量只能在相邻单体间传递，若均衡单体数较多，则均衡效率会受到影响。且 Cuk 电路对开关控制的精度要求较高，元器件较多，成本也偏高。图 9-12 和图 9-13 所示分别是基于 Buck 和 Boost 的均衡拓扑电路。

图 9-14 所示为一种 Buck-Boost 式拓扑结构，可将高容量电池中的电能通过 DC/DC 变换器储存至储能装置中，而后转移至低容量单体电池。Buck-Boost 电路可实现能量在单体间的单向或双向流动。Buck-Boost 电路相对简单，所需元器件也很少，但当多个单体同时放电时，会出现支路电流叠加的情况，可能导致系统不稳定。Buck-Boost 电路适合双向均衡控制器的高效模块化

设计,均衡速度较快,但成本相对较高,设计也较复杂。

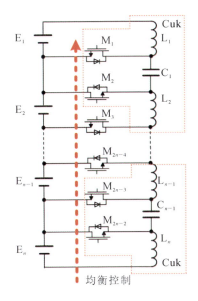

图 9-11　Cuk 式拓扑结构

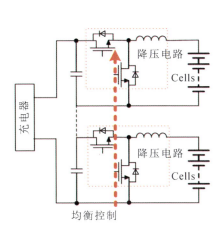

图 9-12　Buck 式拓扑结构

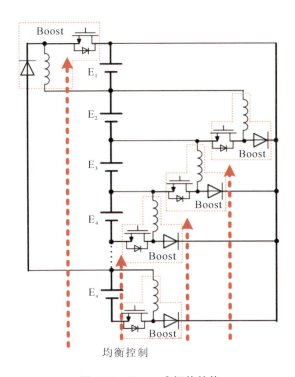

图 9-13　Boost 式拓扑结构

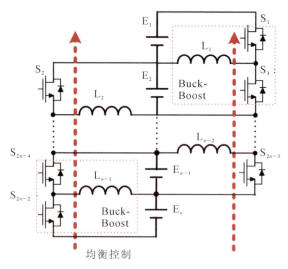

图 9-14 Buck-Boost 式拓扑结构

反激式拓扑也是一种利用变换器的拓扑结构。该拓扑结构支持 DC/DC 变换器或 DC/AC 变换器，可用于大功率的电池均衡器。该方法可避免采用大电感元件，从而达到零电压间隙，并可通过设计实现能量从高能单体直接传递至低能单体，从而有效提高均衡效率。

9.3.2.5 其他均衡方案

被动均衡速度快，主动均衡效率高，因此将主、被动均衡方法相结合或将多种主动均衡方法相结合的拓扑也是可行的均衡拓扑方案。如多层级的混合主动均衡方法，按能量传输层级设计拓扑，可以实现能量的单体对单体、单体对模组、模组对模组传递，具有较高的均衡速度。

9.3.2.6 均衡方法对比

被动均衡在电路拓扑结构方面非常简单，易于实现，价格低廉，但均衡速度较慢，同时因其将多余的能量转换为热能，故而需要额外考虑均衡控制器的散热问题。研究表明，被动均衡在改善电池组容量的不一致性时可间接改善温度的不一致性，但由于能量通过电阻耗散，因此电池组最高温度被拉高，而主动均衡则无此不良影响。被动均衡是目前实车应用的重要均衡方式，如特斯拉、比亚迪等均采用了被动均衡方式。

主动均衡具有优秀的均衡效率以及较低的能量损耗，在稳态工况（CC）下，主动均衡相对被动均衡而言可有效降低电池组容量与内阻的不一致性,从而提高电池组的寿命与最大可用能量。但主动均衡的拓扑及控制策略设计等相对更为困难。电感式均衡拓扑可以高效地实现双向均衡,且功率损耗较小,但控制的复杂性及长均衡时间限制了其发展。变压器式拓扑由于原副边相互隔离,可以承载高负载电流的大功率电池,并且均衡时间和均衡效率也相对理想,但变压器式拓扑组件庞大,设计成本高,控制策略复杂,难于集成,目前也无法广泛普及。基于DC/DC变换器的均衡方法因其高均衡效率与集成性而备受关注,已成为主动均衡的重要发展方向,但是其控制策略及实现方案也存在阻碍。

9.3.3 均衡拓扑小结

电池均衡器在提高单体电池寿命、充放电能力等方面具有重要意义,发展高效、优质的电池均衡器对于能量储存和利用非常重要。

主、被动均衡各有优势,表9-1对当前应用较多的均衡拓扑结构的优缺点进行了对比。

表 9-1 各均衡拓扑特征对比

均衡拓扑			均衡时间	系统复杂度	控制难度	均衡效率	系统体积	总成本
被动均衡拓扑			一般	低	低	低	小	低
主动均衡拓扑	电容式	开关电容式/单电容式	较长	低	一般	一般	一般	低
		双层电容式	较短	一般	一般	高	较大	一般
		模块化电容式	较短	高	高	高	较大	一般
	电感/变压器式	电感式	较短	一般	一般	高	大	一般
		多绕组变压器式	短	较高	高	高	较大	高
	DC/DC变换器式	Cuk式	一般	较高	高	较高	一般	较高
		Buck-Boost式	较短	较高	高	高	一般	较高
		反激式	较短	一般	较高	高	大	一般

9.4 均衡控制策略

均衡控制策略是指基于选定的均衡变量,使用一定的算法控制均衡启闭操作,控制电池电量的一致性保持在允许范围内。均衡控制策略的研究内容包括均衡变量的选择及均衡控制算法的制定等。对于均衡控制策略,需综合考虑信号采样精度、系统响应特性、系统鲁棒性、迟滞等多方面因素。均衡控制策略制定不当可能引发系统误均衡、过均衡现象,这样不仅会造成系统电能损失、电池寿命下降,同时也会产生热安全问题,引发电池热失控现象,严重时甚至会危害整车安全。合理选择均衡变量,制定与之匹配的均衡策略,是提高均衡管理系统性能的重要途径。

9.4.1 均衡控制变量

均衡控制变量是车用锂离子动力电池均衡管理系统实现均衡功能的重要参考依据,合理选择均衡控制变量对于降低系统算法复杂度、提高均衡效率非常重要。影响均衡变量选择的因素众多,包括:目标变量与电池电量与函数关系、目标变量获取难易程度、目标变量采样精度、目标变量更新迟滞等。目前,常用的均衡变量主要包括实际电压、电池容量、SOC。表9-2所示为各均衡变量的特征对比。

表9-2 各均衡变量特征对比

均衡变量	实际电压	SOC	电池容量
优势	采样精度高,采样速度快,控制策略简单	可以准确反映系统不一致性,准确表征系统状态	可以准确反映系统不一致性
劣势	存在电压平台区,均衡控制精度差,过均衡、误均衡现象明显	计算方法复杂,精度差,实时性差	计算方法复杂,难以直接测量

9.4.1.1 基于电压的均衡策略

基于电压的均衡策略是指电池组在充放电等工作循环中,通过电池管理系统采集电池的端电压,将端电压作为判断电池组是否需要均衡操作的依据。基于电压的均衡策略优势在于,电压值易于采集且精度较高,采样频率高,可实现实时采样。但实际应用过程中,电压采样值随工况或电流脉冲等波动较大,容易造成电池电压的误均衡和过均衡现象。

依赖基于电压的主动均衡技术,结合电池电压、电流、温度采样保证所有电池均处于可控边界内,可以有效提高电池循环寿命,降低因电池管理系统的逻辑性错误而产生的电池安全风险。基于电压的均衡因电压值易于采样且采样精度高,在三元电池均衡中得到了应用;但将该策略应用于磷酸铁锂电池时,由于其 OCV-SOC 曲线相对较为平缓,尤其在 SOC 处于 20%～80% 阶段(见图 9-15),小范围的 OCV 改变可能带来 SOC 的大范围变动。此外,基于电压的均衡在充电均衡过程的末期,因电池组单体电池的 SOC 不同而产生的电压差小于均衡电阻放电需求的压降而无法实现完全均衡。

开路电压(OCV)与 SOC 的确定关系使得测量电池 OCV 成为替代观测电压均衡的重要方法之一,但由于电池的电压迟滞效应等影响,难以实现在线 OCV 测量。改进开路电压观测的策略是未来电压均衡策略的可行解决方案之一,如利用 OCV-SOC 对应关系,OCV 测量估算的改善能促进 SOC 的测算优化。

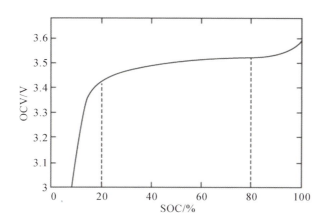

图 9-15　磷酸铁锂电池 OCV-SOC 曲线图

9.4.1.2　基于 SOC 估算的均衡

SOC 是电池实验中常用的表征电池剩余电量的参数,但 SOC 无法直接测量,需要采用一定的估算方法。常见的 SOC 估算方法包括安时积分法和模型预测法等,SOC 估算方法对比如表 9-3 所示。

安时积分法是基于电池的充放电电流与充电时间积分计算电池 SOC 的方法,计算复杂度较小(在离散域内仅包含数次累加过程),但存在累积误差,如因电流传感器存在偏差等导致偏差持续积累,且安时积分法难以自行矫正偏差。

模型预测法分为基于物理模型的预测算法与基于数据驱动的预测算法。基于物理模型的预测算法是指基于被选用的电池模型采用滤波算法实现 SOC 的在线估算。电池物理模型包括等效电路模型、电池电化学模型等,前者参数较少（如一阶等效电路模型仅包含两个状态量，三个模型参数），且能较好地表现电池动态特性，是目前实时估算的主要模型之一；后者基于电池的电化学反应等建立，计算精度较高，但参数多且辨识较为困难。滤波算法主要包含卡尔曼滤波、信息滤波、粒子滤波等方法。其中，卡尔曼滤波是目前主要应用的滤波算法，其计算量适中（包含数次矩阵求逆过程），但计算精度较高，通常可将误差降低至5%以下，并具有在线修正的功能。

表 9-3 SOC估算方法对比

算法名称	算法特征	复杂度	算法精度	算法优缺点
信息滤波器	依靠观测值修正滤波器模型	低	低（误差大于5%）	算法简单，可严谨证明算法收敛性等，但需依赖大量采样信息
卡尔曼滤波器	采用一步预测与新息修正联合估计	中	低（近似5%）	算法复杂性适中，对线性系统具有较好的跟踪能力，但无法解决电池模型中的非线性估算问题
扩展卡尔曼滤波	采用一阶泰勒展开近似非线性方程	偏高	中（误差近似4%至3%）	算法复杂性适中，对非线性估算问题具有一定的解决能力，但在一阶泰勒展开过程中舍弃了高阶小项，具有一定的误差。且算法实现过程中需计算微分，增加了计算量
无迹卡尔曼滤波	采用无迹变换方法近似计算非线性积分	中	中（误差近似3%）	算法复杂性适中，对非线性问题具有较好的解决能力。但该算法具有三个需调整的参数，影响算法精度
容积卡尔曼滤波	采用容积变换方法近似计算非线性积分	中	高（误差小于3%）	算法复杂性适中，具有多种变型。具有严谨的数学推导过程，可较好地保证算法收敛性与精度
粒子滤波	采用蒙特卡洛采样方法计算非线性积分	高	高（误差近似3%至2%）	算法复杂。基于蒙特卡洛采样与序列重要性采样方法的粒子滤波器可有效提高非线性问题估算精度，但运算过程中使用大量采样粒子，极大地增加了计算量

基于SOC估算的均衡是目前重要的研究方向之一，该方法的主要难点在于高精度的SOC估算与计算复杂度之间存在矛盾。采用复杂的SOC估算方法

可以有效提高 SOC 估算精度，但会降低均衡系统的效率。由于传统的 SOC 估算精度不理想，人们又提出了新的 SOC 估算方法，如基于电化学及热力学的 SOC 估算等。神经网络在 SOC 估算方面具有较好的实际应用结果，应用于均衡控制策略时也能取得一定的效果。

目前 SOC 估算的难点集中在时变的电池参数难以辨识方面。如电池容量受老化程度、温度等影响巨大，若在状态估算时不考虑上述因素，则估算的结果会产生较大偏差。联合估计方法是解决电池参数辨识问题的方法之一，但该方法的实用性仍存在争议。

9.4.1.3 其他均衡控制变量

基于电池容量的均衡是以控制电池组的最大可用容量趋于一致的均衡。相对于基于电压的均衡，基于电池容量的均衡可以更直观地反映出均衡管理系统的本质，即降低电池组容量的不一致性。目前制约基于电池容量均衡的问题在于电池容量动态估算。电池组在充放电条件下，电池容量常受到温度、电解液浓度、充放电电流等因素影响，难以估算实际容量且难以保证电池实际容量趋于一致。

基于电池内阻的均衡也是一种可行的均衡方法，该方法以电池内阻为均衡控制变量，通过在线辨识电池内阻的技术控制均衡开断。电池内阻的不一致性也真实地反映了单体的不一致性，在电池充放电过程中，锂电池内的内阻分为阻抗与容抗，在向量图中表现为阻抗角大小不一致，故而电池内阻也表征了电池组容量。使用单体电池内阻的极差与方差可以很好地表现电池组内单体电池的性能差异，但由于电池内阻在线辨识难、精度差，故而基于电池内阻的均衡仍需依赖于高精度的电池参数在线辨识技术，在未来可能获得更深层的发展。

基于电池组不一致性估算的均衡也是一种可行方法。电池组不一致性估算较为复杂，常见的策略包括基于等效电路法、电化学法等。提供不一致性估算精度是该均衡方法可应用于均衡控制的重要前提。

多变量混合均衡策略也是目前均衡策略的重要研究方向。该方法综合了多类均衡变量的优势，如结合电压与 SOC 等变量，可有效提高均衡策略的可靠性。

9.4.1.4 均衡控制变量小结

目前工程应用的锂电池组均衡系统所用均衡控制变量以电压与 SOC 为主,其他均衡变量也有所应用。电压均衡因采样精度高、数据处理简单等优势而成为目前车载被动均衡系统的主要应用对象。但电压均衡存在明显的短板,即单体电池电压无法准确反映单体电池的剩余容量,如电池极化、电压波动等特性可能导致电压均衡出现误均衡现象。SOC 均衡可有效改善上述问题,但却存在估算精度与算法复杂度的矛盾,在目前的车载嵌入式系统中难以同时满足两者的需求。SOC 均衡也是目前车载均衡系统的主要研究对象之一。

除电压均衡与 SOC 均衡外,基于内阻的均衡或基于剩余容量的均衡也是目前电池组均衡的研究方向。但电池内阻与剩余容量存在在线辨识困难的问题,在无法保证计算精度的条件下难以满足均衡过程对均衡变量的高精度要求。

9.4.2 控制策略

电池参数法是以选定的均衡变量作为标准,通过计算电池组内各单体电池的数学参数作为均衡评价标准,用于判定均衡电路是否开启。除传统的依靠电池参数的数学表征作为均衡控制策略方法外,更多的新数学方法也被应用到均衡控制策略中。

9.4.2.1 电池参数法

常用的数学参数包括最大值、平均值、标准差、方差等。电池参数法逻辑简单,易于实现,是目前实车均衡控制中所使用的主要方法。

最大值均衡法是以选定的均衡控制变量为基准,以筛选最大值的算法检测电池组内均衡变量改变程度最高的电池,将其作为均衡对象的方法,检测成功后通过均衡拓扑结构使该单体电池放电,在第一个单体结束放电后所有单体依次均衡至统一标准。最大值均衡法适用于电池组内选定的均衡变量差值较大的情况,当均衡变量差值较小时容易因放电脉冲导致参数产生波动,最终导致控制逻辑错误,引起过均衡现象,降低系统均衡效率。电压的波动使以最大值为标准的均衡过程更加费解,原因在于最大电压难以真正表明电池组的真实状态,并且以电压为均衡变量容易使某个单体处于过压状态,不利于均衡过程安全进行。这也是该种均衡方式一般用于充电过程末期的小电流均衡的原因。

平均值比较法是以选定的均衡变量为标准,计算串联电池组中所有单体电池选定变量的平均值,从而筛选出需要放电或充电的电池进行均衡。该方法的控制策略容易实现,但采用非耗散型均衡拓扑结构时可能因最高、最低单体相距较远而产生能量损耗,故而可结合分块方法来有效提高均衡效率。

9.4.2.2 模型预测控制

模型预测控制是一种经典控制预测算法,该算法采用滚动优化的理念,在有限的预测时域内找到满足约束条件的最优控制变量。模型预测控制的核心思想在于基于本时刻的系统状态与未来控制时域内的有限控制输入,实现有限时域内的最优化搜索。模型预测控制算法在工业生产中获得了较广泛应用,虽然预测精度不高,但是计算量小于最优化算法,控制效果较为理想。模型预测控制算法在均衡管理中已经获得应用,研究表明,该方法可有效减小过均衡现象发生的可能性。

9.4.2.3 模糊控制方法

模糊控制是在人工经验基础上,将模糊数学与模糊推理相融合的计算机经典算法,同样属于先进控制策略。模糊控制在被控对象的数学模型无法清晰表达的情况下,模拟人类的推理过程进行控制,在多次优化后可达到良好的控制效果。但模糊控制的稳定性、鲁棒性等难以从数学角度衡量,在均衡管理系统中,依靠硬件在环测试等测试方法可对稳定性及鲁棒性等进行量化分析。模糊控制在理论研究方面也获得了一些实践,如多输入模糊控制策略,以电压极差、电压平均值、温度、SOC、SOC 极差、SOC 平均值为输入变量,采用两组四个模糊控制器实现均衡系统。

9.4.2.4 神经网络控制

神经网络法是先进控制策略中较为复杂的一种,需通过大量数据对模型进行训练以期获得较好的泛化效果。对神经网络控制的研究已取得部分进展。使用神经网络方法实现均衡系统的控制,需首先将均衡问题简化为非线性控制问题,随后建立多层神经网络系统,实现动态控制。神经网络控制也可与其他控制方法耦合,以改善算法性能。

9.4.2.5 均衡控制策略小结

经典均衡控制策略如最大值均衡法、平均值比较法等因其结构简单,思路清晰,系统复杂度低,故而成为目前车载被动均衡系统的主要应用方法。但经典控制策略的问题也较为突出,即因噪声干扰、采样误差等因素易出现过均衡或误均衡现象。先进控制策略如PID控制、模型预测控制、模糊控制、滑模控制等,虽具有严谨的数学推导过程,可以验证算法精度与收敛性、稳定性、鲁棒性等,并可有效地改善误均衡等现象,但由于算法复杂度高,在嵌入式系统算力有限的情况下,难以直接应用到目前的车载均衡系统中。组合控制策略也是可行方案之一,如模糊-PI控制。随着嵌入式系统的逐步发展,多核单片机的推广应用等,先进控制策略可能在未来的车载均衡系统中发挥更多作用。

9.5 总结

随着对电池反应机理研究的深入及电池参数辨识难度降低,电池组均衡技术研究得到了广泛发展,在均衡拓扑结构、均衡变量选择、均衡策略制定等方面均有了长足进步,对锂电池均衡管理系统的研究及其他锂电池原理方向的研究也具有一定的指导意义。

车用锂离子动力电池组均衡管理研究以提高电池组一致性为最终目的。近年来虽然在理论研究及实车应用方面有了一定突破,但仍未出现可满足均衡精度、均衡速度、均衡效率、均衡电路复杂性(成本)等方面综合需求的均衡管理系统。未来车用锂离子电池均衡系统的研究方向可能包括:

(1) 优化均衡拓扑结构。未来的均衡管理系统以使用非耗散型均衡拓扑结构为趋势,但该类结构系统复杂度高,或体积大,难以集成,或存在成本高等问题。快速、高效、集成度高的专用芯片及均衡拓扑电路仍需进一步研究。

(2) 选择最佳均衡控制变量。在传统的均衡变量中,电压因其采样精度高、速度快、逻辑简单等优势已经实车应用,但在磷酸铁锂电池应用时性能有所不足。目前的均衡控制变量研究以SOC为主,但SOC估算精度及更新频率仍是该研究方向的困扰。随着对锂离子动力电池电化学反应原理及实验等研究的深入,以采样电压或SOC为基准的新均衡控制变量可能出现。

（3）创新均衡控制策略。目前的均衡管理系统已经在传统的自动控制方案基础上获得了一定的创新,如引入模糊控制、模型预测控制等方法,但该类方法尚未成熟,缺乏标准,或存在可靠性差、控制精度不足等问题。新的自动控制数学模型仍需更深入的研究,并转换成均衡管理系统的控制策略。

本章参考文献

[1] 欧阳明高. 中国新能源汽车的研发及展望[J]. 科技导报,2016,34(6):13-20.

[2] ZHU J G,SUN Z C,X WEI X Z,et al. Experimental investigations of an AC pulse heating method for vehicular high power lithium-ion batteries at subzero temperatures[J]. Journal of Power Sources,2017,367:145-157.

[3] OU S Q,HAO X,LIN Z H,et al. Light-duty plug-in electric vehicles in China:An overview on the market and its comparisons to the United States[J]. Renewable and Sustainable Energy Reviews,2019,112:747-761.

[4] 艾新平,杨汉西. 电动汽车与动力电池[J]. 电化学,2011,17(2):123-132.

[5] KIM J,OH J,LEE H. Review on battery thermal management system for electric vehicles[J]. Applied Thermal Engineering,2019,149:192-212.

[6] 华旸,周思达,何瑢,等. 车用锂离子动力电池组均衡管理系统研究进展[J]. 机械工程学报,2019,55(20):73-84.

第 10 章
优化充电管理

10.1 背景介绍

动力电池储能系统是电动汽车的核心部分,该系统的性能优劣直接关乎着电动汽车的行驶里程和使用年限,其中锂离子动力电池以其较高的比能量和较长的循环使用寿命成为当今电动汽车的理想动力源,被国内外学者广泛研究。动力锂电池充电优化技术是一个重要研究方向,因为充电方法和使用环境直接影响着动力电池的性能和使用寿命。目前,为了缩短充电时间,常采用功率更大的充电桩对电动汽车进行充电。充电控制方法的不同导致充电效果存在明显差异。合理的充电方法可以在保证充电速度的前提下尽可能地提高充电容量,降低对动力电池寿命的影响,降低充电过程的能量损耗,提高充电效率;不合理的充电方法未考虑电池特性,不仅不能达到快速充电的目的,还会进一步损害动力电池。目前动力电池在进行快速充电时存在能量损失大、充入容量低等问题,这些问题一直制约着电动汽车的进一步发展。

10.2 充电方法

目前在整车上应用较多的充电方法包括恒流恒压充电、多级恒流充电和脉冲充电等几种。

10.2.1 恒流恒压充电

恒流充电即在对电池进行充电的整个过程或者部分时间段内保持电流值恒定不变的充电方法。恒压充电则是在电池充电过程中保持电池电压不变的充电方式。

恒流恒压充电,是将恒流充电和恒压充电相结合的一种充电方法。图 10-1 所示为恒流恒压充电过程中的充电电流与电压曲线。

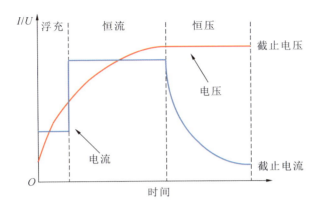

图 10-1　恒流恒压充电过程中的充电电流与电压曲线

在充电初期,根据电池的电压情况,选择性地采用小充电倍率(例如小于 0.1C)对电池进行涓流充电;电池达到预设电压后进入恒流充电阶段,此时充电电流恒定,电池电压逐渐上升;电池达到预设的充电截止电压后,进入恒压充电阶段,此时充电电流逐步减小,电池电压保持恒定;当充电电流大小降低到小于预设的充电截止电流时,充电过程结束。

由于恒流恒压充电方法兼具恒流充电和恒压充电的优点并且避免了二者的缺点,因此得到了广泛的使用,是目前电动汽车充电所采用的主流的充电策略。而恒流恒压充电过程中的恒流电流值、充电截止电压值对电池的影响也得到了广泛的研究。

10.2.2　多级恒流充电

多级恒流充电策略是基于恒流充电提出的一种优化充电策略,整个充电过程由若干个恒流充电阶段组成,在每一个恒流阶段,当电池电压达到预设的电压值时,充电自动进入下一个恒流阶段,直至所有的充电阶段完成。图 10-2 所示为多级恒流充电时的充电电流和电压曲线。

通常来说在多级恒流充电过程中,每一个充电阶段的电流值始终小于前一

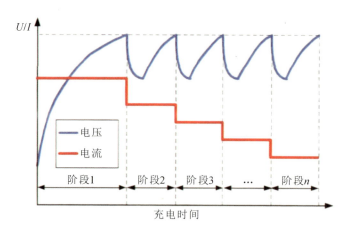

图 10-2　多级恒流充电时的充电电流和电压示意图

阶段的电流值,否则电池会因为电压超过预设电压而直接进入下一充电阶段。

多级恒流充电是人们基于恒流充电而提出的一种优化充电策略,由于其更符合电池实际充电过程中充电电流变化情况,被国内外学者广泛研究。然而多级恒流充电方法仍存在充电速度较慢、充电效率不高等问题。对于多级恒流充电,采用不同的电流组合能够得到不同的充电效果。因此,如何获得最优化的充电电流来得到满意的充电效果是多级充电研究中的一项重要研究内容。

10.2.3　脉冲充电

脉冲充电是指在充电过程中,电流或电压以脉冲的形式作用于电池上而进行充电的充电方法。两脉冲之间具有一定的间歇或者反向放电,这主要是为了消除电池由于充电所产生的极化现象,但是要确保充入的总电量随时间不断增长。当电压达到设定值时,充电截止。脉冲充电过程中的充电电流曲线如图 10-3 所示。

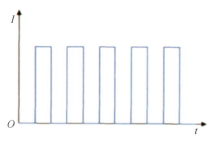

图 10-3　脉冲充电电流曲线

脉冲充电策略最初多用于铅酸电池，通过间歇充电或者反向放电的方法可加速消除极化现象，后来该方法逐渐应用于锂离子电池。与常规充电方法相比，脉冲充电能采用较大的充电电流，在停充期间电池的浓差极化和欧姆极化会被削弱或消除，使下一轮的充电更加顺利，且充电速度快、温度的变化小，对电池寿命影响小，因而目前被广泛使用。但脉冲充电策略对充电过程的脉冲幅值和周期的控制精度要求较高。

10.3 基于模型的充电优化方法

以缩短锂电池充电时间、延长锂电池循环使用寿命和提高锂电池存储能量等为目标的充电优化技术是锂电池充电管理的一个重要研究方向。本书对目前研究此3个优化目标的充电优化技术进行分类分析。

10.3.1 以缩短电池充电时间为优化目标

锂电池的充电时间一直是制约锂电池在某些场合应用的一个非常重要的因素，故也是充电优化技术的一项重要优化目标。

当充电电流较大时，锂电池内部会发生剧烈的化学反应而导致副反应的产生，并使锂电池内部温度迅速上升。锂电池电化学模型方法可根据锂电池充电机理寻找最优充电电流值；通过构建涵盖电解液锂离子浓度、阴/阳极锂离子浓度、电解液电势、阴/阳极电势、电解液中离子电流、活性物质摩尔离子通量、内部温度等参数的电化学模型，来描述锂电池在充电过程中的内部化学反应特性，从而相对精确地确定锂电池当前最大电流、最大温度等限制条件，进而对充电时间进行优化。该方法在保证锂电池温度、副反应发生程度等指标满足设定要求的前提条件下使得锂电池的充电时间实现最短。

基于锂离子电池的等效电路模型同样能改善充电速率。在传统恒流恒压充电过程中：恒流段（CC 段）占总充电时间的 25%～40%，却能够充入总容量的 75%～80%；恒压段（CV 段）的充电效率相对很低，因此可针对传统 CC-CV 充电方法中的恒压段进行改进，如采用模糊控制锂电池状态监测系统 FC-ASCC（fuzzy-controlled active state-of-charge controller）对恒压段进行充电优化。

FC-ASCC 工作原理如图 10-4 所示。判断锂电池的充电过程进入 CV 段后，该控制系统开始进行电流的寻优工作，从模糊规则库给出优化的充电电流以替代原 CV 段的充电电流；当监测到电流达到最小截止值时，整个充电过程结束。

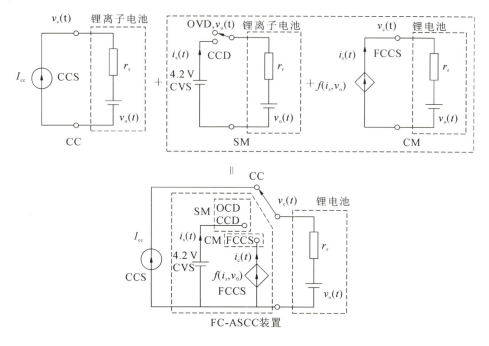

图 10-4　FC-ASCC 工作原理

此外，其他不同的电流寻优方法，如基于非线性模型的预测控制方法、基于灰度预测的方法、基于可变频的方法和基于变电流衰减的方法等，也针对 CV 段充电效率不高的问题进行了改进。

10.3.2　以延长电池循环使用寿命为优化目标

锂电池的循环使用寿命一直是制约锂电池发展的一个瓶颈，它与外界环境、实际工况、充电方法等均有关系。因此，以延长锂电池循环使用寿命为优化目标的技术有其研究的意义，同时也是充电优化技术的重要组成内容。

一个技术路线为：在锂离子电池全生命周期的不同阶段采用不同的充电电流进行 CC-DV 充电；基于单粒子模型引入容量损耗（capacity fade）参数，对锂电池的容量损耗进行估计;以延长锂电池循环使用寿命为优化目标,提出整个动态规划过程的数学表达式,从而将实际问题转化成一个数学寻优问题;利用局部离散化(partial discretization)方法把上述动态优化问题转化为非线性规划问题,并利用直接搜索(direct search,DS)和遗传算法进行寻优,从而提升电池的循环使用寿命。

10.3.3　以提高电池存储能量为优化目标

在部分应用场合中,锂电池存储能量多少是用户关注的重点,而恒流恒压充电方法无法提高电池存储能量,故需要研究以提高锂电池存储能量为优化目标的技术。

1. 基于电化学模型的动态优化方法

基于简化的电化学模型,可通过对锂电池内部化学物质浓度变化的监测来控制充电过程;以提高锂电池存储能量为优化目标,列出描述锂电池内部参数动态过程的数学关系式,并采用动态优化算法求解锂电池存储能量的最优解。相较传统充电方式(恒流充电),动态优化充电模式中充电电流呈现非线性衰减趋势,并且在充电过程末期的电流值较小,这使得锂电池电压在较长时间后才能达到截止电压的限制,从而使锂电池存储的能量较多。

2. 基于预设电流的寻优方法

电化学模型能够较好地描述锂电池的内部反应,但该模型复杂,参数难以得到,所以可通过预做一些高效的充放电实验来建立规则库,采用一定的优化算法来确定每一段的电流。此类充电优化技术的最大优点是不依赖锂离子电池机理模型,这使得其能够应用于工程。有相关学者以锂电池充入的能量作为优化目标,将整个充电过程分为5个恒流段,并在5段预设电流值中进行蚁群算法寻优;相较于传统充电方法,基于预设电流值的蚁群寻优技术在充电时间、循环寿命和充电效率等方面有所提升。

本章参考文献

[1]　汪治华,张献东. 氢镍电池组充电控制技术研究[J]. 电源技术,2013,37

(3):390-392.

[2] 吴铁洲,何淑婷,叶凡超,等.基于TM的锂离子电池改进五阶恒流快速充电[J].电子器件,2018,41(02):339-345.

[3] 刘彦甲.电动汽车电池的多段式智能自动化充电机设计[J].科学技术与工程,2017,17(28):80-84.

[4] KLEIN R,CHATURVEDI N,CHRISTENSEN J,et al. State estimation of a reduced electrochemical model of a lithium-ion battery[C]. Baltimore:IEEE,2010:6618-6623.

[5] HSIEH G,CHEN L,HUANG K,et al. Fuzzy-controlled Li-ion battery charge system with active state-of-charge controller[J]. IEEE Transactions on Industrial Electronics,2001,48(3):585-593.

[6] RAHIMIAN S K,RAGMAN S C,WHITE R E. Maximizing the life of a lithium-ion cell by optimization of charging rates[J]. Journal of the Electrochemical Society,2010,157(12):A1302-A1308.

[7] METHEKAR R N,RAMADESIGAN V,BRAATZ R D,et al. Optimum charging profile for lithium-ion batteries to maximize energy storage and utilization[J]. ECS Transactions,2010,25(35):139-146.

[8] LIU Y H,TENG J H,LIN Y C. Search for an optimal rapid charging pattern for lithium-ion batteries using ant colony system algorithm[J]. IEEE Transactions on Industrial Electronics,2005,52(5):1328-1336.

第 11 章
热管理与热安全

11.1 电池温度对性能的影响

锂离子电池的容量、内阻、最大充放电功率等性能都严重依赖于环境温度，温度的变化是电池老化衰退的重要因素，温度不一致性加剧了电池的不一致性，从而使得成组的电池性能更低。综合来看，温度的变化对电动汽车的影响主要体现在 4 个方面：①低温下加速电池性能衰减；②高温下加速电池系统的寿命衰减；③加剧电池的不一致性；④使电池的安全性恶化。图 11-1 给出了温度对锂离子电池性能及安全性的影响。

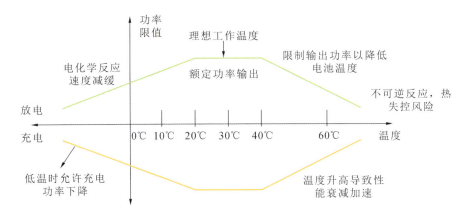

图 11-1 温度对锂离子电池性能及安全性的影响

11.1.1 低温

低温环境对电池容量的影响很大，在低温环境下，锂离子电池的电化学速度减缓，低温对电池欧姆内阻和总内阻的影响很明显，一般温度越低内阻越大，欧姆内阻比极化内阻对温度更敏感,反映到电动汽车上低温下电动汽车的续驶里程会降低20%左右。

图11-2所示为某款锂离子电池在不同温度下以10 A的电流放电时放电电压与放电容量之间的关系,可以看出,随着温度的降低,尤其是0 ℃以下锂离子电池的放电容量会显著降低,在－30 ℃的低温环境下其放电容量基本只有额定容量的60%。因此,低温环境下要使电池正常发挥性能应在使用前对电池进行预热,使其温度处于合适的工作区间。

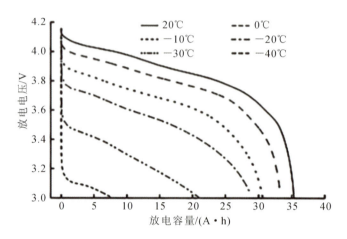

图11-2　某款锂离子电池不同温度下的10 A放电曲线

在低温下,由于电池的极化增大,直流内阻一般增加数倍,这使得电池在充电过程中石墨负极很容易达到析锂电位,如果不限制充电电流和控制上限充电电压,电池很容易由于析出锂枝晶刺破隔膜而发生内部短路问题。

11.1.2　高温

从锂离子电池的工作原理可知,电池内部发生的是不可逆的电化学反应,而温度既可以影响化学反应速率,又可以影响化学平衡,所以温度适当增加可以促进电化学反应。但是随着温度增加,电化学反应速率加快,极化现象严重,容易出现电池过充电现象。当温度过高时,电池正负极板上的活性物质会分解,对电池的结构造成不可逆的破坏,甚至发生燃烧爆炸的危险。

图11-3是$LiFePO_4$/石墨电池在不同温度(25 ℃、35 ℃、45 ℃和55 ℃)下

以 C/3 倍率循环时的衰减特性,电池在 55 ℃时的寿命约为 25 ℃时寿命的七分之一。

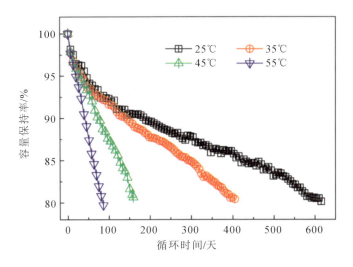

图 11-3 不同温度下电池的衰减特性

由于电动汽车电池组包含的电池单体数量大,汽车内部允许装载电池组的空间有限,因此各电池排列紧密。在不同的充放电条件下,电池单体会产生大量的热量。如果电池组内部的电池不能够及时将热量散发出去,经过一段时间的累积,电池的温度将过高,甚至会带来热失控风险。

11.1.3 温度分布不均

并联电池之间的温差会加剧电池间的不平衡放电现象,从而加剧电池组的容量损失。对于并联电池组,容量损失率随着电池之间温差的增大而增大,如图 11-4 所示。一般认为电池温差应该控制在 5 ℃内,这样可以减小电池组内单体电池的放电和老化差异,延长电池包的寿命。

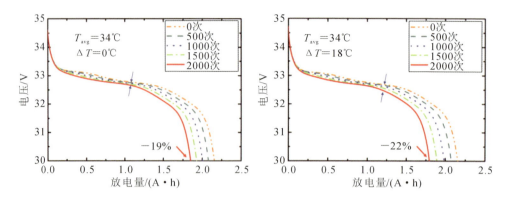

图 11-4 不同温差下电池容量损失

11.2 热管理方法

11.2.1 低温加热方法

为提高车用锂离子电池的低温性能并延长其寿命,需要通过加热技术使电池在低温环境下能够保持正常工作温度。按热传导方式,低温加热技术可分为外部加热、内部加热,以及结合多种加热方法的混合加热等。

11.2.1.1 外部加热

外部加热是在动力电池包或动力电池模块外部通过液体、气体、加热板/加热膜、相变材料或珀尔帖材料等手段来实现电池加热的方法。

1. 气体加热

气体加热是指利用热空气对动力电池进行加热的方法。一般采用强制空气对流,即通过外加风扇等装置将热空气送入动力电池箱,与动力电池进行热交换。热空气的热量可由加热片产生,也可利用电动机散发出来的热量,或者通过车内功率较大的电子电器加热装置产生。对于混合动力汽车,还可通过发动机提供加热空气的能量。

空气加热的成本较低,但需要对动力电池的封装、安装位置和热接触面积等加以设计来提高能量利用率并保证加热的均匀性。

2. 液体加热

液体加热与气体加热方法类似,但因液体热导率高,在相同流速下热传导速率远高于空气。在复杂工况下,采用液体加热方法能够更好地满足电动汽车动力电池的热管理要求。

目前主要的液体加热方式是采用液体与外界进行热交换,把热量送入动力电池组。可在模块间布置传热管或围绕模块布置夹套来循环带热量的液体,或把模块沉浸在液体中。若液体与模块间采用传热管和夹套等,可采用水、乙二醇、油甚至制冷剂等作为传热介质。若动力电池模块沉浸在介质传热液中,必须采用绝缘措施防止短路。

传热介质和动力电池模块的传热速率主要取决于液体的热导率、黏度、密度和流动速度等。液体加热方法对电池箱的密封和绝缘要求较高,会增加动力电池箱系统设计的复杂程度,且可能影响系统可靠性。

3. 加热板/加热膜加热

加热板/加热膜加热是指在动力电池包接触面处添加电加热材料,加热材料的一部分热量通过热传导方式被直接传给动力电池。

采用加热板/加热膜对电池加热时,一般所需的加热时间长,且加热后动力电池组温度分布不均匀,容易出现较大温差。

4. 相变材料加热

相变材料(phase change material,PCM)由于其巨大的蓄热能力而被应用于动力电池组热管理系统。相变材料加热是利用相变材料的熔化(凝固)潜热来工作的。利用PCM加热时,把动力电池组浸在液态PCM中,PCM吸收动力电池放出的热量而使动力电池温度迅速降低,热量以相变热的形式储存在PCM中。在低温环境下,PCM通过从液态转变为固态的过程释放存储的热量,对动力电池进行加热和保温。在相变过程中,PCM温度维持在相变温度,利用这个特性可有效解决动力电池在低温环境下温度过低的问题。

但PCM的导热系数普遍较低,需要加入高导热材料如膨胀石墨、碳纳米管等增加其导热能力,这会导致成本增加。

5. 珀尔帖加热

珀尔帖效应是指电流流过两种不同导体的界面时,将从外界吸收热量,或向外界放出热量。利用珀尔帖效应,通过改变电流的方向,可实现加热和制冷两种功能。加热和制冷的强度可通过调节电流的大小达到精确控制。

目前珀尔帖效应在电子设备上已经有一定的应用,但其在动力电池上的应用研究还较少。另外,基于珀尔帖效应的热管理系统的加工制造工艺比较复杂,设计和使用成本较高。

11.2.1.2 内部加热

内部加热是利用电流通过有一定电阻值的导体所产生的焦耳热来加热动力电池的方法,导体为动力电池本身。动力电池内部电解液在低温下黏度增加,阻碍了电荷载体的移动,导致动力电池内部阻抗增加,极端情况下电解液甚至会冻结。但是,利用动力电池在低温条件下阻抗会增加的特性,可采用阻抗生热的方式来保持动力电池的工作温度。内部加热方法根据电流的正负流向可具体分为充电加热法、放电加热法和交流激励加热法;根据提供电流的电源不同,可分为自损耗型加热和外部能源供给加热。

1. 充电加热

充电加热是利用低温下动力电池阻抗增加的特性,在充电过程中的产热使动力电池恢复常温的方法。为避免电池产生过压,须对动力电池电压进行严格限制,这就制约了加热的灵活性和加热效果。

2. 放电加热

放电加热是利用动力电池放电过程中的内部阻抗产热实现动力电池的升温的方法。该方法可与外加热方法混合使用以提升加热效果。但放电加热方法随着放电时间增加,动力电池能量的损耗较大。且该方法需要调节负载对动力电池放电电流进行控制,对放电负载要求较高。当动力电池 SOC 值较低时,该方法的使用有局限性。

还可通过动力电池自发热结构实现电池快速加热。如图 11-5 所示,在单体动力电池内部埋设镍箔加热片,当检测到动力电池温度过低时,镍箔通过电流,利用动力电池放电产热和内部加热片综合升温,具有较

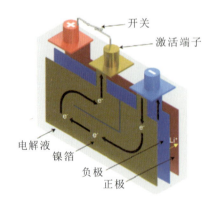

图 11-5 单体电池自发热结构

好的温升效果和加热效率。但这种自发热结构须对动力电池单体结构进行改动，在一定程度上减小了电池的能量密度。

3. 交流激励加热

交流激励加热是通过对动力电池正负极施加一定频率和幅值的交流电，利用动力电池在低温下的自身阻抗产热升温的方法。

通过采用高低频交流电直接对电池进行加热的方法能够较快提升电池温度，但该方法对设备要求较高且电池自身无法提供加热所需能源。

11.2.2 高温散热方法

11.2.2.1 空气冷却

空气冷却是最简单的电池散热方式，成本低且受空间限制小。空气冷却方法可分为自然冷却和强制对流换热两种，后者的散热较好，但需要风机、风扇、泵、管道等辅助装备，辅助设备体积较大、结构复杂及维护成本高。空气冷却主要有并行和串行两种通风方式。串行通风电池包两侧温差较大，应用较为少见。并行通风能获得较均匀的温度分布。如图 11-6 所示为串行与并行空气冷却示意图。

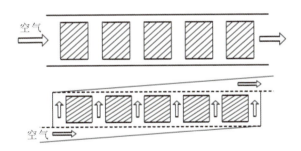

图 11-6 串行与并行空气冷却示意图

马自达的 Demio EV 采用空气冷却方式，20 节 18650 型单体电池并联组成一个电池模块，电池包由 96 个模块串联而成（单体电池总个数为 1920），单体电池数量多，电池包空气冷却系统复杂。日本丰田 Prius、本田 Insight、日产 Leaf 和比亚迪 F3DM 纯电动汽车同样采用了空气冷却方式。日产 Leaf 纯电动汽车采用了少见的被动式电池组热管理系统，其电池组由 192 节 33.1 A·h 的锂离子电池组成,4节单体电池采用两并两串的连接形式组成模块,48个模块串联组成电池组;电池组采用密封设计,与外界不通风,内部也无液冷或空冷的热管理系统,但寒冷地区有加热选件。Leaf所采用的锂离子电池经过电极设计后降低了内部阻抗,减小了产热率,同时薄层(单体厚度为7.1 mm)结构使电池内部热量不易产生积聚,因此可以不采用复杂的主动式热管理系统。

11.2.2.2 液体冷却

液体冷却系统一般指使用液体(油、水等)为传热介质来冷却电池包的冷却系统。液体的比热容和导热系数大于空气,理论上在保证充足的接触面积的情况下,液体冷却效果会比空气冷却更好。

Tesla电动车采用的是液体冷却系统,如图11-7所示,该系统包括两部分:一是存在于电池隔离板内部的冷却液冷却系统,其冷却液状态可以为静止状态或流动状态,可存储在隔离板内部管腔中,也可以被装到特定的水箱中,处于流动状态时可与汽车冷却系统相耦合或者自己形成一套冷却循环系统;二是电池槽结构中的一排排呈S形冷却隔离板组成的另一套电池冷却系统。

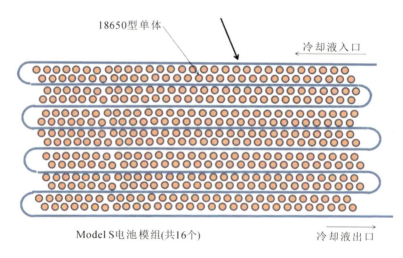

图 11-7　Tesla 液体冷却系统

通用公司的Volt纯电动车冷却系统如图11-8所示。该冷却系统同样采用的是液体冷却方式,在每对电池之间布置冷却翅片,翅片上的压力损失远大于歧管压力,冷却液均匀流动。

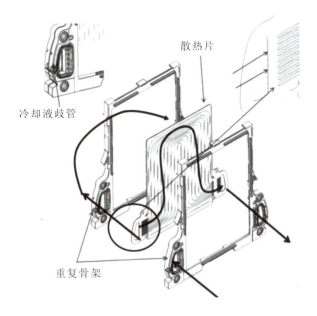

图 11-8　Volt 液体冷却系统

11.2.2.3　相变材料冷却

基于相变材料的冷却技术是近年来新兴的冷却技术,其原理在于利用相变材料的相变过程吸收大量热量来对电池系统进行冷却。自 2000 年美国伊利诺斯工学院 S. Al-Hallaj 等学者首次提出将相变材料应用于动力电池组热管理系统的方法以来,国内外大量的研究工作显示,用相变材料进行热管理的电池系统具有良好的应用前景。

相变蓄热材料吸收并储存电池产生的热量,同时减小电池堆的温度变化。当电池组散热量大时相变材料以相变的形式吸收多余的热量,以降低电池组的温度,当环境温度较低,需要给电池组加热时,相变蓄热材料通过相变释放热量达到加热电池的目的。相变潜热和相变温度点是选择相变材料的两个重要指标。如图 11-9 所示为相变热管理系统。

后续研究中使用的固液复合相变材料以石蜡/膨胀石墨为主。相变材料能够提高电池冷却能力,不需要额外执行器件,系统简单,但是相变材料只能被动吸热,在极端条件下,例如高环境温度、高热流密度,有效相变焓的消耗速率非常快,一旦相变焓消耗完,热管理系统就有可能失效。为了提升相变材料控温

图 11-9 相变热管理系统

的可靠性,需要应用混合热管理系统。图 11-10 所示为一种相变材料与热管耦合的热管理系统,该系统由相变材料热管和圆形翅片组成,利用强制空气对流带出热管的热量。实验结果表明,在自然对流情况下相变材料冷却比空气冷却效果好,相变材料与热管耦合的热管理系统可将电池温度控制在 50 ℃ 以下,并且可以大大提高温度均匀性。

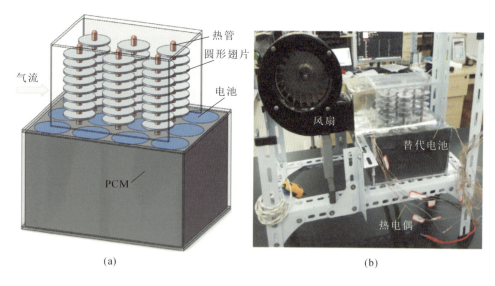

图 11-10 相变材料与热管冷却系统

如图 11-11 所示,宝马 i8 采用的也是一种空调直冷的相变冷却方式,冷媒分别为 R1234yf(欧规)/R134a(美规)。空调系统的制冷剂循环回路由两个并联支路构成:一个用于车内冷却,一个用于电池包冷却。每条支路都有一个膨胀和截止组合阀,用于相互独立地控制冷却功能。通过施加电压控制并打开电池包上的膨胀和截止组合阀,可使制冷剂流入电池包,经膨胀、蒸发来吸收环境热量。

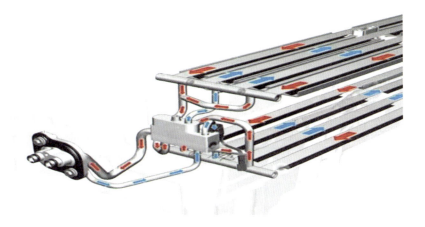

图 11-11　宝马 i8 车内冷却制冷剂循环回路

11.3　热管理控制策略

相比于传统的燃油汽车,新能源汽车的热管理系统组成复杂,需要从系统集成和整体的角度出发,统筹热量与整车动力总成的关系,采用综合控制手段完成整车的热管理任务。

动力电池热管理系统在电池生热机理及热模型研究基础上,保证电池在充放电过程中工作在合理温度范围内,尽量减小电池单体间的温度差异,从而保证电动汽车动力电池安全可靠,具有良好的充放电性能和较长的使用寿命。

11.3.1　生热模型

在不考虑热失控的情况下,锂离子电池生热模型有两种:一种是考虑电化学机理的电化学-热耦合模型,一种是通过等效电路模型进行建模的电-热耦合模型。本小节将对这两种模型的原理进行理论分析推导,并确定其产热速率模型及影响因素。

11.3.1.1　电化学-热耦合模型

电化学-热耦合模型一般采用均匀内热源、集总参数的方法,物性参数的求解一般根据结构的不同采用不同的加权平均。在该模型中,反应物质的浓度、电势分布以及电化学的机理等也被考虑进来,模型相对比较复杂。从电化学机理的角度出发,综合考虑热模型和电化学模型,一维单电池模型用于对电池化学性质进行建模,三维模型用于对电池温度进行建模。这两个模型通过产生的热源和平均温度来耦合,在模型的准确度上有较大优势,并可以指导电芯设计的优化。电池的控制方程有助于理解抽象电池模型的潜在过程、参数,是我们控制电池反应的理论基础。电池的反应机理一般遵循电荷与物质守恒定律、Butler-Volmer 方程和 Arrhenius 方程。电池动力学控制方程是由基本的守恒定律演变而来的。此外也将介绍与电池过电势电流有关的电动力学,与温度有关的 Arrhenius 方程。因为电池模型在前面章节中已经有详细介绍,本小节主要关注生热、传热与散热模型。

锂离子动力电池的化学反应机理十分复杂,而复杂的化学反应大都会伴随着反应热的产生,包括可逆反应热、副反应热。一般情况下,副反应热占比很小,跟可逆反应热相比基本可忽略不计。在正常的工作过程中,电池不可避免地会经历极化过程,包括电化学极化和浓差极化,产生不可逆极化热。此外,由于电池本身存在欧姆内阻,极耳等结构也存在电阻,当充放电电流通过时,还会产生不可逆热即焦耳热。副反应的产热过程主要包括正负极与 SEI 膜的分解过程、负极与电解液的反应过程等。当温度过高,或因为机械应力发生内部短路等情况时,电池内部将发生热失控现象,电池的副反应热便不容忽略。热失控状态下短时间内电池内部会产生大量的热,对电池内部结构进行破坏,电池面临失效、爆炸等风险,所以需要对热失控情况进行有效监测和预防。

电池充放电状态下的总产热可以分为:由电化学可逆反应产生的可逆反应热,由过充/过放、自放电以及电解质分解产生的副反应热,由物质转移产生的不可逆极化热,以及由内阻产生的不可逆焦耳热。电池生热量可以写成:

$$Q_t = Q_r + Q_s + Q_p + Q_j \tag{11-1}$$

$$Q_t = q_t V \tag{11-2}$$

$$q_t = q_r + q_s + q_p + q_j \tag{11-3}$$

式中:q_t 为总生热速率;q_r 为电化学反应生热速率;q_s 为副反应生热速率;q_p 为极化热生热速率;q_j 为焦耳热生热速率;V 为电池体积。

考虑电化学反应机理,我们认为副反应热一般可以不计,生热速率表达式

如下:

$$q_r = a_s jT \frac{\partial U}{\partial T} \quad (11\text{-}4)$$

$$q_p = a_s j(\Phi_s - \Phi_e - U) \quad (11\text{-}5)$$

$$q_j = \sigma^{\text{eff}} \nabla\Phi_s \nabla\Phi_s + k^{\text{eff}} \nabla\Phi_e \nabla\Phi_e + k_D^{\text{eff}} \nabla\ln c_e \nabla\Phi_e \quad (11\text{-}6)$$

式中:a_s 为比表面积,$1/\text{cm}$;j 为转移电流密度,mA/cm^2;Φ_s 为基体电动势,V;Φ_e 为电解液电动势,V;σ^{eff} 为基体有效电导率,S/cm;k^{eff} 为溶液有效电导率,S/cm;c_e 为电解液浓度,mol/cm^3;k_D^{eff} 为有效扩散电导率,S/cm。在电芯单体结构中集流体部分只产生焦耳热,在多孔电极中这三种热都会产生,而在隔膜层中也仅仅只有焦耳热产生。

11.3.1.2 电热耦合模型

动力电池的基本特性可用等效电路模型来表示,目前常用的模型有 Rint 模型、一阶 RC 等效电路模型、二阶 RC 等效电路模型及多阶 RC 等效电路模型。当采用如图 11-12 所示的二阶 RC 等效电路模型时,有

$$\begin{cases} U_{\text{ohm}} = I_L R_o \\ \dot{U}_{p1} = \dfrac{I_L}{C_{p1}} - \dfrac{U_{p1}}{R_{p1}C_{p1}} \\ \dot{U}_{p2} = \dfrac{I_L}{C_{p2}} - \dfrac{U_{p2}}{R_{p2}C_{p2}} \\ U_L = U_{oc} - U_{p1} - U_{p2} - U_{\text{ohm}} \end{cases} \quad (11\text{-}7)$$

取放电电流为负值,可推导出:

$$U_L = U_{oc} + U_{p1}(1 - e^{-\frac{t}{\tau_1}}) + U_{p2}(1 - e^{-\frac{t}{\tau_2}}) + I_L R_o \quad (11\text{-}8)$$

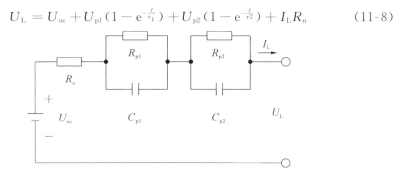

图 11-12 二阶 RC 等效电路模型

基于等效电路模型的电池生热速率为

$$Q_{\mathrm{p}} = I^2 R_{\mathrm{p}} \tag{11-9}$$

$$Q_{\mathrm{j}} = I^2 R_{\mathrm{o}} \tag{11-10}$$

$$Q_{\mathrm{r}} = IT \frac{\mathrm{d}U_{\mathrm{ocv}}}{\mathrm{d}T} \tag{11-11}$$

11.3.1.3 能量守恒热模型

电池的生热传热过程，一般可以认为是有时变内热源的非稳态导热过程，基于能量守恒方程，可以得到一定坐标系下的导热微分方程：

$$\rho_k C_{\mathrm{p},k} \frac{\partial T}{\partial t} = \nabla \cdot (\lambda_k \nabla T) + q \tag{11-12}$$

式中：ρ_k 为电池的密度；$C_{\mathrm{p},k}$ 为电池的比热容；$\nabla \cdot (\lambda_k \nabla T)$ 为电池单元传热导致的能量变化，其中 λ_k 为电池单元在一个方向的导热系数；q 为电池自身作为热源的生热速率。

为了确定该微分方程的解析解的积分常数，应再附加边界条件以及初始条件，这些称为方程的定解条件。由此求解热模型的目标就可以简单确定下来，需要电池单元的物性参数（密度 ρ_k、热容 $C_{\mathrm{p},k}$，影响热阻的导热系数 λ_k），并需要计算内热源的生热速率以及一些边界条件（例如传热边界条件、初始温度等）。根据传热学理论，电池内外部的传热散热方式可分为三种：热传导、热对流以及热辐射。

1. 热传导

在电池内部，热对流以及热辐射对热量传递的影响不大，主要传热方式为物质间热传导，其遵从傅里叶定律：

$$q_{\mathrm{n}} = -\lambda_k \frac{\partial T}{\partial n} \tag{11-13}$$

式中：q_{n} 为热流密度，$\mathrm{J}/(\mathrm{m \cdot s})$；$\frac{\partial T}{\partial n}$ 为温度在某方向的梯度，$\mathrm{K/m}$；λ_k 为在该方向的导热系数，$\mathrm{W}/(\mathrm{m \cdot K})$。因为电池的导热系数具有各向异性，所以其热导率要根据其电池形状（圆柱形或方形）来具体计算。

2. 热对流

在电池与外界物质的接触面上，热量传递主要通过热对流的方式实现，与

接触面积、环境与接触面温差、环境流体的流动性质等有关,一般遵从牛顿冷却定律:

$$Q_c = hA(t_w - t_f) \quad (11-14)$$

式中:Q_c 为热对流的热量;h 为对流换热系数;A 为电池与流体接触面的面积;t_w 为接触面温度;t_f 为外界流体温度。这个方程经常作为传热散热的边界条件来使用。

热传导和热对流遵从如下公式:

$$-\lambda_k \frac{\partial T}{\partial n} = h(t_w - t_f) \quad (11-15)$$

应用到实际电池建模中,即为

$$\begin{cases} -\lambda_x \dfrac{\partial T}{\partial x} = h(t_w - t_f), & x = 0, l \\ -\lambda_y \dfrac{\partial T}{\partial y} = h(t_w - t_f), & y = 0, b \\ -\lambda_z \dfrac{\partial T}{\partial z} = h(t_w - t_f), & z = 0, h \end{cases} \quad (11-16)$$

初始温度边界条件为

$$T(x, y, z, 0) = T_0 \quad (11-17)$$

3. 热辐射

因为热辐射传递的热量与其余两种传热方式的相比很小,所以在工程中一般可以忽略热辐射的热量传递。但在大电池精确热管理中,热辐射就需要被考虑在内。热辐射的传热性质可以用斯特藩-玻尔兹曼(Stefan-Boltzmann)定律表示为

$$Q_{rad} = \varepsilon \sigma A (T^4 - T_s^4) \quad (11-18)$$

式中:Q_{rad} 为辐射热;ε 为热辐射率,对于黑体为 1;σ 为斯特藩-玻尔兹曼常量,即黑体辐射常数,$\sigma = 5.67 \times 10^{-8}$ W/(m·K);T 为电池温度,K;T_s 为环境温度,K。

对于一个功能良好的电池热管理系统,电池模组与冷却介质的传热过程一般遵从以下规律:

$$Q_b = Q_t - Q_c \quad (11-19)$$

式中：Q_t 为电池理论总生热量；Q_c 为热对流传递的热量；Q_b 为电池组在经过对流冷却后剩余的生热量，表现为电池系统的温度变化。

热管理的主要思路就是通过控制对流换热的效果来对电池组的温度进行控制，Q_c 可以表示外界流体从电池组吸收的热量，也可以表示对电池组的加热。

11.3.2 热管理策略

电动汽车动力电池必须同时满足高安全性、高能量密度、高比功率、快速充电和深度放电能力、长循环使用寿命、自放电率小、成本低等一系列要求。一方面通过深入研究电池的电化学过程，包括电池的正负极材料特性、高传导效率的电解液、黏合剂和添加剂等电极工艺，努力提高电池单体的各项性能，获得电池技术的突破；另一方面就是利用各种传感器，对现有的动力电池组进行有效的监控和管理。电池温度管理对提高电池安全性能和使用寿命至关重要。热管理系统应能保证电池在充放电过程中工作在合理温度范围内，尽量减小电池单体间的温度差异。

热管理策略可分为经典控制、模糊控制、模型预测控制等类型。对动力电池组、乘员舱和其他部件实施共同管理的集成式热管理系统有望成为未来趋势。

11.3.2.1 经典控制

在热管理控制中，可使用开关控制或比例积分微分（PID）控制等方式实现温度控制。

开关控制是最简单的一类温度控制方法，其输出非开即关，无中间状态。只有温度跨越设定值时，开关控制器才会切换输出。以加热过程为例，在加热控制中，当温度低于设定值时输出接通，高于设定值时则输出断开。每当温度跨越设定值时，控制器都会切换输出状态，因此通常会通过迟滞设计来避免"抖动"或快速频繁的切换。

PID 控制将比例控制与积分及微分调整机制相结合，有助于设备对系统中的变化进行自动补偿。与开关控制器相比，PID 控制器具有较高的精确性和稳定性，更适合用于负载变化频繁的系统，以及因设定点、可用能量或被控制量的频繁变化而需要通过控制器进行自动补偿的系统。

11.3.2.2 模糊控制

模糊控制是在人工经验基础上,将模糊数学与模糊推理相融合的计算机经典算法。模糊控制在被控对象的数学模型无法清晰表达的情况下,通过模拟人类的推理过程进行控制,在多次优化后可达到良好的控制效果。

可建立基于电池部件热舒适性的热管理模糊控制系统,并确定其模糊控制规则;将电池温度、温差、环境温度、充放电模式等参数作为输入变量,将温控部件作为控制对象,寻求合理的控制模式,使得电池包获得合理的工作温度,并使温度波动小、温差低、能耗低。

11.3.2.3 模型预测控制

近年来,模型预测控制方法的应用逐渐增加,该方法通过对系统模型参数的辨识,能够根据历史信息来预测当前某时刻的输入对未来造成的影响。并且,该方法能在每一个控制周期内,根据未来有限时域的在线优化得到此刻的最优操作变量,最后根据检测对象的实际输出,对模型的初始预测进行校正,从而使预测更加准确。基于模型预测控制方法的热管理系统的控制效果有望优于 PID 等经典控制方法。

本章参考文献

[1] LEI Z G, ZHANG C N, LI J Q, et al. Preheating method of lithium-ion batteries in an electric vehicle[J]. Journal of Modern Power Systems and Clean Energy, 2015, 3(2):289-296.

[2] SUN S, GUAN T, SHEN B, et al. Changes of degradation mechanisms of $LiFePO_4$/Graphite batteries cycled at different ambient temperatures [J]. Electrochimica Acta, 2017, 237:248-258.

[3] YANG N X, ZHANG X W, SHANG B B, et al. Unbalanced discharging and aging due to temperature differences among the cells in a lithium-ion battery pack with parallel combination[J]. Journal of Power Sources, 2016, 306:733-741.

[4] SAFDARI M, AHMADI R, SADEGHZADEH S. Numerical investigation

on PCM encapsulation shape used in the passive-active battery thermal management[J]. Energy,2020,193.

[5] WANG C Y,ZHANG G,GE S,et al. Lithium-ion battery structure that self-heats at low temperatures[J]. Nature,2016,529(7587):515-518.

[6] SHASHANK A. Selection of thermal management system for modular battery packs of electric vehicles: A review of existing and emerging technologies[J]. Journal of Power Sources,2018,400:621-640.

[7] WAKUI T,SAWADA K,YOKOYAMA R,et al. Predictive management for energy supply networks using photovoltaics,heat pumps,and battery by two-stage stochastic programming and rule-based control[J]. Energy,2019,179(15):1302-1319.

[8] KILLIAN M,ZAUNER M,KOZEK M. Comprehensive smart home energy management system using mixed-integer quadratic-programming [J]. Applied Energy,2018,222(15):662-672.

[9] ZHU J,KNAPP M,DARMA M,et al. An improved electro-thermal battery model complemented by current dependent parameters for vehicular low temperature application[J]. Applied Energy,2019,248(15):149-161.

第4篇 功能安全与信息安全

第 12 章
功能安全

12.1 ISO 26262《道路车辆功能安全》国际标准简介

12.1.1 产生背景

电气器件、电子设备、可编程电子器件在汽车控制领域的大量应用,使得与安全相关的问题越发突出,制动失效、发动机或变速箱控制软件故障等导致的汽车召回事件频繁发生,不仅给汽车企业造成了巨大的经济损失,也给用户的生命财产安全带来了严重的威胁。其主要原因是与车辆安全相关的控制系统的安全功能失效,其中车辆电子电气系统的失效最为突出。自 1989 年起,全球的业内专家开始对产品安全性设计技术加以重视,并将电子、电气及可编程电子安全控制系统相关的技术发展为一套成熟的安全设计技术标准。国际电工委员会(IEC)于 2000 年颁布了关于电子、电气和可编程电子系统(E/E/PE)的功能安全国际标准 IEC 61508。IEC 61508 一经颁布就得到了广泛采用,在 IEC 61508 的基础上,各个工业应用领域的标准也陆续出台。然而,起源于过程工业领域的 IEC 61508 并不完全适用于汽车工业,随着安全相关的电子电气系统在汽车上应用的增多,汽车工业对建立电子电气系统功能安全标准的需求也越来越迫切。因此,国际标准化组织(ISO)在 IEC 61508 的基础上,从 2005 年 11 月起,与道路车辆技术委员会(TC22)、电子电器分技术委员会(SC3)、功能安全工作组(WG16)及全球 30 多家汽车企业联合,历经约 6 年时间,制定了专门针对汽车电子电气系统的功能安全标准——ISO 26262《道路车辆功能安全》,于 2011 年 11 月正式颁布。之后,为了能更好地适应不断更新的技术要求,ISO 国际标准化组织对 ISO 26262 进行了评估和完善,并于 2018 年发布了新的版本。

12.1.2 目的

建立 ISO 26262 标准的目的在于保证道路车辆电子、电气产品的功能安全,在产品的研发流程和管理流程中,预先分析和评估潜在的危害和风险,通过实施科学的安全技术措施、规范和方法来降低风险,利用软、硬件系统化的测试、验证和确认方法,使电子电气产品的安全功能在安全生命周期内满足汽车安全完整性等级的要求,提升系统或产品的可靠性,避免过当设计而增加成本以及避免由系统失效、随机硬件失效、设计缺陷所带来的风险,使电子系统的安全功能在各种严酷条件下能够正常发挥作用,确保驾乘人员及路人的安全。

12.1.3 应用范围和内容

ISO 26262 主要针对安装在批量生产的道路车辆(包括乘用车、商用车和摩托车)上特定的与安全相关的电子电气系统(包括电子设备、电气器件及软件组件)而创建。

汽车设计中的一大难点是如何预先评估潜在的危害和风险,并且采取适当的方法来减小这些风险。ISO 26262 规定在开始进行开发工作时必须进行危害和风险分析。随着系统复杂性的提高,软件和机电设备应用的增多,来自系统失效和随机硬件失效的风险也日益增加。ISO 26262 以及其导则为避免这些风险提供了可行的要求和流程。ISO 26262 共分为 12 章,分别从功能安全管理、概念、系统级研发、软硬件的研发、生产和操作等方面对产品的整个生命周期进行了规范和要求,比较完善地考虑了产品在各个生命周期的安全功能,如图 12-1 所示。

系统安全是通过一系列安全措施来实现的。安全措施通过各种技术(机械、液压、气压、电子、电气、可编程电子技术等)实现且应用于开发过程中的不同层面。尽管 ISO 26262 针对的是电子电气系统的功能安全,但是它也提供了一个基于其他技术的与安全相关的系统框架:

①提出了汽车安全生命周期(包括管理、开发、生产、运行、维护、报废各个环节)的概念以及在各阶段实施的必要措施和方法;

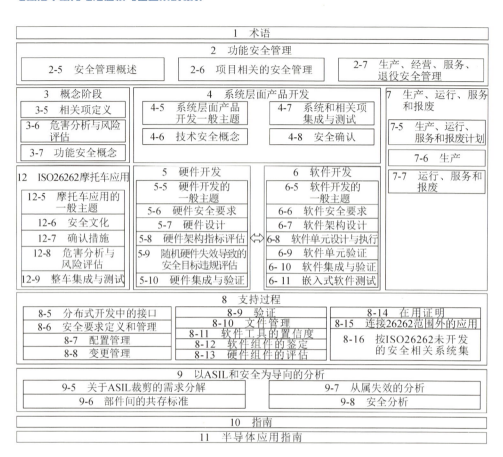

图 12-1 道路车辆功能安全标准

②根据安全风险程度对系统或系统某组成部分划分由 A 到 D 的安全要求等级,提出了一个基于风险分析来确定安全完整性等级的方法;

③以安全完整性等级来制定相应的规范和措施,避免不合理的残余风险;

④提出了验证和确认措施的规范,以确保达到安全完整性等级;

⑤提出了与供应商相关的要求。

所以功能安全受开发过程(包括需求规范、设计、实现、集成、验证、确认和配置)、生产过程、维护过程和管理过程的影响。

12.1.4 涉及的汽车电子、电气产品

该标准所涵盖的范围广泛,几乎涉及所有与功能安全相关的汽车电子、电

气产品,包括传统汽车和新能源汽车,其典型产品如表 12-1 所示。

表 12-1　传统汽车和新能源汽车典型产品

传统汽车	动力总成:包括发动机电控单元、自动变速器电控单元等 底盘控制系统:包括电动助力转向系统、防抱死制动系统、电子稳定性控制系统、牵引力控制系统、电子制动力分配系统、紧急制动辅助系统、智能泊车辅助系统、自适应悬架控制模块等 车身电子系统:包括汽车无钥匙进入系统、安全气囊电控系统、自适应前大灯控制模块、车道偏离预警系统、安全带预紧式系统、驾驶员睡意检测模块、自适应巡航控制系统、轮胎压力监测系统等
新能源汽车	整车控制系统、电机控制系统、电池管理系统、充电系统

12.1.5　新版修订简介

ISO 26262—2011 的发布对汽车电子行业而言是一个重大的进步。在 ISO 26262—2011 发布之前,IEC 61508 是电子和电气部件行业的通用标准,该标准不太适应汽车电子行业的需求。汽车电子技术的快速发展给 IEC 61508 带来了较大的挑战,因此,非常有必要针对汽车电子领域形成特定的标准,在这种背景下,ISO 26262—2011 应运而生。在 ISO 26262—2011 发布 6 年后,ISO 对其进行评估,对第一版进行完善并形成了新的版本 ISO 26262—2018。

对 ISO 26262 标准更新,主要是因为在实际应用过程中,发现了许多可以完善的地方,语言组织与表达上仍有需要完善的空间,且随着方法与技术的不断改进,允许汽车生产商应用与第一版 ISO 26262 不同,甚至更加高效的过程方法。

ISO 26262—2018 对适用范围进行了拓展:在第一版中,适用范围仅局限在重量不超过 3.5 t 的乘用车上,而第二版将适用范围扩展延伸到了卡车、公共汽车、摩托车等所有批量生产的道路车辆。另外,增加了半导体芯片开发的功能安全应用指南和与摩托车功能安全应用相应的内容。

12.2　ASIL

ISO 26262 标准规定,在对系统做功能安全设计时,前期需要完成一个重要的步骤,即危害分析和风险评估,要识别出系统的危害并且对危害的风险等级——汽车安全完整性等级(automotive safety integration level, ASIL)进行评估。ASIL 有四个等级,分别为 A、B、C、D,其中 A 是最低的等级,D 是最高的等级。然后,针对每种危害确定至少一个安全目标,安全目标是系统的最高级别的安全要求,由安全目标导出系统级别的安全要求,再将安全要求分配到硬件和软件。ASIL 决定了对系统安全性的要求,ASIL 越高,对系统的安全性要求越高,为实现安全付出的代价也越高,这意味着硬件的诊断覆盖率越高,开发流程越严格,相应地开发成本越高、开发周期越长,技术要求越严格。ISO 26262 提出了在满足安全目标的前提下降低 ASIL 的方法——ASIL 分解,这样可以解决上述开发中的难点。

本小节首先介绍 ISO 26262 标准中的危害分析和风险评估阶段中的 ASIL 确定方法,然后介绍 ASIL 分解的原则,并辅以实例进行说明。

12.2.1 危害分析与风险评估

依据 ISO 26262 标准进行功能安全设计时,首先识别系统的功能,并分析其所有可能的功能故障(malfunction),可采用的分析方法有 HAZOP、FMEA、头脑风暴法等。在系统开发过程中,如果发现某阶段存在没有识别出来的故障,则要回到该阶段,进行更新。功能故障在特定的驾驶场景下才会造成伤亡事件,比如近光灯系统,其中一个功能故障就是灯非预期熄灭,如果在漆黑的夜晚行驶在山路上,驾驶员看不清道路状况,可能会掉入悬崖,造成车毁人亡;如果此功能故障发生在白天就不会产生任何影响。所以进行功能故障分析后,要进行情景分析,识别与此故障相关的驾驶情景,比如高速公路超车、车库停车等。分析驾驶情景建议从以下几个方面去考虑:公路类型,比如国道、城市道路、乡村道路等;路面情况,比如湿滑路面、冰雪路面、干燥路面;车辆状态,比如转向、超车、制动、加速等;环境条件,比如风雪交加、夜晚、隧道等;交通状况,比如拥堵、顺畅、红绿灯等;人员情况,比如乘客、路人等。

功能故障和驾驶场景的组合称为危害事件(hazard event),危害事件确定后,根据三个因子——严重度(severity)、暴露率(exposure)和可控性(controllability)评估危害事件的风险级别。其中:严重度是指对驾驶员、乘员和行人等涉险人员的伤害程度;暴露率是指人员暴露在系统失效能够造成危害的场景中的概率;可控性是指驾驶员或其他涉险人员能够避免事故或伤害的可能性。这三个因子的分类如表 12-2 所示。

表 12-2 严重度、暴露率、可控性分类

级别	严重度	级别	暴露率	级别	可控性
S0	无伤害	E0	不可能	C0	完全可控
S1	轻度和中度伤害	E1	很低的概率	C1	简单可控
S2	严重伤害(有生还可能)	E2	低概率	C2	一般可控
S3	致命伤害	E3	中度概率	C3	很难控制
		E4	高概率		

ASIL 的确定基于这三个影响因子,表 12-3 中给出了 ASIL 的确定方法,其中:D 代表最高等级;A 代表最低等级;QM 意为质量管理(quality management),表示按照质量管理体系开发系统或功能就足够了,不用考虑任何安全相关的设计。确定了 ASIL 后,为每个危害确定至少一个安全目标,作为对功能和技术安全要求的基础。

表 12-3 ASIL 的确定

严重度级别	暴露率级别	可控性级别		
		C1	C2	C3
S1	E1	QM	QM	QM
	E2	QM	QM	QM
	E3	QM	QM	A
	E4	QM	A	B
S2	E1	QM	QM	QM
	E2	QM	QM	A
	E3	QM	A	B
	E4	A	B	C
S3	E1	QM	QM	A
	E2	QM	A	B
	E3	A	B	C
	E4	B	C	D

12.2.2 危害分析与风险评估示例

动力电池系统负责储存和提供电能以驱动车辆并给各用电器件供电。电池系统的内部主要由电池控制器、电芯、电气元件和结构件等部分组成；外部主要与整车控制器和充电机进行通信，并输出高压直流提供给电机和用电部件，其高压安全至关重要。

在动力电池系统中，涉及高压安全的功能有：电池管理系统整体功能、高压互锁、碰撞开关、继电器控制/诊断以及绝缘监测。下面对各功能失效进行 ASIL 的确定。

1. 电池管理系统整体功能失效

严重度：如果电池管理系统功能失效，则无法对高压系统状态进行监控，可能产生错误的动作或失去采取相应保护措施的能力，比如在高速行驶中高压回路突然断开，失去动力，或者在车辆充电过程中出现过充而未能进行保护，定义严重度级别为 S3。

暴露率：高速转向以及充电合并对于电动汽车来说可以认为是经常会发生的事情，所以定义暴露率级别为 E4。

可控性：高速转向时，虽然车辆失去动力，转向系统依然可以正常工作，经过训练的人员应当可以依靠车辆惯性将车辆驶离主车道；在车辆充电时，如果电池着火，高压电池系统不会影响门锁系统的正常工作，驾驶员应当可以通过打开门窗逃生，所以定义可控性级别为 C2。

2. 高压互锁功能失效

严重度：高压互锁开关用于检测高压回路是否完整，如果功能失效，可能导致带高压的电极暴露，未采取安全防护措施的人员可能因接触裸露的极柱或者高压部件而触电，定义严重度级别为 S3。

暴露率：通常情况下，使用者并不会去触碰高压部件，只有在维护维修时才有可能接触，定义暴露率级别为 E2，一年几次。

可控性：上述两种情况下，经过培训的操作员，都可以通过基本的防护设备来防止触电，因此定义可控性级别为 C2。

3. 碰撞开关功能失效

严重度：车辆发生碰撞时，碰撞传感器会检测并发出碰撞信号，此时需要切断高压回路，若功能失效，则可能导致二次危险，如高压短路导致电池起火、爆炸，高压暴露导致使用者触电。因此，定义为最高伤害级别 S3。

暴露率：通常碰撞信号的检测和触发由气囊传感器执行，因此故障暴露率与气囊触发的暴露率一样，定义暴露率级别为 E1，低暴露率。

可控性：为避免碰撞后外部高压回路短路导致更大的伤害，要求电池管理系统在检测到碰撞信号的第一时间立即切断高压，由于车辆已经处于碰撞情况下，车辆的可控性不可预知，这里定义可控性级别为 C3，即不可控。

4. 高压继电器控制功能失效

严重度：继电器控制的异常状态有无法闭合、黏连（无法切断）以及触点跳动三种，功能失效时，可能导致车辆失去动力、高压端子时钟带电以及高压系统大量发热，则可能对处于高速行驶或者维修维护的人员造成伤害，定义严重度级别为 S2。

暴露率：日常的停车、行驶、充电、维修等均会涉及继电器的动作，定义暴露率级别为 E4，即每次驾驶中均会发生。

可控性：继电器可以通过诊断来确认是否失效，对在行驶、充电及维修状态下可以采取的控制手段，定义可控性级别为 C2，即中等可控。

5. 绝缘检测功能失效

严重度：绝缘检测功能失效可能导致已经发生高压回路漏电、绝缘不良的车辆依旧被使用，若乘员不慎触电，则可能危及生命，定义严重度级别为 S3。

暴露率：考虑到高压回路通常与车身以及低压回路隔离屏蔽，整个动力电池系统外壳与车身相连，正常使用（行驶、停放、充电）时人没有机会同时接触到正、负极，只有在需要拆下维护时，才有可能同时接触高压正、负端，定义暴露率级别为 E2，一年几次。

可控性：维修维护时，操作人员可以通过相应的装备和工具有效地防止触电，定义可控性级别为 C1。

通过对比表 12-3，得出各功能失效的 ASIL 如表 12-4 所示。

表 12-4　确定 ASIL

功能	严重度	暴露率	可控性	ASIL
电池管理系统整体功能	S3	E4	C2	ASIL C
高压互锁功能失效	S3	E2	C2	ASIL A
碰撞开关功能失效	S3	E1	C3	ASIL A
高压继电器控制功能失效	S2	E4	C2	ASIL B
绝缘检测功能失效	S3	E2	C1	QM

同时为每个功能定义安全目标。

BMS 功能：有足够的手段来保证 BMS 整体可靠运行，正确并及时地监控系统状态并控制高压回路。

高压互锁：高压互锁功能应保证覆盖所有的高压元件并如实反映高压回路的完整状态，同时，若检测到高压回路不完整，则应当立即切断高压输出。

碰撞开关：在发生碰撞时，应保证能够快速并准确地切断高压输出。

高压继电器控制：控制和诊断逻辑应该能够确保继电器按照要求正确地动作，同时一旦出现异常动作应当能够及时地予以响应。

绝缘检测：对动力电池所有部件在集成完毕的状态下进行绝缘检测，且采用绝缘电阻阻值来衡量绝缘状态。

12.2.3　ASIL 分解原则

通过 12.2.2 节介绍的危害分析和风险评估，得出系统的安全目标和相应的 ASIL，从安全目标可以推导出开发阶段的安全要求，安全要求继承安全目标的 ASIL。如果一个安全要求分解为两个冗余的安全要求，那么原来的安全要求给出的 ASIL 可以分解到两个冗余的安全要求上。因为只有当两个安全要求同时不满足时，才导致系统失效，所以冗余安全要求给出的 ASIL 可以比原始的安全要求给出的 ASIL 低。

当然，ASIL 分解也存在一些限制条件，两个冗余的安全要求之间需要具有独立性，如果不满足独立性要求，冗余安全要求的 ASIL 将继承原始的安全要求的 ASIL，无法进行分解。独立性意味两个冗余的安全要求之间不会相互影响，也不会受到相同因素的影响，它们之间不会发生从属失效（dependent failure）。

从属失效可分为共因失效(common cause failure)和级联失效(cascading failure)两种。共因失效是指两个单元因为共同的原因失效,比如软件复制冗余,冗余单元会因为同一个软件漏洞导致两者都失效,为了避免该共因失效,采用多种软件设计方法。而级联失效是指一个单元失效导致了另一个单元的失效,比如:一个软件组件的功能出现故障,若该故障被写入另一个软件组件RAM中,则会导致另一个软件组件的功能失效。为了控制这种级联失效,要采用内存管理单元,以探测非法写入RAM的情况。满足了独立性要求的冗余安全要求可按图12-2所示,由ISO 26262标准的第9章给出的ASIL分解原则进行分解。

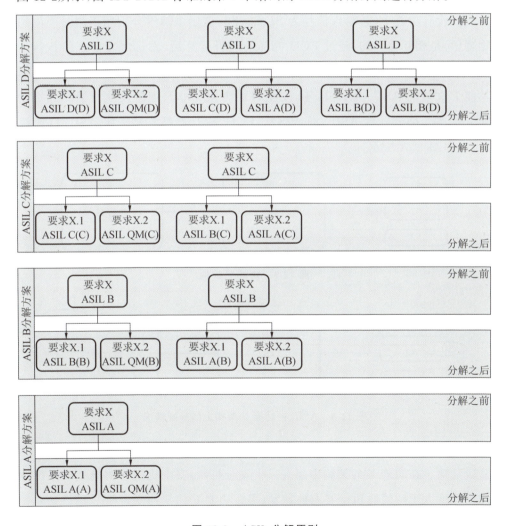

图 12-2　ASIL 分解原则

分解后的 ASIL 后面括号里的等级代号是指明原始需求的 ASIL，比如 ASIL D 等级分解为 ASIL C(D)和 ASIL A(D)等，因为集成和需求的验证仍然依据其原始的 ASIL 等级。ASIL 分解可以在安全生命周期的多个阶段进行，比如功能安全概念设计、系统设计、硬件设计、软件设计阶段。而且 ASIL 分解可以分多次进行，比如 ASIL D 等级分为 ASIL C(D)和 ASIL A(D)，ASIL C(D)还可以继续分解为 ASIL B(D)和 ASIL A(D)。

12.2.4　ASIL 分解示例

假设有功能 F，其输入信号为 S1、S2、S3，这三个信号分别用于测量不同的物理量，是相互独立的，经过 ECU 内部的逻辑运算后，发送触发信息给执行器（actuator），功能 F 的架构如图 12-3 所示。假设经过危害分析和风险评估后，功能 F 失效的 ASIL 为 ASIL D，安全目标为避免非预期触发执行器。那么功能 F 的各个部分继承 ASIL，即传感器、ECU、执行器都需要按照 ASIL D 等级开发，如图 12-4 所示。

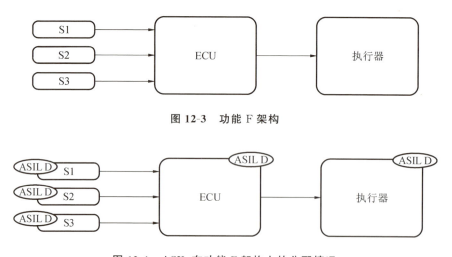

图 12-3　功能 F 架构

图 12-4　ASIL 在功能 F 架构上的分配情况

经过进一步的分析发现，当检测速度大于阈值时，非预期触发执行器才能造成危险。在功能 F 的架构中加入一个安全机制，安全机制的功能是确保在检测到速度大于阈值时执行器不被触发，那么功能 F 的架构变为如图 12-5 所示。

功能 F 和安全机制是冗余安全要求，同时用来达到安全目标，因此可以将

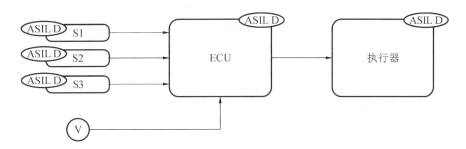

图 12-5 加入安全机制后的架构

功能 F 原来的 ASIL 在这两个需求上进行分解,分解为 ASIL D(D) 和 QM(D),分解后的 ASIL 如图 12-6 所示。

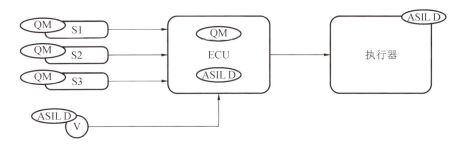

图 12-6 ASIL 分解后的架构

原来的传感器 S1、S2、S3 按照 QM 开发,速度传感器按照 ASIL D 开发。ECU 里面的软件,原来的逻辑按 QM 开发,安全机制的逻辑按照 ASIL D 开发,不同 ASIL 的软件存在于一个 ECU 内。为了保证软件之间的独立性,保证两者之间不相互影响,需要考虑内存保护机制,合适地调度属性来保证存储空间和 CPU 时间的独立性,但这样会大大增加软件开发的成本。如果采取硬件上的分离来保证独立性,可以选择一个成本很低的简单的芯片(比如逻辑门阵列 PGA,programmable gate array)来运行安全机制中的软件(见图 12-7)。需要注意的是 PGA 要使用独立的电源和时钟。

经过分解后,按照 ASIL D 开发的功能逻辑简单,使得开发变得简单,整体成本也得以降低。

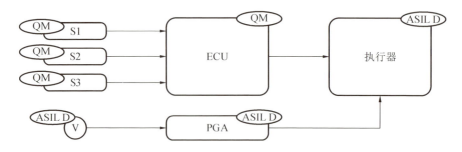

图 12-7 改进的 ASIL 分解后的架构

12.3 功能安全开发流程

ISO 26262 的开发流程首先是从项目定义开始的。项目定义就是对所研发项目的一个描述,其包括项目的功能、接口、环境条件、法规要求、危害分析等内容,也包括项目的其他相关功能、系统和组件决定的接口、边界条件等。

12.3.1 概念开发

根据项目是新产品研发还是对既有产品进行更改来决定后续的流程,称为安全生命周期初始化。如果是对既有产品进行更改,就要对产品进行影响分析,影响分析的结果决定整个生命周期中的哪些流程可以省略。

安全生命周期初始化之后,首先进行危害分析和风险评估。一个项目的 ASIL 就是在这个阶段确定下来的。ISO 26262 标准用 A、B、C、D 四个级别来规定项目或者单元所需的 ASIL 要求以及需采取的安全措施,以避免不合理的残余风险,这部分内容在前面已有具体介绍。一旦项目的 ASIL 确定下来,项目的后续所有开发流程及开发方法都要按照相应的 ASIL 要求确定,因此这个阶段在功能安全开发的整个流程中至关重要。

危害分析和风险评估时,要充分考虑发生危害时汽车所处驾驶情景的暴露率、交通参与者对事故的可控性以及危害对交通参与者造成伤害的严重程度。通过这 3 个指标确定项目的 ASIL,同时为每一个风险设立安全目标,并根据项目的 ASIL 给安全目标确定合适的 ASIL。对于安全目标,应该考虑以下内容:运行模式、故障容错时间、安全状态、紧急操作时间区间以及功能冗余等。

接下来的功能安全概念的环节要考虑系统的基本架构,将由安全目标得到的整体安全要求具体和细化定位到每个项目元素中的功能安全要求。尽管一个功能安全要求能够覆盖不止一条安全目标,但仍应为每一个安全目标定义至少一项功能安全要求,每一条功能安全要求从相关安全目标继承最高的 ASIL,然后将功能安全要求分配给相关项。比如表 12-5 中为安全目标(safety goal,SG)1 定义了两个功能安全要求(functional safety requirements,FSR)。

表 12-5 为安全目标 1 定义功能安全要求

SG1:应防止电池包中的单体出现过放		ASIL
FSR1.1	应准确估计电池 SOC,并与其他系统进行通信	C
	描述:要求系统追踪电池单体的能量流动,在电池包的 SOC 超出范围边界时能够及时反应。除此之外,如果 SOC 超出范围边界,应和车上其他系统进行通信	
FSR1.2	如果检测到过放状态,应在 x ms 内切断电流	
	描述:为了在发生过放状态时保护单体不受伤害并且防止出现危险后果,比如发热着火,如果检测到了过放状态,系统应该切断电流	

12.2 节介绍了 ASIL 分解,为了降低安全目标实施成本,还可以将一个高 ASIL 的安全目标分解成两个相互独立的低一级安全目标。拿文中的 SG1——防止过放作为一个例子,可以将 SG1 进行分解,如图 12-8 所示。

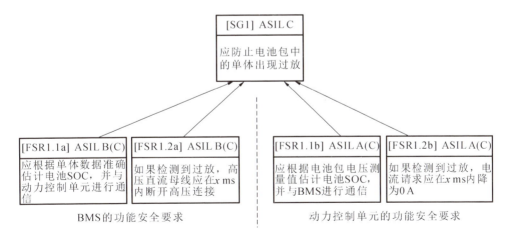

图 12-8 防止过放进行 ASIL 分解

超出边界条件的系统和其他技术可以作为功能安全概念的一部分来考虑。对其他技术的应用要求和对外部措施的要求不在 ISO 26262 考虑的范围之内。

12.3.2 系统级开发

有了具体的安全要求之后,可以从安全要求得到技术安全要求规范,接下来就是进行系统级开发。图 12-9 给出了 ISO 26262 相应部分中的安全要求的结构和分布的说明。

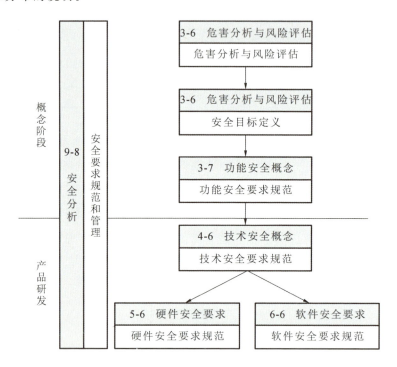

图 12-9 ISO 26262 相应部分中的安全要求的结构和分布

系统级开发的过程是基于 V 模型的开发流程。在 V 模型的左边首先是系统层面产品开发的一般主题和技术安全概念,这个环节主要是依据实际情况更新项目计划和安全计划,还需要创建测试计划、确认计划和评估计划;接下来要明确技术安全要求规范,技术安全要求规范是从功能安全要求和系统或者单元的架构设计中得到的,在这个规范里主要描述了识别和控制系统自身故障,以及其他系统故障的机制、安全状态的达到或保持措施、警示和降级方案的措施等。

技术安全要求应根据功能安全概念、相关项的初步架构设想和如下系统特性来定义：

①外部接口，如通信和用户接口（如果适用）；

②限制条件，例如环境条件或者功能限制；

③系统配置要求。

有了技术安全要求规范之后，就进入了系统设计阶段。在系统设计阶段主要完成这几项工作：确定如何实现上述各项安全措施、进一步细化系统架构、明确硬件和软件的接口规范等。关于技术安全要求的实现，在系统设计中应考虑如下问题：①系统设计的可验证性；②软件、硬件的技术实现性；③系统集成后的执行测试能力。系统和子系统架构应该满足各自 ASIL 的技术安全要求，每个元素应实现最高的 ASIL 技术安全要求，如果一个系统包含的子系统有不同的 ASIL，或者是安全相关的子系统和非安全相关的子系统，那么这些系统应该以最高的 ASIL 来处理。

在系统设计阶段，为了避免系统失效，ISO 26262 针对不同的 ASIL 推荐了不同的分析方法，如 FMEA、FTA 等。由内因或者外因而引起系统失效应当避免或者消除。为减少系统性失效，宜应用值得信赖的汽车系统设计原则，这些原则可能包括：

①值得信赖的技术安全概念的再利用；

②值得信赖的要素设计的再利用，包括硬件和软件组件；

③值得信赖的探测和控制失效的机制的再利用；

④值得信赖的或标准化接口的再利用。

软硬件接口规范在系统设计时制定，在硬件开发和软件开发时被进一步细化。软硬件接口规范应规定硬件和软件的交互，包括以下属性：

①硬件设备的工作模式和相关的配置参数，硬件设备的操作模式，如缺省模式；

②初始化，测试或高级模式，配置参数，如增益控制、带通频率或时钟分频器；

③确保单元间的独立性和支持软件分区的硬件特性；

④共享和专用硬件资源，如内存、寄存器、定时器、I/O 端口的分配；

⑤硬件设备如串口、并口、主/从(设备)的获取机制；

⑥每个涉及技术安全概念的时序约束。

系统设计之后就进入具体的硬件设计和软件设计阶段。

系统级开发的V模型右边的流程首先是系统和项目集成与测试。主要是测试所设计的安全功能是否满足技术安全要求。每个安全要求都应该被验证，并且要选用ASIL相关的测试方法。在集成和测试之后，就要进行安全确认，安全确认可以由公司内部的研发工程师开展，主要是从整车层面确认系统设计是否能够完全实现最初的安全目标和安全要求。安全确认之后是安全评估，安全评估一般由第三方完成，通过评估来确认是否所有工作都正确、完整地开展了，并且安全等级是否达到了相应的ASIL要求。安全评估完成之后，最后一个阶段就是产品发布。在这一阶段需要制定生产和操作计划，以及提出对产品的生产、操作、服务和拆解的相关要求。通过这些相关的计划和要求以及规章制度，保证产品在生产和使用环节满足功能安全要求。

12.3.3　硬件级产品开发

完成系统级开发之后，就要进行硬件级产品的开发，硬件级产品开发也要符合V模型概念。V模型左边的第1个环节是硬件级产品开发的一般主题和硬件安全要求规范。这个过程主要是计划活动，根据项目的大小和复杂程度，来计划和确定这个阶段的活动和支持过程。然后确定硬件安全要求规范，软、硬件安全要求规范都是由系统阶段的技术安全要求规范拆分得到的。

硬件安全要求规范应包括与安全相关的每一条硬件要求，包括以下内容：

①为控制要素硬件内部失效的安全机制的硬件安全要求和相关属性，这包括用来覆盖相关瞬态故障(例如，由所使用的技术产生的瞬态故障)的内部安全机制；

②为确保要素对外部失效容错的硬件安全要求和安全机制的相关属性；

③为符合其他要素的安全要求的硬件安全要求和安全机制的相关属性；

④为探测内外部失效和发送失效信息的硬件安全要求及安全机制的相关属性；

⑤没有定义安全机制的硬件安全要求。

硬件安全要求应按照 ISO 26262—2018 第 5 章和第 9 章的要求进行验证，以提供证据证明。硬件设计可以从硬件功能方块图开始，硬件方块图的所有元素和内部接口都应当展示出来。然后设计和验证详细的电路图，最后通过演绎法或者归纳法等方法来验证硬件架构可能出现的故障。

根据硬件安全要求规范进行硬件设计，硬件设计包括硬件架构设计和硬件详细设计。

硬件架构设计应表示出所有硬件组件及彼此间的关联，并且要实现规定的硬件安全要求。应该清楚地描述出硬件安全要求和硬件组件之间的关系，可充分信赖的硬件组件可以考虑复用。在硬件架构设计时，还应考虑安全相关硬件组件失效的非功能因素，比如振动、水、尘、电磁干扰等。硬件详细设计是指在电气原理图级别上的设计，应表示出硬件组件的零部件间的相互关联。

接下来是计算硬件的量化指标，在功能安全开发的过程中有 3 个指标是可以量化的，分别是单点故障指标、潜在故障指标和随机硬件失效率。前 2 个指标表示的是所设计的安全功能的能力，也可以简单理解为安全机制的优劣，指标越高，表示所设计的安全机制越好。最后一个指标表示硬件的可靠性，这个指标越高，可以简单理解为安全机制越耐用。对于不同 ASIL 的产品，这 3 个指标的要求是不同的，因此在这个阶段需要计算一下量化指标，看看是否满足相应的 ASIL 要求。

对 BMS 来讲，电池包电压传感器是一个非常重要的传感器，因此针对不同的 ASIL 需要分析电池包电压传感器不同的失效模式。表 12-6 是不同的覆盖度所需要覆盖到的失效模式。

表 12-6　电池包电压传感器常见失效模式及覆盖度

60%（低）	90%（中）	99%（高）
・电压过高或过低，超出范围 ・电压始终为常数	・电压过高或过低，超出范围 ・电压始终为常数 ・直流电压偏移	・电压过高或过低，超出范围 ・电压始终为常数 ・直流电压偏移 ・电压测量值不稳定

ISO 26262 推荐用两个可选的方法以评估违背安全目标的残余风险是否足够低。这两个方法都要评估由单点故障、残余故障和可能的双点故障导致的违

背安全目标的残余风险。如果显示为与安全概念相关,也可考虑多点故障。在分析中,对残余和双点故障,将考虑安全机制的覆盖率,并且,对双点故障也将考虑暴露持续时间。第一个方法包括使用概率的度量,即随机硬件失效概率度量(probabilistic metric for random hardware failures,PMHF),通过使用例如定量故障树分析(fault tree analysis,FTA)或者失效模式影响和诊断分析(failure mode effects and diagnostic analysis,FMEDA)及将此计算结果与目标值相比较的方法,评估是否违背所考虑的安全目标。第二个方法包括独立评估每个残余和单点故障,及每个双点失效是否导致违背所考虑的安全目标。

在硬件设计的最后阶段就是进行硬件集成与测试,主要测试设计的硬件是否能够实现预期的功能。

12.3.4 软件开发

功能安全软件开发主要针对的是软件的系统性失效。ISO 26262 主要针对各阶段开发活动提出了相应的规范性要求,并针对不同 ASIL 软件开发提出了所需要进行的具体测试方法和内容。软件开发也要符合 V 模型开发概念,即从需求开始,分层次进行软件的架构设计、单元设计和具体的代码开发,与每阶段设计开发对应的是相应的集成和测试工作,如图 12-10 所示,图中编号是 ISO 26262 中对应的章节。

软件开发流程跟硬件开发相似,由软件安全要求和系统需求可以确定软件基本架构。软件架构包含静态架构和动态架构。

静态架构主要涉及不同软件单元之间的关系,具体包括:

①软件结构,包括其分级层次;

②数据处理的逻辑顺序;

③数据类型和它们的特征参数;

④软件组件的外部接口;

⑤软件的外部接口及约束(包括架构的范围和外部依赖)。

动态架构包含:

①功能性和行为;

②控制流和并发进程;

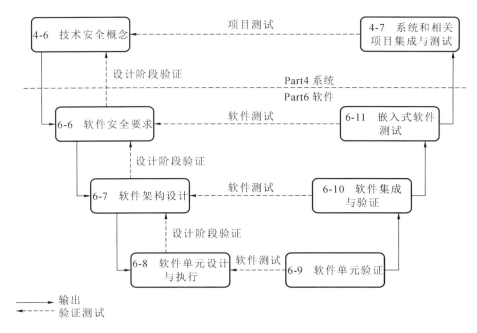

图 12-10 ISO 26262 中软件开发流程

③软件组件间的数据流；

④对外接口的数据流的时间限制。

在软件架构设计中，需要重点考虑软件的可维护性及可测试性。在汽车行业，在整个生命周期内都应当考虑软件的维护性，同时还要考虑软件架构的设计测试的简易性。在 ISO 26262 标准中，测试是非常重要的一个方面，任何设计都应该同时考虑到测试的方便性。为避免高度复杂性导致系统性故障，ISO 26262 列出了一些推荐的标准：

①保持软件的层次性和软件模块的高内聚性，限制软件模块大小；

②软件模块之间的接口应当尽量少且简单，这个可以通过限制软件模块的耦合度实现；

③软件调度应当避免使用中断，如果使用了中断，要注意考虑中断的优先级，其目的是确保软件单元执行时间。

ISO 26262 对软件开发的具体规范性要求还有很多，但对软件进行这些合规性检查实际上是不太容易操作的事情。对于代码的静态分析和语义代码分析,在开发中可以借助专业工具依据具体的规范标准(如 MISRA-C 等)进行检查,工具可以帮助查找所有错误和不合规项。而对于一些指导性的要求(如软件架构设计要注意层次性、高内聚性、低耦合性),在实际开发中,开发者不太容易基于它们对开发产物进行准确评价。这里简单介绍一下业界使用比较广泛的架构设计标准和设计思路。

汽车电子领域最常用的软件架构设计标准之一是汽车开放系统架构(automotive open system architecture,AUTOSAR)。AUTOSAR 标准是 2003 年由以宝马为首的汽车制造商、零部件供应商,以及各种研究、服务机构共同开发的,目标是开发适用于汽车电子开发的支持分布式、功能驱动的汽车电子软件开发方法和软件架构标准化方案。AUTOSAR 采用了分层式的设计,实现了软件和硬件的分离,AUTOSAR 架构如图 12-11 所示。

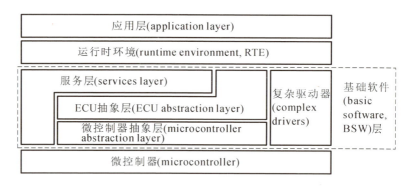

图 12-11 AUTOSAR 架构

AUTOSAR 通过中间层 RTE(runtime enviroment)作为虚拟总线,成功地实现上层应用软件层(application software layer)和下层基于硬件的基础软件层(basic software)的隔离。采用 AUTOSAR 架构设计,在进行应用层软件开发时,可以不受硬件 ECU 的限制,摆脱了对硬件的依赖。RTE 集合了所有 AUTOSAR 提供的通信机制。应用软件被划分为各个组件,通过系统配置,软件组件会被映射到指定的 ECU 上,而组件间的虚拟连接也同时映射到 CAN、FlexRay、MOST 等总线上。软件组件与 RTE 通信,是通过预先定义好的端口来实现的。各软件组件之间不允许直接互相通信,RTE 层封装好 COM 等通信层 BSW 后,为上层应用软件提供 RTE+API,软件组件再使用端口的方式进行通信。

软件开发中采用 AUTOSAR 架构,可以成功将应用层与底层隔离开,这样汽车制造商和零部件供应商可以专心进行与产品功能直接相关的应用层开发。中间层和底层可以交由专业的供应商来完成,而且这一部分有越来越趋同的现象。中间层和底层对用户是不可见的,汽车制造商对于这部分工作甚至可以采用共同的平台供应商,这对降低成本和提高产品成熟度、稳定性都有很大帮助。

本章参考文献

[1] BALLAN O, MAILLARD P, ARVER J, et al. Evaluation of ISO 26262 and IEC 61508 metrics for transient faults of a multi-processor system-on-chip through radiation testing[J]. Microelectronics Reliability, 2020, 107.

[2] KAFKA P. The automotive standard ISO 26262, the innovative driver for enhanced safety assessment & technology for motor cars[J]. Procedia Engineering, 2012, 45: 2-10.

[3] ISO. Road vehicles- functional safety: ISO 26262: 2018[S]. Switzerland: ISO, 2018.

[4] KRAMPE J, JUNGE M. Injury severity for hazard & risk analyses: Calculation of ISO 26262 S-parameter values from real-world crash data[J]. Accident Analysis and Prevention, 2020, 138.

[5] KHASTGIR S, BIRRELL S, DHADYALLA G, et al. Towards increased reliability by objectification of hazard analysis and risk assessment(HARA) of automated automotive systems[J]. Safety Science, 2017, 99.

[6] SCHRANNER F S, MISHENI A A, WARNECKE J. Deriving a representative variant for the functional safety development according to ISO 26262[J]. Reliability Engineering and System Safety, 2021: 107436.

[7] KRAMPE J, JUNGE M. Deriving functional safety(ISO 26262) S-parameters for vulnerable road users from national crash data[J]. Accident Analysis and Prevention, 2021, 150.

[8] 朱叶.基于ISO 26262的动力电池系统高压功能安全概念[J].汽车零部件,2013(10):97-100.

[9] HUANG C,LI L. Architectural design and analysis of a steer-by-wire system in view of functional safety concept[J]. Reliability Engineering and System Safety,2020,198.

[10] MAUBORGNE P,DENIAUD S,LEVRAT É,et al. The determination of functional safety concept coupled with the definition of logical architecture:A framework of analysis from the automotive industry[J]. IFAC PapersOnLine,2017,50(1).

[11] SINHA P. Architectural design and reliability analysis of a fail-operational brake-by-wire system from ISO 26262 perspectives[J]. Reliability Engineering and System Safety,2011,96(10).

第 13 章
信息安全

13.1 汽车信息安全概述

随着汽车制造技术与信息通信技术等新一代技术的深度融合,汽车产业正加快向"电动化、智能化、网联化、共享化"的方向发展,车载电子系统变得越来越复杂,已逐步具备了网联通信功能,包括与其他车辆、基础设施通信以及接入互联网。

系统安全功能的可靠性一直是汽车领域的研究重点,在车辆的主、被动安全能力不断增强的同时,标准 ISO 26262 也为整车及零部件厂商针对安全功能的开发提供相关指导。然而,汽车内部 ECU 数量显著增多,在如传统汽车满足人们日常交通出行需求的同时,现代汽车尤其是新能源汽车已然转变为一个大型的智能移动终端。在此发展过程中,涉及多个系统的大量信息传输,一旦发生信息安全事故,将可能对财产安全、人身安全甚至国家公共安全造成极其严重的影响。近年来,在新能源汽车逐渐成为汽车产业发展战略方向的同时,汽车信息安全问题日益严峻,各种攻击手段造成的汽车信息破解事件频发,如表 13-1 所示为国内外部分汽车信息安全研究和事件。

表 13-1 国内外部分汽车信息安全研究和事件

年份	研究和事件描述
2010	南卡罗来纳大学实现对汽车轮胎压力检测系统(TPMS)的攻击
2010	华盛顿大学与加州大学圣地亚哥分校(UCSD)实现无物理接触控制汽车
2011	在 DEFCON 大会上,黑客实现短信解锁斯巴鲁傲虎
2011	在 USENIX 上,华盛顿大学发表汽车攻击入口分析报告

续表

年份	研究和事件描述
2013	在 DEFCON 大会上，OBD-II 实现对福特翼虎和丰田普锐斯的方向盘、刹车和油箱的控制
2014	在 BLACKHAT 大会上，Miller 和 Valasek 公布的调研报告指出：许多知名汽车电子系统存在安全风险
2015	360 公司表示特斯拉汽车应用程序存在漏洞
	在 USENIX 大会上，UCSD 利用 OBD 设备实现对汽车的远程控制
	在 DEFCON 大会上，研究人员演示控制开启特斯拉车门，启动汽车并将车开走
	360 公司曝光比亚迪云被破解
	在 BLACKHAT 大会上，Miller 和 Valasek 演示利用 Uconnect 系统中的"0-day"漏洞攻击 IVI，实现对 Jeep Cherokee 汽车的远程控制，导致 140 万辆汽车被紧急召回
2016	腾讯科恩实验室以远程无物理接触的方式实现了对特斯拉汽车的控制
	在 DEFCON 大会上，360 公司展示对特斯拉自动驾驶系统的攻击
2017	斯巴鲁被曝车载娱乐系统和多款钥匙系统存在严重安全设计缺陷
	Jay Turla 针对马自达车载娱乐系统搭建 mazda_getInfo，实现"黑客"过程自动化
	腾讯科恩实验室破解了特斯拉增加的"代码签名"机制，展示"特斯拉灯光秀"效果，涉及对其多个 ECU 的远程协同操控
	360 公司连同浙江大学成功对车载语音助手进行了"海豚音"攻击测试，实现了通过超声波开启天窗、控制空调和导航等功能
2018	包括大众、特斯拉、丰田、福特、通用等百余家车厂数据遭泄露
	针对汽车无钥匙进入与启动系统的中继攻击造成多起车辆被盗事件
	腾讯安全研究团队针对宝马多款车型进行安全分析，发现 14 个通用安全漏洞并申请了 7 个 CVE 漏洞编号
	卡巴斯基实验室发现多款共享汽车 App 存在严重安全漏洞
	梅赛德斯-奔驰被曝出两个 CVE 漏洞
	研究人员发现厂商 CalAmp 运营的一台服务器错误配置
	荷兰 Computest 公司安全研究人员通过大众 Golf GTE 和奥迪 A3 Sportback e-tron 的 IVI 系统所存在的漏洞，实现了对中央屏幕、扬声器和麦克风等的控制
	特斯拉无钥匙进入和启动系统被曝出 CVE 漏洞，编号为 CVE-2018-16806
	汽车故障检测设备 Vgate iCar 2 Wi-Fi OBD2 Dongle 被曝出一系列安全漏洞

2018年，众多厂商惨遭漏洞威胁，越来越多汽车相关的漏洞取得了CVE编号，暴露出的问题层出不穷。一时之间，对信息安全的相关研究成为汽车领域的重要议题与研究热点。因此，信息安全问题是汽车产业转型升级发展的重中之重，只有实现汽车的信息安全才能保障智能网联汽车健康发展。

信息安全指保护、维持信息的保密性、完整性和可用性，也可包括真实性、可核查性、抗抵赖性、可靠性等性质。

国外对智能网联汽车信息安全的研究工作起步较早，如表13-2所示为国外汽车信息安全标准与政策制定的情况，美国、日本、欧盟等的相关机构与ISO/TC22、SAE等较权威的组织和学会都对车载嵌入式系统信息安全的标准制定进行了相关研究，但仍缺乏业界共同认可的安全标准和法规。

表13-2 国外汽车信息安全标准与政策制定

国家/组织	标准/政策/法规	主要内容
欧盟	EVITA（车辆入侵保护）	欧盟第七框架计划资助项目（2008—2011），旨在为车载网络的体系架构进行设计、验证、形成原型，以防止安全相关的组件被篡改，并保护敏感数据以免受到攻击
	PRESERVE（V2X安全通信系统）	欧盟第七框架计划资助项目（2011—2015），目标是设计、实现和测试一个安全、可扩展的V2X安全子系统，为V2X通信提供接近于实际应用的安全和隐私保护措施
欧盟授权ETS、CEN/ISO	ITS安全架构	包括安全应用层服务、安全管理、错误行为报告以及HSM安全要求等部分，以及相关的安全技术规范（TS）
日本	汽车信息安全指南	从汽车可靠性角度出发，通过对汽车安全的攻击方式和途径分析定义了一种汽车信息安全模型"IPA Car"，并提出了汽车生命周期安全保护措施
美国	自动驾驶汽车政策	将高度自动驾驶汽车的安全部署任务分为四部分：自动驾驶汽车性能指南、州政策模式、现行监管方式、监管新工具与权力
	联邦自动驾驶系统指南：安全愿景2.0	汽车厂商采取措施应对网络威胁和网络漏洞，对车辆辅助系统进行网络安全评估
	现代汽车网络安全最佳实践	对智能网联汽车的指导性文件，主要内容包括通用性网络安全指导、汽车工业网络安全指引、脆弱性/漏洞利用/安全事件的响应流程、基础性车辆网络安全保护措施

续表

国家/组织	标准/政策/法规	主要内容
英国	智能网联汽车网络安全关键原则	八大关键原则包括顶层设计、风险管理与评估、产品售后服务与应急响应机制、整体安全性要求、系统设计、软件安全管理、数据安全、弹性设计
德国	道路交通法第八修正案	通过上位法的形式对自动驾驶的定义范围、驾驶人的责任与义务、驾驶数据的记录等进行原则性规定,为自动驾驶各方利益主体规定权利义务边界,提出政府监管方向
德国	自动驾驶道德准则	全球首个自动驾驶行业的道德准则,通过在道路安全与出行便利、个人保护与功利主义、人身权益和财产权益等方面确定优先原则,为自动驾驶所产生的道德和价值问题立下规矩
ITU-T	X.1373	通过适当的安全控制措施,为远程更新服务器和车辆之间的通信提供软件安全的更新方案,并定义了安全更新的流程和内容建议
SAE	SAE J3061《信息物理汽车系统网络安全指南》	提供网络安全方面的过程框架,为识别和评估网络安全威胁,并把网络安全融入车辆系统提供指南
ISO/TC22	ISO/SAE 21434	适用于道路车辆的电子电气系统、各系统间的接口交互与通信等

日本信息处理推进机构(IPA)2013年发布的汽车信息安全指南定义了一种汽车信息安全模型"IPA Car",如图13-1所示,针对可能攻击汽车系统的途径、不同汽车功能模块的信息安全对策等做出了系统的整合。

SAE J3061作为第一个关于汽车电子系统网络安全的指南性文件,将系统信息安全(system cybersecurity)定义为安全系统漏洞难以被恶意利用致使经济损失、驾驶操控失控、隐私窃取或功能安全损坏的系统状态。超出管理要求的系统功能安全定义为不会对人身、财产以及环境造成危害的系统状态。汽车系统功能安全与系统信息安全为相互渗透的关系。

近年来,国内政府及相关部门也已经认识到了车载信息安全的重要性,汽车信息安全已成为指导汽车战略的重要举措。一方面,相关部门正致力于测试评价体系和汽车信息标准政策的研究,陆续发布了《装备制造业标准化和质量

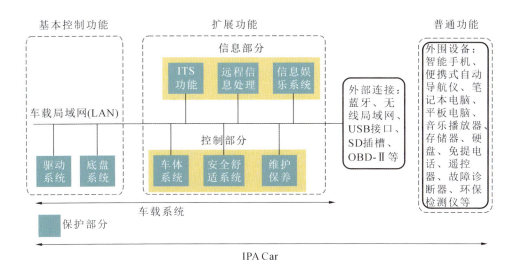

图 13-1 汽车信息安全模型(IPA Car)

提升规划》《汽车产业中长期发展规划》《国家车联网产业标准体系建设指南(智能网联汽车)》等文件,以规范化引导汽车行业信息安全健康发展;另一方面,TC114、TC260、TC268、CCSA、TIAA、CAICV 等我国各标准化组织也在积极推进相关标准研制,相继发布了《智能网联汽车信息安全白皮书》《车联网网络安全防护指南细则(征求意见稿)》《信息安全技术——汽车电子系统网络安全指南》《车联网网络安全白皮书》《汽车电子网络安全标准化白皮书》等。

中国信息通信研究院 2018 年发布的《车联网白皮书》提出了"加强信息安全防护,打造全面、高效、可靠的安全管理体系"的发展建议,旨在加强联网车辆的"端—管—云"各个环节的信息安全防护能力,加强车联网数据在全生命周期的分级分类管理和访问控制,完善车辆在研发、生产、使用过程中的身份认证体系,搭建多方联动、信息共享、实时精准的运行安全服务平台。《汽车电子网络安全标准化白皮书》将智能网联汽车当前面临的主要信息安全风险归为六大层面,分别是基础元器件、关键软硬件设备、内部通信总线、车载操作系统及应用、外接终端以及云服务平台。本章后续将从车内通信、新能源汽车充电和远程通信三个方面展开介绍与信息安全相关的安全威胁、防护技术等内容。

13.2　车内通信信息安全

保证车内通信信息安全是智能网联汽车信息安全防护的关键。汽车内部系统由多种车载网络总线组成，车载网络承担着内部 ECU 信息交互的任务，众多 ECU 通过不同的车载网络总线完成相互之间的通信，如图 13-2 所示。

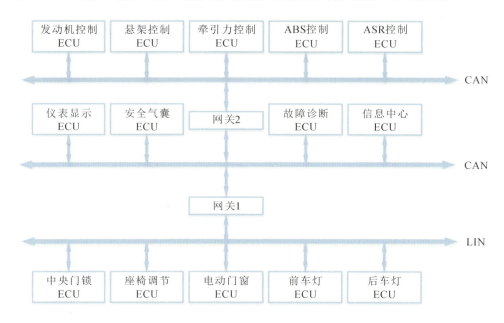

图 13-2　车内网络传输概况

然而，由于传感器应用于相对封闭的环境且其计算能力有限，采用的车载网络通信协议安全防护措施薄弱，不能抵御针对传感器的信息采集、报文构造、报文协议分析和报文重放等攻击。车内的众多 ECU 单元又是通过车载网络总线（如 CAN、LIN 等）进行连接的，如果攻击者攻入车内网络便可以任意操纵 ECU，或者通过发送大量错误报文导致总线失效，进而致使 ECU 失效。由此可见，车内通信系统安全极为重要。

13.2.1　车载网络技术

现如今的车载网络总线以 CAN、LIN、FlexRay 和 MOST 这四种总线为代表，它们以各自的优势在车内网络的相应领域内起到不同的作用，如表 13-3 所示。

表 13-3 车载网络总线纵览

总线	LIN	CAN	FlexRay	MOST
适用范围	低级子网	轻量级实时系统	复杂性实时系统	互动多媒体及远程信息处理
目标应用	门锁、温度调节、电动车窗、雨传感器等	ABS、驾驶辅助、发动机控制、变速器	线控刹车、转向、换挡及应急系统	娱乐、导航、信息服务、移动办公
体系结构	单控	多控	多控	多控
访问控制	轮询	CSMA/CA	TDMA、FTDMA	TDMA、CSMA/CA
转变模式	同步	异步	同步/异步	同步/异步
数据速率	20 kb/s	1 Mb/s	10 Mb/s	24 Mb/s
冗余	无	无	2 频道	无
防护	校验和、校验位	CRC、校验位	CRC、总线监控	CRC、系统服务
物理层	单线	双线	光纤/双线	光纤

控制器局域网络(CAN)是由以研发和生产汽车电子产品著称的德国 BOSCH 公司开发的,并以其突出的可靠性和实效性发展成为汽车内部控制系统广泛使用的一种标准化串行通信协议。本地互联网络(LIN)因价格低廉且易于实施的优点,被广泛应用于低速总线。FlexRay 总线是专用于保护重要信息的安全线控技术,采用时间触发机制,提供确定的低延迟和高速传输。MOST 是用于满足信息娱乐应用的特殊需求而设计的数据总线技术,表示为"面向媒体的系统传输"。FlexRay 和 MOST 虽然在各自的应用系统中表现出众,但是它们的特性决定了其无法像 CAN 总线那样成为通用车载网络标准。因此,作为车载网络的主干总线,CAN 总线的安全性直接关系到整车的安全。

13.2.2 车载 CAN 总线通信协议

采用车载 CAN 总线时,ECU 之间使用数据帧传输信息,ECU 向网络广播具有指定 ID 的数据报文,网络上的 ECU 可以根据报文 ID 有选择地接收相应报文。CAN 总线协议根据 ID 域长度不同可划分为 CAN2.0A 和 CAN2.0B 两种,CAN2.0A 定义了使用 11 b 的标准帧格式,而 CAN2.0B 协议在 CAN2.0A

的基础上扩展了 18 b,CAN 2.0B 兼容 CAN 2.0A 标准帧格式及扩展帧格式的数据报文,如图 13-3 所示。

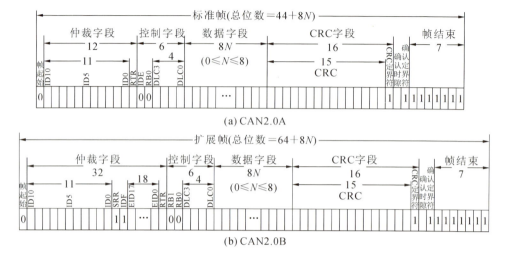

图 13-3　CAN 2.0A 与 CAN2.0B 协议的数据帧格式

CAN 总线数据报文的组成:1 b 帧起始(SOF),11 b 标准帧 ID 或 29 b 扩展帧 ID,1 b 标识符扩展位 IDE 表示其是否使用扩展格式,6 b 控制域表示其后附带数据字节的长度,一个 CAN 数据帧可携带 0~8 个字节的数据,数据域后跟随 16 b 的 CRC 校验码、2 b 的 ACK 应答场、7 个隐性位的帧结束(EOF)。除此之外,CAN2.0B 还定义了 3 种不同类型的消息报文,分别为远程帧、错误帧和过载帧。

在 CAN 总线所有帧类型中,能够有效通信的帧类型有以下 5 种。

(1)数据帧:用于节点之间的数据传输。

(2)远程帧:某节点通过发送该帧来请求发送具有相同标识符的数据帧。其由帧起始、仲裁域、控制域、CRC 校验码、应答域和帧结束 6 个部分组成。远程帧可看作一种特殊的数据帧,它不包含数据域信息并且 RTR 位为隐性位,而数据帧中的 RTR 位为显性位。

(3)错误帧:检测到错误时,节点会发出错误帧。错误帧包含错误标志和错误定界符两个部分。错误定界符由 8 个隐性位组成;错误标志由不同的错误类型决定,主动错误标志位为 6 个显性位,被动错误标志位为 6 个隐性位。

(4) 过载帧：接收节点通知发送节点未做好接收准备，发送过载帧。过载帧由过载标志和过载定界符组成，过载标志为 6 个显性位，过载定界符为 8 个隐性位。

(5) 帧间隔：将数据帧和远程帧与前面的帧分开，但过载帧和错误帧前不插入帧间隔。

其中，数据帧和远程帧由相同的 ID 命名。即使具有相同的 ID，当总线冲突时数据帧的优先级也高于远程帧。CRC 校验码提供传输过程中的错误检测信息，CRC 校验也是 CAN 总线协议唯一提供的与安全相关的校验机制，但这种校验机制在智能网联汽车的背景下是远远不够的。

13.2.3 车载 CAN 总线信息安全漏洞

随着智能网联汽车的快速发展，汽车对外通信接口的数量剧增，外部设备与车内电子系统频繁通信，这些对外通信接口既为驾驶员提供了更好的舒适性与功能性，也为攻击者提供了更多对车载总线网络进行恶意攻击的入口，越来越多的信息安全隐患逐渐暴露在人们的视野内。

著名白帽黑客 Charlie Miller 和 Chris Valasek 自 2013 年开始陆续在世界顶级安全会议中发表关于汽车信息安全问题的研究报告，无论是直接连接进行攻击，还是通过车载娱乐系统的漏洞进行远程攻击，都是从 CAN 总线向车内 ECU 节点发送伪造指令报文，实现对汽车的远程控制的。

CAN 总线作为目前使用最为广泛的车载网络总线，其针对的是控制系统的需求，在设计之初就缺乏信息安全防护机制和手段。随着汽车信息安全问题的出现，攻击者通过外部访问接口渗透到连接关键控制单元的车载 CAN 总线网络，通过车载 CAN 总线网络发送恶意的攻击报文，干扰汽车工况，严重危害车辆驾驶员、乘客及交通参与者的人身、财产和信息安全。因此，研究车载 CAN 总线网络信息安全问题具有十分重要的理论价值和实践意义。以下便对车载 CAN 总线的主要信息安全漏洞进行分析。

1. 缺乏足够的消息校验机制

CAN 总线帧格式中的 CRC 校验是唯一提供与安全相关的校验机制，其仅能够对传输过程提供错误检测功能，报文的发送、接收没有消息认证，无法确保信息的机密性、完整性、可用性、真实性、不可否认性和数据新鲜性。

2. 缺乏数据加密机制

CAN 总线协议规范的设计具有广播特性，即 CAN 报文一旦发出便广播给总线上的所有节点，攻击者能够利用如 CANTest、USB-to-CAN 等监听设备任意监听 CAN 报文。由于 CAN 报文缺乏数据加密机制，攻击者监听到 CAN 报文后可以通过逆向分析等方式破解消息，并注入新的报文来控制车辆，从而无法保证消息的完整性和真实性。

3. 缺乏身份认证机制

CAN 总线协议所规定的帧格式中不包含身份验证域，甚至不含任何源标识符字段，因此 CAN 总线上任意被劫持的节点或者与外部相连接的攻击节点都可以伪造其他节点向总线上的控制单元发送恶意控制信息，这种情况严重威胁着 CAN 总线的网络安全。

4. 缺乏分割和边界防御

CAN 总线网络缺乏必要的网络分段，没有对关键 ECU 节点进行隔离保护，所有网络互相连接，攻击者只要连接 CAN 总线网络的任意一个节点，即可对整个 CAN 总线进行数据监听和恶意操控。

5. CAN 总线的脆弱性

CAN 总线采用载波监听/冲突避免（CSMA/CA）的仲裁机制，根据报文 ID 的优先级进行仲裁，为攻击者对总线进行拒绝服务攻击（DoS）提供了可能，攻击者可通过洪泛、重放等攻击使 ECU 无法正常发送和接收报文数据，甚至导致整个 CAN 总线瘫痪。除此之外，攻击者还可以通过发送恶意的错误帧消息，根据 CAN 总线协议使 ECU 从总线上断开。

6. ECU 固件刷新的弱认证

目前仍有大部分汽车在 ECU 固件刷新时采用弱口令等认证技术或者缺乏身份认证手段，这使得攻击者可以使用新固件非法重新进行 ECU 编程。

7. 信息泄露问题

通过车载诊断接口（如 OBD-Ⅱ）发起会话即可掌握车辆运行信息，从而进行重放或篡改信息，导致信息泄露。

13.2.4　车载 CAN 总线攻击方式

车内 ECU 直接或通过网关间接连接在 CAN 总线上,攻击者可以通过任意与汽车外部有信息交互的 ECU 接入 CAN 总线的入口。针对车载 CAN 总线网络,攻击者可以丢弃、篡改和窃听发送到 CAN 总线上的信息,在源节点和目标节点间进行欺骗攻击,还可以进行拒绝服务攻击和重放攻击。车载 CAN 总线的主要攻击方式有以下几种。

1. 消息丢弃

攻击者对一个车载 CAN 总线网络中的网关进行控制,就可以获取连接在这个网关的总线上的所有报文,而网关通常负责多条 CAN 总线之间的数据交换,攻击者可以删除或不转发某些关键报文数据,使需要这些关键消息的 ECU 无法实现正常的功能。若攻击者控制一个电控终端节点,关闭其总线收发器,造成节点掉线,也可使车辆的某个功能丧失。

2. 消息篡改

攻击者通过入侵或截断总线中的某个网关,就可以篡改从该网关转发的报文数据。篡改过的报文数据看起来和正常报文并没有区别,但错误的信息可能会对车辆的行驶安全造成十分严重的影响。

3. 消息窃听

攻击者通过车内任意 ECU 或连接在 CAN 上的监听设备都可以窃取总线消息。一旦有密钥或私人信息在总线发出就可能会被攻击者读取。由于 CAN 总线没有任何加密手段,一旦攻击者通过入侵节点监听总线网络,攻击者就可能得到总线上的所有数据。

4. 欺骗

攻击者可以通过入侵任意节点发送错误消息或诊断消息,使得总线上 ECU 进行响应,从而消耗 ECU 的处理器资源。CAN 总线的远程帧作为一种特殊的数据帧,可以使收到该报文的 ECU 响应相同 ID 的报文数据;攻击者故意填写错误的 CRC 校验码可使收到该报文数据的 ECU 被迫抛弃报文或者发送错误帧。这些方式都可以消耗 ECU 处理器资源。

5. 拒绝服务攻击

攻击者控制任意ECU即可向其所在网络发送高速率洪泛消息报文。由于CAN总线使用优先级仲裁，使用高优先级ID的报文总能够抢占到总线资源，高频率发送的大量高优先级报文会一直占据总线资源，使网络上的节点无法发送消息，造成总线瘫痪。

6. 重放攻击

对CAN报文进行重放是汽车CAN总线协议逆向分析中的常用手段。CAN总线上的不同功能报文都是以固定周期形式发送至总线上的，想要实现特定功能的控制需要重放该功能正常运行时的报文序列。攻击者通过控制车内任意ECU或连接在CAN上的监听设备，在功能正常运行时记录特定功能使用的报文消息序列，在发起攻击时重放该序列欺骗目标系统，达到恶意控制汽车某些功能的目的。

13.2.5 车载CAN总线防护措施

车载CAN总线信息的机密性、新鲜性、完整性、真实性和可用性是车内通信信息安全的最基本需求。车载CAN总线信息安全防护主要有数据加密、消息校验、身份认证、防重放攻击等机制，以下将针对上述几种防护机制进行举例介绍。

13.2.5.1 数据加密——AES算法

高级加密标准(advanced encryption standard，AES)算法是美国国家标准技术研究院(NIST)于2001年发布的区块加密算法，用来替代原先的数据加密标准(data encryption standard，DES)，是目前世界上对称密钥加密算法中最流行的算法之一。

AES算法采用对称分组密码机制，分组长度固定为128 b，密钥长度有128 b、192 b、256 b三种。密钥长度不同，加密的轮数也不同。AES算法编码紧凑、设计简单且可抵抗多种类型的攻击。AES加密过程在一个4×4字节矩阵上运作，矩阵称为"状态(state)"，其初始值就是一个明文区块(矩阵中一个元素大小就是明文区块中的一字节)。加密时，各轮AES加密循环(除最后一轮外)均包含4个步骤。

1. 轮密钥加(add round key)

矩阵中的每个字节都与该次轮密钥(round key)做异或(XOR)运算,每个子密钥由密钥生成方案产生。

2. 字节替代(sub bytes)

通过非线性替换函数,用查找表的方式把每个字节替换成对应的字节。

3. 行位移(shift rows)

对矩阵中的每个横行进行循环式移位。

4. 列混淆(mix columns)

列混淆是为了充分混合矩阵中各个直行的操作。这个步骤使用线性转换来混合每列的 4 个字节。

最后一个加密循环中省略列混淆步骤,而以另一个轮密钥加取代。

AES 加/解密算法的流程如图 13-4 所示,以密钥长度为 128 b,加密轮数为 10 轮为例。首先对 128 b 的明文进行分组,得到一个 4×4 的明文状态矩阵作为算法的输入,然后选取密钥矩阵先对明文状态矩阵做一次轮密钥加交换,再经过 10 轮的轮函数加密,轮函数操作依次为字节替代、行位移、列混淆和轮密钥加,其中由于最后一轮的列混淆不仅不会提高安全性,反而会拉低算法运算速度,故该轮丢弃列混淆交换。解密算法仍为 10 轮,由于算法的 4 个轮操作均为可逆变换,因此解密过程就是用与加密过程同样的密钥对每一轮的加密操作进行逆运算。在实际应用中,CAN 总线数据加密通常会取多种加密算法的长处结合使用。

13.2.5.2 消息校验——消息认证码

消息认证码(message authentication code, MAC)用于确保数据的完整性和真实性。MAC 本质上是一种带密钥的 Hash 函数,输入参数为任意长度的消息和密钥,输出一个 n 位固定长度的短数据块作为认证码。在使用时,发送方将消息和生成的认证码一起发送到接收方,接收方对收到的消息用与发送方相同的密钥进行相同的运算,得出新的认证码,并将接收到的认证码与计算得到的认证码进行比较。如果两者相等,则说明:

①消息未被修改。如果攻击者篡改了消息,由于其无法改变相应的认证码,接收方计算得到的认证码与接收到的认证码将不相等。

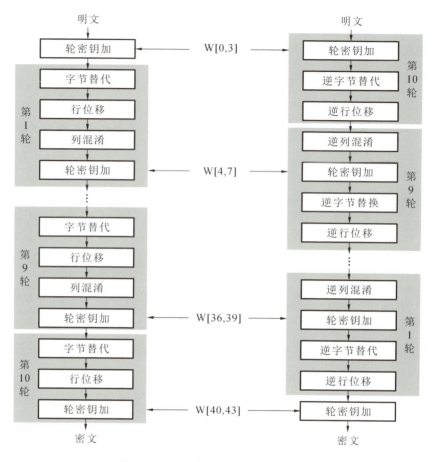

图 13-4　AES 加/解密算法主要流程

②消息来自真正的发送方。因为其他各方均不知道密钥,无法伪造正确的认证码。

目前主要有两类 MAC 算法,分别为基于密码的 MAC(cipher-based message authentication code,CMAC)算法和基于 Hash 函数的 MAC(Hash-based message authentication code,HMAC)算法。CMAC 算法的本质是工作在 CBC 链接模式下的分组密码算法。目前广泛使用的基于 Hash 函数的 MD5 算法、SHA 系列算法等数据处理复杂度普遍低于 AES 算法、IDEA 算法等分组密码算法,因此,HMAC 的效率优于 CMAC。

13.2.5.3　身份认证

身份认证技术在传统的信息安全中占有绝对的核心地位,用于防止攻击者假冒用户身份恶意访问有用资源。身份认证技术有不同的分类方式,从技术层面来说,主要分为静态认证、动态认证等。

1. 静态认证

静态认证是指通过输入账号密码实现身份认证,此认证过程简单易懂,但如果总线传输过程中密码被攻击者截获,攻击者便会成功入侵总线网络而造成严重后果。因此,静态认证的安全系数并不是很高。

2. 动态认证

动态认证是相比静态认证安全系数较高的认证方法。动态认证采用动态口令来进行身份认证,又称一次性口令认证。动态口令是定期发生变化的,所以动态认证能够抵抗静态认证所面临的大多数攻击,从而提高了安全性。目前的动态认证方法中,绝大多数是双因素认证,算法的种子密钥与不确定因子这两个因素保证了口令的使用价值。

动态口令主要分为基于事件同步的动态口令、基于时间同步的动态口令以及基于挑战/应答的非同步动态口令。

1) 基于事件同步的动态口令

基于事件同步的动态口令是指利用事件次序作为不定因素,通过算法产生相应的动态口令。其中,不定因素的选择一般来自事件计数器。

2) 基于时间同步的动态口令

基于时间同步的动态口令利用时间作为不定因素。时间同步是指用户和服务器端的时间保持相同,但是由于存在扰动和延迟,时间会出现偏差,这使得保证用户和服务器端时间上的同步有一定困难。

3) 基于挑战/应答的非同步动态口令

用户发出认证请求后,服务器端每次会产生不同的挑战码并发送给用户,用户与服务器端用同样的算法根据所得挑战码进行运算,最后通过比较两端计算值是否相同来判断是否通过认证。

在车载CAN总线安全防护的实际应用中,主要采用基于挑战/应答的非同步动态认证机制,这样既可免除时间参数和计数器计数不准确的风险,又可不受网络环境差带来波动的影响,使身份认证的有效性得到明显提高。

13.2.5.4　防重放攻击——IEEE 1588 时间同步协议

针对重放攻击的主要防护机制是在通信过程中进行报文的时间标志检查，保证信息的新鲜性。CAN 总线上的每个节点都有自己的时钟系统，节点 ECU 通过网络周期性地交换具有较高精度的时间信息，使各个节点的时间同步。同步分为时间同步和频率同步，频率同步的系统不一定时间同步，但时间同步的系统的频率一定是同步的。

高精度的时间戳是防止重放攻击的一种手段。时间同步是指使从时钟与主时钟的时间一致的过程，即将某一个 ECU 作为"时钟基准"，其他 ECU 通过接收该 ECU 的时间戳信息，更新本地 ECU 时间戳参数。由于在网络上传输数据、接收和发送数据、加密解密等都会产生延时，因此需要对传输产生的延时进行校正。

IEEE 1588 协议的时间同步协议的同步机制如图 13-5 所示，通过计算时间延时和偏移，得出报文发送时间和接收时间的偏差，从而使得需要同步时间的 ECU 根据计算得出的时间偏差修正接收的时间戳参数。

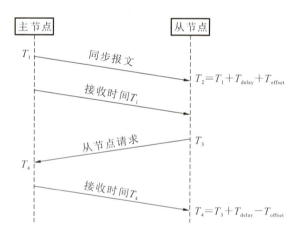

图 13-5　IEEE 1588 时间同步机制

延时 T_{delay} 和偏移 T_{offset} 计算公式如下：

$$T_{delay} = \frac{(T_2 - T_1) - (T_3 - T_4)}{2}$$

$$T_{offset} = \frac{(T_2 - T_1) + (T_3 - T_4)}{2}$$

式中：T_1是主节点发送时间；T_2是从节点接收时间；T_3是从节点发送时间；T_4是主节点接收时间。

13.3 充电信息安全

随着新能源汽车产业的不断发展，新能源汽车充电过程中的信息安全问题得到越来越多的关注。2015年12月，国家标准化管理委员会联合国家能源局、工信部、科技部等部门在北京发布了新修订的GB/T 18487.1—2015《电动汽车传导充电系统 第1部分：通用要求》和GB/T 27930—2015《电动汽车非车载传导式充电机与电池管理系统之间的通信协议》等五项电动汽车充电接口及通信协议国家标准。当前我国电动汽车充电桩直流接口、控制导引电路、通信协议等国家标准与美国、欧洲、日本的标准并列为世界四大直流充电接口标准，我国在国际充、换电领域的影响力得到了显著提升。

其中，由GB/T 27930—2015《电动汽车非车载传导式充电机与电池管理系统之间的通信协议》可知，充电机与电动汽车BMS两者之间的通信网络采用CAN2.0B通信协议，由充电机和BMS两个节点组成。

13.3.1 充电总体流程

如图13-6所示，整个充电过程包括六个阶段：物理连接完成、低压辅助上电、充电握手阶段、充电参数配置阶段、充电阶段和充电结束阶段。在各个阶段中，充电桩和BMS如果在规定时间内没有收到对方报文或没有收到正确报文，即判定为超时（超时指在规定时间内没有收到对方的完整数据包或正确数据包），超时时间除特殊规定外，均为5 s。出现超时后，BMS或充电桩发送规定的错误报文，并进入错误处理状态。

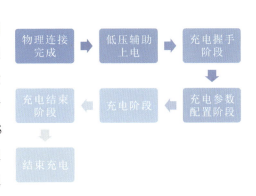

图13-6 充电总体流程图

13.3.1.1 低压辅助上电及充电握手阶段

充电握手阶段分为握手启动阶段和握手辨识阶段,充电机和 BMS 物理连接并正常上电后,开启低压辅助电源,进入握手启动阶段后发送握手报文,再进行绝缘检测。绝缘检测完成后进入握手辨识阶段,双方发送辨识报文,从而确定电池和充电机的必要信息。充电握手阶段报文应符合表 13-4 所示的要求。

表 13-4 充电握手阶段报文分类

报文代号	报文描述	PGH（Dec）	PGN（Hex）	优先权	长度/B	报文周期/ms	源地址—目的地址
CHM	充电机握手	9728	002600H	6	3	250	充电机—BMS
BHM	车辆握手	9984	002700H	6	2	250	BMS—充电机
CRM	充电机辨识	256	000100H	6	8	250	充电机—BMS
BRM	BMS 和车辆辨识报文	512	000200H	7	41	250	BMS—充电机

13.3.1.2 充电参数配置阶段

在充电参数配置阶段,充电机向 BMS 发送充电机最大输出能力的报文,BMS 根据充电机最大输出能力判断能否进行充电。充电参数配置阶段报文应符合表 13-5 所示的要求。

表 13-5 充电参数配置阶段报文分类

报文代号	报文描述	PGH（Dec）	PGN（Hex）	优先权	长度/B	报文周期/ms	源地址—目的地址
BCP	动力蓄电池充电参数	1536	000600H	7	13	500	BMS—充电机
CTS	充电机发送时间同步信息	1792	000700H	6	7	500	充电机—BMS
CML	充电机最大输出能力	2048	000800H	6	8	250	充电机—BMS
BRO	电池充电准备就绪状态	2304	000900H	4	1	250	BMS—充电机
CRO	充电机输出准备就绪状态	2560	000A00H	4	1	250	充电机—BMS

13.3.1.3 充电阶段

充电参数配置完成后,充电机和 BMS 进入充电阶段。在整个充电阶段,BMS 实时向充电机发送充电需求,充电机据此来调整充电电压和充电电流以保证充电过程正常进行。充电机和 BMS 在充电过程中相互发送各自的充电状态，同时 BMS 根据要求发送动力蓄电池具体状态信息及电压、温度等信息给充电机。BMV、BMT、BSP 为可选报告，充电机不对其进行报文超时判定。

BMS 根据充电过程是否正常、电池状态是否达到 BMS 自身设定的充电结束条件以及是否收到充电机中止充电报文（包括具体中止原因、报文参数值全为 0 和不可信状态）来判断是否结束充电；充电机根据是否收到停止充电指令、充电过程是否正常、是否达到设定的充电参数值，或者是否收到 BMS 中止充电报文（包括具体中止原因、报文参数值全为 0 和不可信状态）来判断是否结束充电。充电阶段报文应符合表 13-6 所示的要求。

表 13-6 充电阶段报文分类

报文代号	报文描述	PGH（Dec）	PGN（Hex）	优先权	数据长度/B	报文周期	源地址—目的地址
BCL	电池充电需求	4096	001000H	6	5	50 ms	BMS—充电机
BCS	电池充电总状态	4352	001100H	7	9	250 ms	BMS—充电机
CCS	充电机充电状态	4608	001200H	6	8	50 ms	充电机—BMS
BSM	动力蓄电池状态信息	4864	001300H	6	7	250 ms	BMS—充电机
BMV	单体动力蓄电池电压	5376	001500H	7	不定	10 s	BMS—充电机
BMT	动力蓄电池温度	5632	001600H	7	不定	10 s	BMS—充电机
BSP	动力蓄电池预留报文	5888	001700H	7	不定	10 s	BMS—充电机
BST	BMS 中止充电	6400	001900H	4	4	10 ms	BMS—充电机
CST	充电机中止充电	6656	001A00H	4	4	10 ms	充电机—BMS

13.3.1.4 充电结束阶段

在充电结束阶段，BMS 向充电机发送整个充电过程中的充电统计数据，包括起始 SOC 值、结束 SOC 值、电池电压的最低值和最高值；充电机收到 BMS 充电统计数据后，向 BMS 发送输出电量、累计充电时间等信息，最后停止低压辅助电源的输出。充电结束阶段报文应符合表 13-7 所示的要求。

表 13-7 充电结束阶段报文分类

报文代号	报文描述	PGH（Dec）	PGN（Hex）	优先权	数据长度/B	报文周期/ms	源地址—目的地址
BSD	BMS统计数据	7168	001C00H	6	7	250	BMS—充电机
CSD	充电机统计数据	7424	001D00H	6	8	250	充电机—BMS

13.3.1.5 错误报文

在整个充电阶段，当 BMS 或充电机检测到错误时，发送错误报文。错误报文应符合表 13-8 所示的要求。

表 13-8 错误报文分类

报文代号	报文描述	PGH（Dec）	PGN（Hex）	优先权	数据长度/B	报文周期/ms	源地址—目的地址
BEM	BMS错误报文	7680	001E00H	2	4	250	BMS—充电机
CEM	充电机错误报文	7936	001F00H	2	4	250	充电机—BMS

13.3.2 充电过程信息安全防护

13.3.2.1 充电机—BMS

车载 CAN 总线网络根据主要功能或通信速率分为几个不同的 CAN 网络，而充电机与 BMS 之间的 CAN 通信网络仅有充电机和 BMS 两个节点。GB/T 27930—2015《电动汽车非车载传导式充电机与电池管理系统之间的通信协议》对充电机与 BMS 之间的 CAN 报文分类、报文优先级、数据长度和通信流程等做了明确规定。

因此，针对充电机—BMS 充电过程的信息安全防护，实质上同样是针对 CAN 总线的信息安全防护。为更好地抵御 CAN 总线可能受到的攻击，国内研究人员对 CAN 总线防御检测等相关技术进行了研究，提出了加装协议过滤器、基于统计（如信息熵）或基于机器学习（如决策树、支持向量机）的 CAN 总线异常检测等方法。除此之外，还有学者针对充电桩与电动汽车之间管理的安全性进行研究，提出了一种名为 LNSC（闪电网络和智能合约）的基于区块链生态系统的电动汽车充电桩分散管理安全模型，用以提升电动汽车和充电桩之间交易的信息安全性。

13.3.2.2　充电桩基础设施

充电桩是新能源电动汽车运营的重要基础设施,其输入端与交流电网直接连接,输出端装有充电插头,可以按不同的电压等级为各类电动车辆充电。由充电桩组成的网络称为桩联网,目前很多桩联网解决方案都是承载在传统以太网或无线传输网络当中的。用户可以在充电桩提供的人机交互操作界面上,通过刷卡进行相应的充电方式、充电时间选择以及费用数据打印等操作。

在充电桩网络进行数据传输的过程中,面临着截获、窃取、篡改、破译、冒充、被动攻击等恶意威胁,桩联网的信息安全问题不容小觑。充电桩控制模块的 PLC 电路通过以太网与管理系统连接,而充电桩内部网络基本上没有采取任何安全防护措施。如果攻击者通过互联网入侵桩联网,就可以任意修改充电数据,如充电电压、充电金额等,从而造成用户以及车辆的损失。

针对电动汽车充电桩基础设施信息安全防护能力缺失的问题,结合我国充电桩粗放型建设的实际情况,国内研究人员进行了相关探索:从物理安全、网络拓扑结构安全等方面进行信息安全需求分析,并设计了一种充电站通信网络的信息安全防护架构;在考虑充电设施成本及可靠性要求的基础上,提出了一种数据通信安全策略;针对充电桩通信中传输数据易被非法篡改的问题,设计了一种可保障数据机密性的电动汽车充电桩装置等。

13.4　远程通信信息安全

汽车远程通信是指通过车-X(人、车、路、云端等)之间的网络连接,实现智能信息交换与共享、控制中控门锁系统、空中下载(OTA)等功能。其通信场景以"两端一云"为主体,路基设施为补充,包括智能网联汽车、移动智能终端、云端服务平台等对象,涉及车-云通信、车-车通信、车-人通信、车-路通信四个通信场景,如图 13-7 所示。

车-云通信:车辆通过蜂窝网络、卫星通信等与车联网服务平台通信,传输车辆数据,接收服务平台下达的指令。

车-车通信:车辆通过 LTE-V2X、802.11p 与临近车辆进行信息传递。

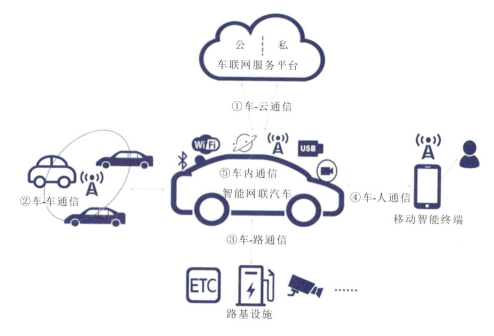

图 13-7 汽车远程通信场景

车-路通信：车辆通过 LTE-V2X、802.11p、射频通信（RFID）等技术与路基设施进行通信。

车-人通信：车辆通过 WiFi、蓝牙或蜂窝移动通信技术与用户的移动智能终端进行信息传递。

13.4.1 远程通信信息安全威胁

13.4.1.1 通信协议破解和中间人攻击成为车-云通信主要威胁

车-云通信在车联网安全中占据重要地位，成为车联网攻击的主要方式，面临的主要威胁是中间人等攻击。攻击者通过伪基站、DNS 劫持等手段劫持 T-BOX 会话，监听通信数据，一方面可以用于通信协议破解，另一方面可窃取汽车敏感数据，如汽车标识 VIN、用户账户信息等。此外，在破解协议基础上，结合会话劫持，攻击者可以基于中间人伪造协议而实施对汽车动力系统的非法控制。2015 年 1 月德国 ADAC 安全研究员基于中间人对宝马 ConnectedDrive 进行攻击，通过伪基站逆向了通信控制协议后伪造控制指令解锁车门，引起了人们的关注。

13.4.1.2 恶意节点成为车-车通信主要威胁

在未来车联网应用场景中,直连模式的车-车通信将成为路况信息传递、路障报警的重要途径。车联网中网联汽车面临节点频繁接入与退出,现阶段LTE-V2X 网络接入与退出管理中,不能有效实施对车辆节点的安全接入控制,对不可信或失控节点的隔离与惩罚机制还未完善,LTE-V2X 可信网络环境的安全隐患突出。一旦存在恶意节点入侵,即可通过阻断、伪造、篡改车-车通信或者通过重放攻击影响车-车通信,破坏车-车通信信息的真实性,影响路况信息的传递。

13.4.1.3 协议破解及认证是短距离通信的主要威胁

伴随多种无线通信技术和接口的广泛应用,车辆节点需要部署多个无线接口,实现 WiFi、蓝牙、802.11p、LTE-V2X 等多种网络的连接。短距离通信中的协议破解及认证机制的破解已成为当前的主要威胁。随着 WiFi、蓝牙设备等的认证口令破解,攻击者可以通过 WiFi 或蓝牙接入汽车内部网络,获取汽车内部数据信息或者进行渗透攻击。

13.4.2 车-云通信安全防护策略

目前的汽车远程通信安全防护针对"车-云"通信,以加强访问控制并开展异常流量监测为主。

13.4.2.1 加强车载端访问控制、实施分域管理,降低安全风险

建立安全分级访问机制,目前的智能网联汽车通常配备有两个 APN 接入网络。APN1 负责车辆控制域(clean zone)通信,主要传输汽车控制指令及智能汽车相关敏感数据,通信对端通常是整车厂商私有云平台,安全级别较高。APN2 负责信息服务域(dirty zone)通信,主要访问公共互联网信息娱乐资源,通信对端可能是整车厂公共云平台或者第三方应用服务器,IVI 系统中的车载应用,如新闻、娱乐、广播等通常通过 APN2 进行通信。车辆控制域和信息服务域采用隔离的方式来加强安全管理。一是网络隔离,APN1 和 APN2 之间网络完全隔离,形成两个不同安全等级的安全域,以避免越权访问。二是车内系统隔离,车内网的控制单元和非控制单元进行安全隔离,对控制单元实现更强访

问控制。三是数据隔离,不同安全级别数据的存储设备相互隔离,防止系统同时访问多个网络,避免数据交叉传播。四是加强网络访问控制,车辆控制域仅可访问可信白名单中的 IP 地址,避免受到攻击者干扰,部分车型对信息服务域的访问地址也进行了限定,以加强网络管控。

13.4.2.2 基于 PKI 和通信加密,构建可信车-云通信

目前企业普遍重视通信加密,部分厂商在软加密基础上建设 PKI 系统,搭建更便捷的车-云通信平台,采取的防护措施具体包括:一是基于证书的车载端身份认证。传统的车-云通信通过车机编码绑定的方式进行认证,易被伪造绕过。目前较完备的方式是基于 PKI 证书进行身份认证,智能网联汽车首次启动进行通信连接时,云平台签发可信证书并将证书写入车载安全芯片,用于车-云通信,确保仅有认证后的车辆可与私有云通信,同时基于 PKI 技术使得云平台具备证书撤销、更新的功能。二是基于证书的传输加密,智能网联汽车在获取可信证书后,后续通信通过证书进行密钥协商并加密通信数据,加密协议通常采用 HTTPS 应用层加密或者 SSL、TLS 传输层加密,增加攻击者窃听破解的难度,保障通信安全。

13.4.2.3 网络侧进行异常流量监测,提升车联网网络安全防护能力

此方案由运营商部署,目前联通智网公司进行了试点应用,采用异常流量监测技术对车联网业务进行流程监测,提供安全监测预警及应急处置服务,具体分为监测预警、网络控制两个方面。

1. 监测预警功能

监测预警功能包括定制监控服务、安全事件探测、流量监控优化、异常流量告警、历史数据留存等。

2. 网络控制

网络控制功能包括定义受保护的 IP 地址/范围、阻止点对点通信、借助防火墙和入侵检测系统中断异常 IP 通信。

13.4.3 车载系统固件无线升级安全技术应用

固件无线升级(firmware over-the-air,FOTA)是指通过云端升级技术,为具有连网功能的设备提供固件升级服务。车载电子设备,如 T-BOX、车载信息

娱乐系统,或其他一些有升级需求的 ECU,在联网后通常采用 FOTA 方式进行固件系统升级。

13.4.3.1 模块组成与功能

传统的 FOTA 方案涉及软件提供商、OTA 服务平台和车载终端升级程序,由于缺少安全机制容易被攻击者利用。因此,FOTA 安全方案在原有架构上增加了安全服务平台、终端 OTA 安全组件,如图 13-8 所示。各组件具体功能如下。

①软件提供商:发布原始固件升级软件包。

②安全服务平台:为 OTA 服务平台提供安全服务,包括密钥证书管理服务、数据加密服务、数字签名服务等。

③OTA 服务平台:为车载终端提供 OTA 服务。

④终端 OTA 安全组件:对升级包进行合法性验证,适配安全升级流程。

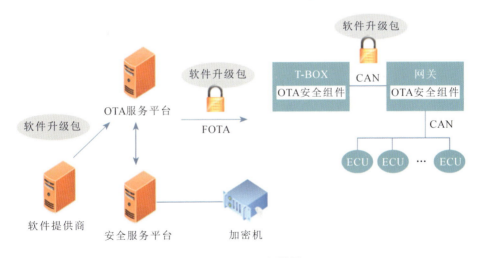

图 13-8　FOTA 逻辑图

13.4.3.2 威胁分析

在 FOTA 流程中主要存在传输风险和升级包篡改风险。在终端下载升级包的传输流程中,攻击者可利用网络攻击手段,如中间人攻击,将篡改伪造的升级包发送给车载终端,如果终端在升级流程中同时缺少验证机制,那么被篡改的升级包即可顺利完成升级流程,达到篡改系统、植入后门等恶意程序的目的。

攻击者还可能对升级包进行解包分析,获取一些可利用的信息,如漏洞补丁等,升级包中关键信息的暴露会增加被攻击的风险。

13.4.3.3 安全技术应用

FOTA安全技术通常从升级包发布、升级包传输、终端升级三个阶段进行防御。为抵御攻击者对升级包的逆向分析攻击、篡改攻击,OTA服务端可增加部署安全服务器,提供安全基础设施,如密钥生成与管理、数字加密、数字签名等。基于安全服务器实现升级包加固功能,最终由OTA服务器发布加固后的升级包。安全服务器的基础功能可使用软件方案实现,也可配合部署硬件加密机实现。

在OTA服务端与车机端构建安全传输通道,实现双向身份认证及传输加密等功能,以保证升级包传输过程的安全。

终端系统可在升级流程前增加升级包校验机制,对升级包进行解密和合法性验证,验证通过方可进入系统升级流程。由于车载系统的多样性,操作系统和硬件性能差异较大,FOTA安全方案在终端上的实施需要考虑具体系统条件,在安全等级与目标系统支持能力之间找到平衡点。

本章参考文献

[1] 360汽车信息安全实验室.2016智能网联汽车信息安全年度报告[R/OL].[2020-01-15]. https://skygo.360.cn/2017/04/12/2016-skygo-annual-report/.

[2] 360智能网联汽车安全实验室.2017智能网联汽车信息安全年度报告[R/OL].[2020-01-15]. https://skygo.360.cn/2018/04/03/icv-cybersecurity-annual-report-2017/.

[3] 360智能网联汽车安全实验室.2018智能网联汽车信息安全年度报告[R/OL].[2020-01-15]. https://skygo.360.cn/2019/03/20/2018-security-report/.

[4] 马超,刘天宇,石培吉.汽车信息安全文献综述[J].装备维修技术,2019(02):25-28.

[5] 全国信息安全标准化技术委员会,信息安全评估标准工作组.汽车电子网络安全标准化白皮书(2018)[R/OL].[2020-01-15]. https://www.tc260.org.cn/front/postDetail.html?id=20180416001525.

[6] 中国信息通信研究院.车联网白皮书(2018年)[R/OL].[2020-07-03]. http://www.caict.ac.cn/kxyj/qwfb/bps/201812/t20181218_190858.htm.

[7] 中国汽车工程学会,北京航空航天大学,梆梆安全研究院.智能网联汽车信息安全白皮书(2017)[R/OL].[2020-01-15]. https://www.bangcle.com/articles/detail?article_id=508.

[8] 于赫.网联汽车信息安全问题及CAN总线异常检测技术研究[D].长春:吉林大学,2016.

[9] 刘毅.基于车载CAN总线网络的安全协议研究[D].长春:吉林大学,2019.

[10] 彭晶.网联汽车CAN总线信息安全与检测技术研究[D].天津:天津理工大学,2019.

[11] 工业和信息化部人才交流中心,恩智浦(中国)管理有限公司.智能互联汽车的网络安全技术及应用[M].北京:电子工业出版社,2018.

[12] 张宝军.分布式电动汽车充电桩信息安全防护技术研究与实现[D].哈尔滨:哈尔滨工业大学,2018.

[13] 吴尚则.基于车载CAN总线网络的身份认证方法研究[D].长春:吉林大学,2018.

[14] 罗峰,胡强,刘宇.基于CAN-FD总线的车载网络安全通信[J].同济大学学报(自然科学版),2019,47(03):386-391.

[15] 国家电网,中国能源建设集团广东省电力设计研究院有限公司,南京南瑞集团公司,等.电动汽车非车载传导式充电机与电池管理系统之间的通信协议[S].北京:中国标准出版社,2015.

[16] 李丹.车载信息安全控制系统的研究[D].长春:吉林农业大学,2016.

[17] 覃周.一种车载网络安全防护机制的研究[D].成都:成都信息工程大学,2017.

［18］ 杨宏. 基于智能网联汽车的 CAN 总线攻击与防御检测技术研究［D］. 天津：天津理工大学，2017.

［19］ HUANG X H, XU C, WANG P F, et al. LNSC: A security model for electric vehicle and charging pile management based on blockchain ecosystem［J］. IEEE Access, 2018(6): 13565-13574.

［20］ 莫飘. 电动汽车充电站信息安全问题的研究［D］. 北京：华北电力大学，2012.

［21］ 赵翔，刘志红，陈街明，等. 电动汽车充电设施数据通信安全策略［J］. 电力系统自动化，2011,35(9)：92-94.

［22］ 赵兵，岑炜，翟峰，等. 具有安全防护功能的电动汽车充电桩控制装置［J］. 电器与能效管理技术，2013(16)：53-57.

［23］ 中国信息通信研究院. 车联网网络安全白皮书(2017年)［R/OL］.［2020-01-15］. http://www.caict.ac.cn/kxyj/qwfb/bps/201804/t20180426_158472.htm.

第5篇 应用及展望

第 14 章
动力电池的整车应用

作为电动汽车最重要的能量存储系统,现有可用的各类型电池如铅酸电池、镍氢电池和锂离子电池等,均在电动汽车上有所应用。其中,锂离子动力电池具有能量密度高、充放电循环次数多、自放电率低、安全性能好、对环境友好等多重优点,目前已经成为电动汽车上应用最为广泛的动力电池类型。

在国内,电动汽车电池大致形成了两个主要的应用趋势:纯电动乘用车采用的锂离子电池以能量密度较高的三元电池为主,商用车以安全性较好、寿命较长的磷酸铁锂电池为主。同时,为了响应整车对续驶里程的要求,电池企业在不断地提高电池单体的能量密度,其中三元体系主要通过提高镍的含量,以提高材料的能量密度。目前国内企业正在逐步过渡到正负极材料采用 NCM811 或 NCA,配合石墨或硅碳负极的技术路线,期望电池单体质量能量密度能够达到 300 W·h/kg 的目标。国内宁德时代新能源公司开发的电池质量能量密度达到 302 W·h/kg,循环寿命可达 1000 次。

然而,锂离子电池的基本特性和工作原理决定了电池单体具有电压低、容量小的特点。通常锂离子电池单体的额定工作电压为 3.2~3.8 V,容量为几安·时到几十安·时,无法满足电动汽车对动力源的要求。因此,在整车应用中,往往由成百上千节电池单体以串并联的方式,构成动力电池组以满足车辆对电压、容量以及功率的要求。

14.1 动力电池系统组成

动力电池系统是用来给电动汽车的驱动提供能量的一种能量存储装置,其内部除了作为能量载体的动力电池之外,还包括电池管理系统,电压、电流、温度传感器、烟雾传感器、热管理系统、高、低压线束或连接器、开关器件（继电器、熔丝、MSD等）、安装组件（支架、托盘、螺栓等）、上盖、下箱体、辅助组件（密封圈、橡胶垫、导热垫密封胶）等，如图14-1所示。

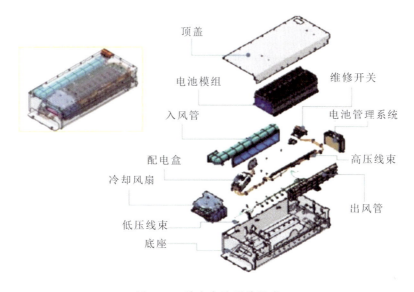

图14-1 动力电池系统组成

纯电动汽车行驶完全依赖于动力电池系统的能量，电池系统容量越大，续驶里程越长，但所需电池系统的体积和重量也越大。然而，通常需要在有限的空间约束下，完成电池模组、电池管理系统、热管理系统、高压系统等系统的设计与布置，并保证动力电池系统具有安全性好、能量密度高、比功率大、温度适应性强、使用寿命长、安装维护性强、综合成本低等优点。

14.2 动力电池成组方式

现有动力电池系统大部分采用三级结构，即电芯级、模组级、系统级，如图14-2所示。先把多个电芯根据不同串并联方式组合成模组，再由一定数量的模组组合成电池系统。电池模组一般包括单体电池、固定框架、电连接装置、温度传感器、电压检测线路等。另外，为了更有效地提高系统的能量密度，已经有一些企业开始进行动力电池系统的无模组化设计，如CATL已经推出了基于CTP技术的动力电池系统，不过目前市场主体还是以模组化作为动力电池系统的发展方向。

图 14-2　动力电池三级结构

不同形状和尺寸的电池和动力电池系统都有一个匹配度。对于不规则的电池箱体，圆柱形硬包电池可以充分利用空间，相对方形硬包电池和软包电池更具有优势，而软包电池对模组设计要求较高，方形硬包电池更适合规则箱体，如电动客车、物流车常用的标准箱。图 14-3 至图 14-5 分别是圆柱形硬包电池、方形硬包电池和软包电池系统的成组效率散点图。

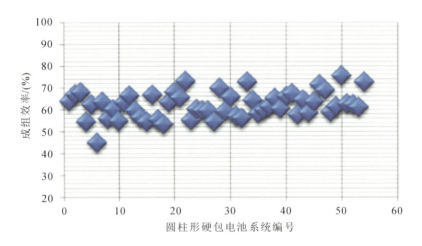

图 14-3　圆柱形硬包电池系统成组效率散点图

从散点图可以看出，由三种形状电池组成的电池系统由于箱体形状、模组结构、制造厂家不同，最终的成组效率结果较为分散，但总体上方形硬包电池在三种电池中平均成组效率最高。尽管软包电池在相同材料体系下能量密度较高，但由于电池组合成模组时需应用一些结构件，最终在成组效率上并没有体现较大优势。

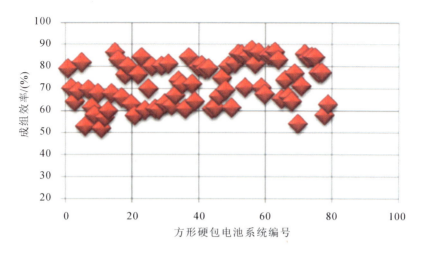

图 14-4　方形硬包电池系统成组效率散点图

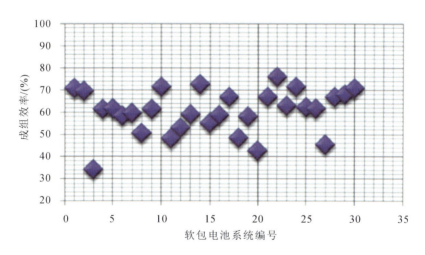

图 14-5　软包电池系统成组效率散点图

因此,要进一步提高成组效率,必须要改进成组方式。

1. 模组优化设计

电池模组主要包含电芯、汇流排、固定电芯框架、导热胶等零件,其中多数结构件采用铝合金或者塑料材料,汇流排也采用铝替代铜。模组所用材料已经选择的是密度较小的材料,因此模组在材料上改进的空间相当小。模组结构件是较难更改的,要进一步提高模组成组效率,需要减少每个电芯分摊的结构件重量。一种方法是使用容量更高的电芯,降低电芯数量,如特斯拉 Model 3 采用圆柱 21700 代替圆柱 18650,电芯直径增大后,电池支架板和集流片孔变大,相应重量减轻,电池系统中电芯数量减少了 30%,同时焊接配件的数量也相应减少。另外一种方法是在模组结构件种类不变的情况下,增大结构件尺寸,以便增加电芯数量,使分摊到每个电芯的结构件重量降低进而提高模组的成组效率。

2. 减少系统层级

电池箱体承担了安全防护和承重功能,是无法取消的,但可以取消模组,把电池箱当成一个大模组来设计。大模组设计具有电芯容量大、能量密度大、结构件少等特征。如国内上汽荣威、比亚迪某两款乘用车电池系统均采用容量超过 100 A·h 的三元电芯全部串联组合,采用该设计的电池箱体系统成组效率超过 80%,并且后期维护方便,采用 BMS 监控信息可容易地查找到故障电池。

3. 整体排布,提高系统空间利用率

通过整体排布提高电池箱体空间利用率,在箱体内部尽可能布满电池。电芯和电池箱体优先选择符合国内外汽车行业相关标准(如德国 VDA 标准)的,使电芯和电池箱匹配度最高,从而在电池箱体体积不变的条件下,增加电芯数量,实现更长的续驶里程。

14.3 电池箱体轻量化

14.3.1 电池系统轻量化设计途径

在电池能量密度提高较慢的情况下,对动力电池系统进行轻量化设计是非常有效的增加续驶里程、降低系统成本的方法。

动力电池系统的轻量化设计主要分为极限设计和轻量化材料应用设计。采用 CAE 仿真技术设计电池箱体薄壁结构,在承重部位增加厚度,而在非承重部位尽可能减薄材料厚度,通过不同厚度或不同形状结构的搭配来实现轻量化设计。CAE 技术具备静强度、模态、振动、冲击、挤压仿真等全面仿真能力,应用该技术可以实现拓扑优化和形貌优化,最终实现电池箱体轻量化。不过进行设计时,需要很清楚地了解电池箱体的临界值,临界值不仅要满足产品性能要求,

还要满足加工、装配工艺要求。

新型材料的应用对系统减重效果非常明显，目前应用比较成熟的轻量化材料主要有轻质合金材料和复合材料两大类。铝、镁、钛合金材料是目前技术材料中体积质量较小的轻质合金材料，将其应用于电动汽车本身能够有效减轻车身质量，提升续驶里程。

铝合金具有质量轻、耐腐蚀性好、可回收等优点，因此铝合金仍然是电池箱体轻量化应用的主要材料。铝合金电池箱体制造工艺主要有压铸、挤压、拼焊、冲压四种工艺。采用压铸和拼焊得到的制件强度较高，一般用于电池下箱体，采用压铸工艺的铝合金箱体可以比传统电池箱体减重10%～30%，冲压、拼焊铝箱一般用作电池包的上盖。镁比铝更轻，密度仅是铝的2/3。镁合金比强度高、抗冲击性及阻尼减振性好，但是镁合金的冲压成形工艺不够成熟，制造成本非常高。钛合金尽管综合性能优异，但制约其发展的主要因素还是高昂的价格。

复合材料具有高强度、低密度、耐腐蚀性好及容易加工成形等优点，正逐步取代金属材料。应用于汽车行业的复合材料主要有玻璃纤维增强塑料和碳纤维增强塑料。受限于成本因素，在电池包箱体上使用的复合材料都是相对比较普通的材料，例如玻璃钢、改性树脂等。玻璃钢密度只有 1.6 g/cm³，所以使用复合材料的轻量化效果比较明显。但是玻璃钢的延展性较差且较脆，一般用于电池包的上盖，应用模压工艺，可比传统电池包上盖减重约38%。

14.3.2 电池系统轻量化发展趋势

提高锂离子动力电池比能量仍然是电池系统轻量化的核心。到2020年，采用高镍三元材料、质量能量密度超过 300 W·h/kg 的动力电池的产业化已经取得实质性突破。采用富锂锰基固溶体材料、高容量硅/碳负极，以及耐高压电解液则可以使锂离子电池质量能量密度提升至 400 W·h/kg。在新能源高比能量要求推动下，已有越来越多的电池企业和整车企业投入新型电池技术的研究，高比能量、高安全性成为动力电池的重要技术方向。

为了满足长续驶里程的需求，电池系统与电动汽车底盘的一体化设计也成为电池系统轻量化的重要发展方向。电池箱体由第一代的"T"形和"工"字形结构,第二代的"土"字形和"田"字形结构,向第三代的一体化平台转变。一体化平台的优点是把电池包的部分重量转移至底盘,这样不仅可以实现系统轻量化,还可以大幅度降低电池组成本。

14.4　BMS应用情况

动力电池系统作为电动汽车主要的能量供给装置,是电动汽车最重要的零部件之一,已成为影响电动汽车发展的关键部件,对电动汽车的续驶里程、动力性、经济性、寿命等有着非常重大的影响,并已成为电动汽车上成本最高的零部件。因此,合理、有效地管理和使用好动力电池系统,对电动汽车而言,有着异常重要的意义。

作为动力电池系统的零部件之一,电池管理系统是连接车载动力电池系统和电动汽车的重要桥梁,其主要作用是对动力电池系统的电池组进行安全监控及有效管理,提高动力电池系统的使用效率,预防电池组出现过充、过放、短路、过温等滥用工况。对电动汽车而言,通过电池管理系统对电池组充放电进行有效控制,可达到增加续驶里程、延长电池使用寿命、降低运行成本的目的,并保证电池组应用的安全性和可靠性。

目前,国内由动力电池企业和主机厂主导的BMS企业占据乘用车BMS市场半壁江山,能够与之抗衡的第三方BMS企业凤毛麟角。具体来看,2020年新能源乘用车十大热销车型分别为特斯拉Model 3、宏光MINI EV、比亚迪秦EV、欧拉R1、埃安Aion S、奇瑞EQ、理想ONE、比亚迪汉EV、蔚来ES6、名爵MGEZS。共计有12家BMS企业为这十大乘用车畅销车型配套,具体为:宁德时代、北汽新能源、比亚迪、安徽贵博新能、奇瑞新能源、亿能电子、华霆动力、上海捷能、江铃新能源、孚能科技、哈光宇、索尔科技。从主体来看,配套乘用车销量前十的BMS主体分别为主机厂BMS、动力电池厂BMS、模组厂BMS和第三方BMS。根据数据统计,由主机厂和动力电池厂主导的BMS两者合计在前十畅销车型总量中占比77%,可以看出,主机厂和动力电池厂主导的BMS占据国内乘用车市场的主流,其中以主机厂主导的BMS份额最多。宁德时代、孚能科技、哈光宇等主流动力电池企业也涉足BMS领域,这有利于其加深与主机厂的配合。

国外公司 BMS 做得比较好的有联电、大陆、德尔福、AVL 和 FEV 等,现在基本上都是按照 AUTOSAR 架构,以及 ISO 26262 功能安全的要求来做,总体来讲,软件功能更多,可靠性和精度也较高。

本章参考文献

[1] XIONG R,PAN Y,SHEN W X,et al. Lithium-ion battery aging mechanisms and diagnosis method for automotive applications:Recent advances and perspectives[J]. Renewable and Sustainable Energy Reviews,2020,131.

[2] LIPU M S H,HANNAN M A,TAHIA F,et al. Intelligent algorithms and control strategies for battery management system in electric vehicles:Progress,challenges and future outlook[J]. Journal of Cleaner Production,2021.

[3] XIONG R,ZHANG Y Z,WANG J,et al. Lithium-ion battery health prognosis based on a real battery management system used in electric vehicles[J]. IEEE Transactions on Vehicular Technology,2019,68(5):4110-4121.

[4] LI S Q,ZHAO P F. Big data driven vehicle battery management method:A novel cyber-physical system perspective[J]. Journal of Energy Storage,2020,33(4).

[5] HU X S,FENG F,LIU K L,et al. State estimation for advanced battery management:Key challenges and future trends[J]. Renewable and Sustainable Energy Reviews,2019,114.

[6] 朱叶. 基于 ISO26262 的动力电池系统高压功能安全概念[J]. 汽车零部件,2013(10):97-100.

[7] ISO. Road Vehicles- Functional Safety:ISO 26262:2018[S]. Switzerland:ISO,2018.

第 15 章
未来展望

数字孪生(digital twin)是一种集成多物理、多尺度、多学科属性,具有实时同步、忠实映射、高保真度的特性,能够实现物理世界与信息世界交互与融合的技术手段。随着数字孪生车间概念的提出,数字孪生在智能制造中的应用潜力得到越来越多的关注。数字孪生是通过将物理世界的人、物、事件等所有要素数字化,在网络空间再造一个与之对应的"虚拟世界",由此形成物理维度上的实体世界和信息维度上的虚拟世界同生共存、虚实交融的格局,用数字化方式为物理对象创建虚拟模型,由此来模拟物理对象在现实环境中的行为。数字孪生大热源于控制、感知、网络、大数据和人工智能等相关信息技术的加速突破,尤其是物联技术的发展。物联技术将物理世界的参数通过传感器反馈给数字世界,让仿真验证和动态调整成为可能。

数字孪生是数字化发展的必经之路。数字孪生最先用于工业领域,尤其是大型装备制造业领域,通过搭建一个将制造流程全部进行整合的数字孪生生产系统,实现从产品设计到生产计划再到制造执行的全过程数字化。这样的数字化,让创新、效率和有效性从此提升至一个全新的高度。

随着信息技术发展,以及万物互联时代的到来,可以发现一个明显的趋势:物理世界和与之对应的数字世界将形成两大体系,它们平行发展,且相互作用。

如图 15-1 所示,未来数以百亿计的事物将以数字孪生形态呈现,即每个事物将分为两部分:一个是实体,存在于物理世界;另一个是实体的数字孪生体,存在于数字世界。孪生体是实体的虚拟映像,表征实体并映射实体的一举一动。物理世界的任何事物都能在数字世界做到信息可查、轨迹可循。本质上,数字世界是为了服务于物理世界而存在的,物理世界因为数字世界而变得更加美好。这对孪生体的出现是数字化浪潮的必然结果,是数字化的必经之路,是数字化的理想状

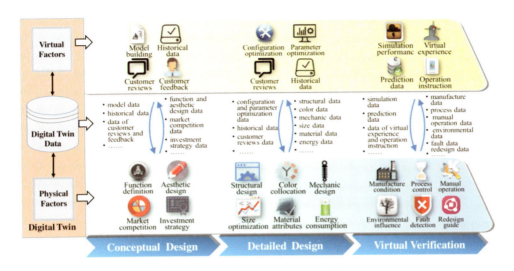

图 15-1　数字孪生设计理念

态。如果物理世界是一个工厂,则对应的数字世界可看作一个数字孪生工厂。如果物理世界是一个城市,那么对应的数字世界就是一个数字孪生城市。数字孪生技术由点到线,由线到面,基于数字化标识、自动化感知、网络化连接、智能化控制、平台化服务等强大技术能力,使得数字模型能够完整浮出水面,作为一个孪生体与物理世界平行运转,虚实融合中蕴含无限创新空间。

今天的数字化技术正在不断地改变每一个企业。未来,所有的企业都将成为数字化的公司,这不只是要求企业开发出具备数字化特征的产品,更是要求企业通过数字化手段改变整个产品的设计、开发、制造和服务过程,并通过数字化的手段连接企业的内部和外部环境。

随着产品生命周期的缩短、产品定制化程度的加强,企业必须同上下游建立起协同的生态环境,因此不得不采取数字化的手段来加速产品的开发,提高开发、生产、服务的有效性以及企业内外部环境的开放性。

这种数字化的转变对传统的工业企业来说可能会非常困难,因为数字化设计和制造理念同沿用了几十年的基于经验的传统设计和制造理念相去甚远。设计人员可能不再需要通过开发实际的物理原型来验证设计理念,也无须通过复杂的物理实验来验证产品的可靠性,不需要进行小批量试制就可以直接预测生产瓶颈,甚至不需要去现场就可以洞悉销售给客户的产品的运行情况。

数字化手段无疑将贯穿整个产品的生命周期，不仅可以加速产品的开发过程，提高开发和生产的有效性和经济性，帮助企业更有效地了解产品的使用情况并帮助客户避免损失，还能精准地将客户的真实使用情况反馈到设计端，实现产品的有效改进。而所有的这一切，都需要企业具备完整的数字化能力，而其中的基础，就是数字孪生技术。

15.1　数字孪生概念

数字孪生，是指针对物理世界中的物体，通过数字化的手段来构建一个数字世界中一模一样的实体，借此来实现对物理实体的了解、分析和优化。

15.1.1　数字孪生的发展历史

2002年密歇根大学教授Dr. Michael Grieves在发表的一篇文章中第一次提出了数字孪生概念，他认为通过物理设备的数据，可以在虚拟（信息）空间构建一个可以表征该物理设备的虚拟实体和子系统，这种联系不是单向和静态的，而是在整个产品生命周期（product lifecycle management，PLM）中都存在。

显然，这个概念不仅仅适用于产品的设计阶段，还可延展至生产制造和服务阶段，但是由于当时的数字化手段有限，因此数字孪生的概念也只是停留在产品的设计阶段，即通过数字模型来表征物理设备的原型。

此后，数字孪生的概念逐步扩展到了模拟仿真、虚拟装配和3D打印这些领域。2014年以后，随着物联网技术、人工智能和虚拟现实技术的不断发展，更多的工业产品、工业设备具备了智能特征，而数字孪生也逐步扩展到了包括制造和服务在内的完整的产品生命周期阶段，数字孪生的形态和概念在不断丰富。如图15-2所示为数字孪生的发展历史。

15.1.2　数字孪生概念的不同形态

数字孪生技术贯穿了产品生命周期中的不同阶段，它同产品生命周期的理念是不谋而合的。可以说，数字孪生技术的发展将PLM的能力和理念从设计阶段真正扩展到了全生命周期。

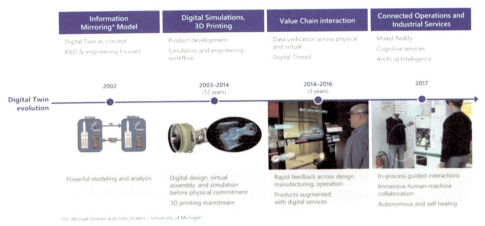

图 15-2　数字孪生的发展历史

数字孪生以产品为主线，并在生命周期的不同阶段引入不同的要素，形成了不同阶段的表现形态。如图 15-3 所示为数字孪生驱动下的产品设计理念。

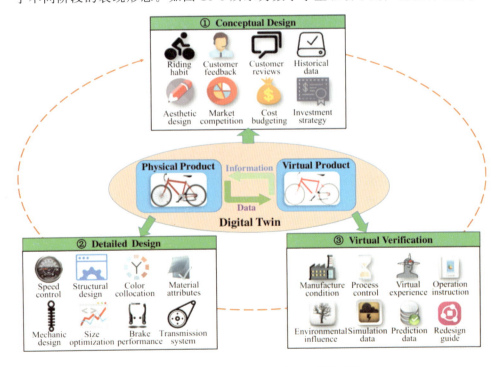

图 15-3　数字孪生驱动下的产品设计理念

15.1.2.1　设计阶段的数字孪生

在产品的设计阶段,利用数字孪生可以提高设计的准确性,并验证产品在真实环境中的性能。这个阶段的数字孪生技术主要可实现如下功能。

(1)数字模型设计:使用 CAD 工具开发出满足技术规格的产品虚拟原型,精确地记录产品的各种物理参数,以可视化的方式展示出来,并通过一系列的验证手段来检验设计的精准程度。

(2)模拟和仿真:通过一系列可重复、可变参数、可加速的仿真实验,来验证产品在不同外部环境中的性能和表现,在设计阶段就验证产品的适应性。

例如,在汽车设计过程中,由于对节能减排的要求,达索帮助包括宝马、特斯拉、丰田在内的汽车公司利用其 CAD 和 CAE 平台 3D Experience,准确进行空气动力学、流体声学等方面的分析和仿真,在外形设计上通过数据分析和仿真,大幅度地提升流线性,减小了空气阻力。

15.1.2.2　制造阶段的数字孪生

在产品的制造阶段,利用数字孪生技术可以加快产品导入的时间,提高产品设计的质量、降低产品的生产成本和提高产品的交付速度。

产品阶段的数字孪生是一个高度协同的过程,通过数字化手段构建起来的虚拟生产线,将产品本身的数字孪生同生产设备、生产过程等其他形态的数字孪生高度集成起来,实现如下的功能。

(1)生产过程仿真:在产品生产之前,就可以通过虚拟生产的方式来模拟在不同产品、不同参数、不同外部条件下的生产过程,实现对产能、效率以及可能出现的生产瓶颈等的提前预判,加速新产品导入。

(2)数字化产线:将生产阶段的各种要素,如原材料、设备、工艺配方和工序要求,通过数字化手段集成在一个紧密协作的生产过程中,并根据既定的规则,自动完成在不同条件组合下的操作,实现自动化的生产过程;同时记录生产过程中的各类数据,为后续的分析和优化提供依据。

(3)关键指标监控和过程能力评估:通过采集生产线上的各种生产设备的实时运行数据,实现全部生产过程的可视化监控,并且通过经验或者机器学习建立关键设备参数、检验指标的监控策略,对出现违背策略的异常情况进行及时处理和调整,实现稳定生产并不断优化生产过程。

15.1.2.3 服务阶段的数字孪生

随着物联网技术的成熟和传感器成本的下降,很多工业产品,从大型装备到消费级产品,都使用了大量的传感器来采集产品运行阶段的环境和工作状态,并通过数据分析和优化来避免产品故障,改善用户对产品的使用体验。这个阶段的数字孪生,可以实现如下的功能。

(1)远程监控和预测性维修:通过读取智能工业产品的传感器或者控制系统的各种实时参数,构建可视化的远程监控,并给予采集的历史数据,构建层次化的部件、子系统乃至整个设备的健康指标体系,使用人工智能实现趋势预测;基于预测的结果,对维修策略以及备品备件的管理策略进行优化,降低和避免客户因为非计划停机带来的损失。

(2)优化客户的生产指标:对于很多需要依赖工业装备来实现生产的工业客户,工业装备参数设置的合理性以及在不同生产条件下的适应性,往往决定了客户产品的质量和交付周期。而工业装备厂商可以通过海量采集的数据,构建起针对不同应用场景、不同生产过程的经验模型,帮助其客户优化参数配置,以改善客户的产品质量和生产效率。

(3)产品使用反馈:通过采集智能工业产品的实时运行数据,工业产品制造商可以洞悉客户对产品的真实需求,不仅能够帮助客户加速对新产品的导入、避免产品错误使用导致的故障、提高产品参数配置的准确性,还能够精确地把握客户的需求,避免研发决策失误。

15.1.3 数字孪生技术的主要特征

数字孪生技术是指在特定的数据闭环中,在指向性的多维异构数据驱动下,创建物理实体(系统)相对应的动态高仿真数字模型,以提供不同情境下面向特定对象的主动或响应式服务。物理对象具有信息的等效性,人类的智慧使自身能从物理对象中提取有效的信息,用以满足特定的需求。数字孪生技术可以说是一种以数据可视化的方式管理复杂信息的工具,以模型语言表征并最大化利用孪生对象的信息价值,从而为个体、组织甚至系统提供实时、高效、智能的服务方案。北京航空航天大学团队结合多年在智能制造服务、制造物联、制造大数据等方面的研究基础和认识,将数字孪生模型由最初的三维结构发展为如图15-4所示的五维结构模型,包括物理实体、虚拟模型、服务系统、孪生数据和动态实时交互。

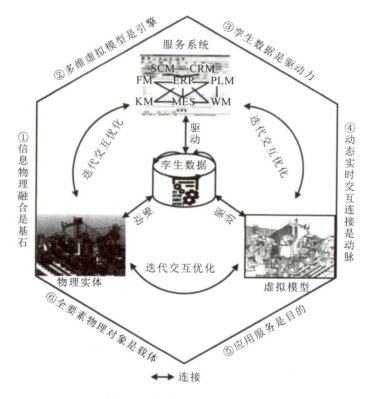

图15-4 数字孪生的五维模型

(1)物理实体是客观存在的,它通常由各种功能子系统(如控制子系统、动力子系统、执行子系统等)组成,并通过子系统间的协作完成特定任务。各种传感器部署在物理实体上,实时监测其环境数据和运行状态。

(2)虚拟模型是物理实体忠实的数字化镜像,集成与融合了几何、物理、行为及规则4层模型。其中:几何模型描述尺寸、形状、装配关系等几何参数;物理模型用于分析电流、电压、温度等物理属性;行为模型响应外界驱动及扰动作用;规则模型对物理实体运行的规律/规则建模,使模型具备评估、优化、预测、评测等功能。

(3)服务系统集成了评估、控制、优化等各类信息系统,基于物理实体和虚拟模型提供智能运行、精准管控与可靠运维服务。

（4）孪生数据包括物理实体、虚拟模型、服务系统的相关数据,以及领域知识及其融合数据,并随着实时数据的产生被不断更新与优化。孪生数据是数字孪生系统运行的核心驱动器。

（5）动态实时交互框架将以上4个部分进行两两连接,使其能进行有效实时的数据传输,从而实现实时交互以保证各部分间的一致性与迭代优化。

15.1.3.1 虚实共生

数字孪生技术的发展,按照技术整合的层级,可以分为虚实连接、虚实融合及虚实共生三个阶段。在虚实连接阶段,数字孪生是以数字模型的形式出现的,模型与物理实体间的数据交换均手动进行,该阶段模型多以设计阶段的产品原型出现。虚实融合阶段的数字孪生更多地被称为数字阴影(digital shadow),其利用物联网、大数据分析等数据采集技术,使虚拟的模型参数能够对应物理实体的实时状态而动态更新,但虚拟端无法向物理端主动传输数据。第三阶段为数字孪生的高阶形态,结合不断成熟的数字线程(digital thread)技术,虚拟实体与未来对应的智能系统(即孪生对象)间,能够完成数据的双向自流动,在全生命周期内实现虚拟与现实融合的一种终极形态——虚实共生。通过虚实交互反馈、多维数据融合分析及决策迭代等方式优化物理实体,从根本上推进现实活动中各阶段的高效协同。

15.1.3.2 高虚拟仿真

当下5G网络的传输速率与计算机实时渲染能力的大幅提高,使得数字孪生技术能够提供高仿真的虚拟对象。由于面向不同服务对象会产生差异化的感知需求,如工业应用场景中,结构工程师与造型工程师对于不同阶段的同一孪生对象,有着不同的检视需求,因而,孪生对象的呈现形式也应当灵活多变。因此,数字孪生技术以通用孪生体(general digital twin)为基础,借助情境感知的功能,面向不同的用户需求,提供相应的高保真专用模型。

15.1.3.3 高实时交互

数字孪生技术强调底层实时多维数据的收集、解释,但人机交互界面呈现的主要是物理对象的仿真模型,以模型、可视化数据等逼真、自然、直观的方式进行人机"交流"是数字孪生技术的一大特点。随着基于模型的系统工程(model-based system engineering,MBSE)技术在工业界的应用与推广,数字孪生技术将与沉浸式技术深入融合,结合可穿戴设备、增强现实眼镜、虚拟现实甚至脑机接口等交互技术,提供全方位的信息感知体验。

15.1.3.4 深度洞见

随着大数据收集、分析技术的不断增强,人工智能技术算法、算力的提升,数字孪生中的虚拟实体也开始通过"学习"不断生成知识,未来也可能会产生关于知识、技能和经验的新型研究范式:基于数字孪生技术的分布式共生知识空间。在万物皆可孪生的发展背景下,万物也将具有"智慧"属性,人类将置身于泛在智慧的生存空间中。以人类作为孪生对象为例,人类可利用数字孪生技术将知识传递给虚拟化身,而该化身又可以通过不断模拟训练、与本体交互等形式进行学习,从而提供不同情境中的深度洞见。

15.1.4 数字孪生的意义

自数字孪生概念提出以来,数字孪生技术在不断地快速演化,无论是对产品的设计、制造还是服务,都产生了巨大的推动作用。

1. 更便捷,更适合创新

数字孪生通过设计工具、仿真工具、物联网、虚拟现实等各种数字化的手段,将物理设备的各种属性映射到虚拟空间中,形成可拆解、可复制、可转移、可修改、可删除、可重复操作的数字镜像,这极大地加速了操作人员对物理实体的了解,可以让很多原来由于物理条件限制、必须依赖于真实的物理实体而无法完成的操作,如模拟仿真、批量复制、虚拟装配等,成为触手可及的工具,更能激发人们去探索新的途径来优化设计、制造和服务。

2. 更全面的测量

只要能够测量,就能够改善,这是工业领域不变的真理。无论是设计、制造还是服务,都需要精确地测量物理实体的各种属性、参数和运行状态,以实现精准的分析和优化。

但是传统的测量方法只有依赖于价格不菲的物理测量工具,如传感器、采集系统、检测系统等,才能够得到有效的测量结果,而这无疑会限制测量覆盖的范围。对于很多无法直接采集到测量值的指标,传统测量方法往往无能为力。而数字孪生技术可以借助于物联网和大数据技术,通过采集有限的物理传感器指标的直接数据,并借助大样本库,通过机器学习推测出一些原本无法直接测量的指标。

例如,我们可以利用润滑油温度、绕组温度、转子扭矩等一系列指标的历史数据,通过机器学习来构建不同的故障特征模型,间接推测出发电机系统的健康指标。

3. 更全面的分析和预测能力

现有的产品生命周期管理很少能够实现精准的预测,因此往往无法对隐藏在表象下的问题提前进行预判。而数字孪生可以结合物联网的数据采集、大数据的处理和人工智能的建模分析,实现对当前状态的评估、对过去发生问题的诊断,以及对未来趋势的预测,并给予分析的结果,模拟各种可能性,提供更全面的决策支持。

4. 经验的数字化

在传统的工业设计、制造和服务领域,经验往往是一种模糊而很难把握的形态,很难将其作为精准判决的依据。而数字孪生的一大关键进步,是可以通过数字化的手段,将原先无法保存的专家经验数字化,并提供保存、复制、修改和转移的能力。

例如,针对大型设备运行过程中出现的各种故障特征,可以根据传感器的历史数据,通过机器学习训练出针对不同故障现象的数字化特征模型,并结合专家处理的记录,形成未来对设备故障状态进行精准判决的依据,同时,可针对不同的新形态的故障进行特征库的丰富和更新,最终形成自治化的智能诊断和判定。

随着云计算、人工智能、区块链和量子计算等新型技术的出现和应用,采用开放式架构(或松散标准)的数字孪生体呈现了非常强的活力。数字孪生体构建在基于模型的系统工程之上,需要协同的工作量比较大,实现难度也比较大,但随着该技术持续的发展,逐步形成了专业化分工格局,部分企业把一些复杂技术封装后提供到市场,大大促进了数字孪生体市场的发展。国内北京航空航天大学、广东工业大学和清华大学在数字孪生体领域活跃度较高,已经做出了部分成果。如图15-5所示为北航陶飞教授团队设计的数字孪生体。

目前工业和信息化部主推工业互联网战略,工业互联网战略体系分为三个核心部分:网络、平台和安全。在融入数字孪生体的时候,从物理资产到感知控

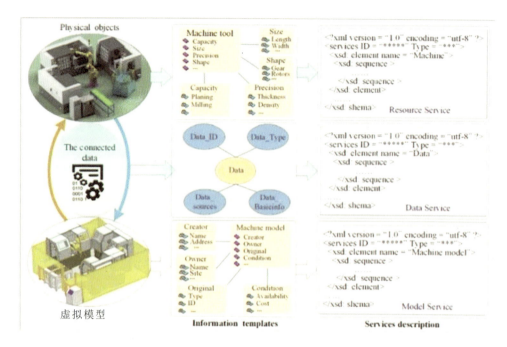

图 15-5 北航陶飞教授团队设计的数字孪生体

制、数字模型和决策优化,最终形成业务应用,数字孪生体驱动数据优化闭环。除此以外,工业 4.0 研究院、数字孪生体研究中心和数字孪生体实验室等也在探索相关联系。如图 15-6 所示为中国信息通信研究院构建的数字孪生体驱动的工业互联网。

数字孪生作为一个新的范式或者方法体现出了巨大的潜力,但是,这一概念的内涵和范围尚不确定,尤其是对数字孪生模型概念的界定很不清晰。数字孪生模型可以分为通用模型和专用模型,其中专用模型仍是当前的研究热点,研究内容主要体现为对具体项目使用数字孪生方法进行建模,也包括对专用模型进行开发。这些具体项目除了传统制造业所涉及的零件测量和质量控制、增材制造、设计和工作过程,以及系统管理外,还包括在生物医药、石油工程领域的应用等。开发专用模型的工具多种多样,有通用工业软件、专用工业软件、仿真平台和自研二次开发工具等。对数字孪生通用模型的研究不是针对某一具体项目而展开的,要研究的是如何将模型受控元素表示为一组通用的对象以及这些对象之间的关系,从而在不同的环境之间为受控元素的管理和通信提供一

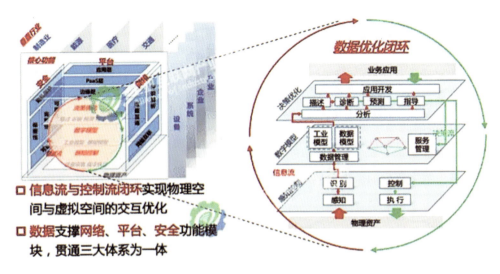

图 15-6　信通院构建的数字孪生体驱动的工业互联网

种一致的方法。数字孪生通用模型研究主要分为概念研究和通用模型的实现方法研究,两者的热度相当。其中概念研究从宏观角度的产品生命周期管理,到系统行为(如一般系统行为和系统重新配置)描述,再到具体工作流程,如设计方法、产品构型管理、制造系统、制造过程等,研究内容较为发散,尚没有出现特别突出的热点。在数字孪生通用模型实现方面,主要研究建模语言的构建、模型开发方法的探索、具体工具的使用、元模型理念的植入和模型算法。数字孪生模型是数字孪生研究的核心领域之一,其未来的研究重点是如何将不断涌现的各不相同的数字孪生体的外部特征和内在属性归纳为可集成、可交互、可扩展的模型,以便更高效地实现信息在物理世界和数字世界之间的流动,从而实现数字孪生技术的普遍应用,继而支持 CPS(网络物理空间)和 CPPS(网络物理生产系统)的建设。因此,数字孪生模型研究下一步需要解决的问题是如何对接标准参考架构,如德国提出的工业 4.0 参考架构模型(RAMI4.0)和中国的智能制造系统架构(IMSA)等;关于数字孪生模型需要建立统一的描述方法并确立一致的结论,以规范分别独立发展建立起来的模型,改善模型的互操作性和可扩展性,否则,随着系统规模的扩大模型效能会显著下降;我国数字孪生模型的研究急需国产专业工业软件和建模软件的支持,以便国内学者深入开展更加符合国情的深入研究。

15.2 数字孪生在电池管理系统的应用

针对现有技术存在的问题,现有技术方案难以解决综合性建模、算法、理论等方面的问题与可行解决方案。由于云计算平台具有先进的计算能力与模型仿真能力,因此基于数字孪生的全生命周期动力电池管理系统解决方案是未来可行的重要解决方法。

基于数字孪生的全生命周期动力电池管理系统解决方案是通过采用物理实体与虚拟实体相互耦合的方式建立数字孪生系统,使用孪生云数据平台通过滚动优化的方法在线实时全面剖析物理实体与虚拟实体,通过云端计算系统对孪生云数据进行处理,以获取实体电池组与孪生虚拟电池组在全生命周期下的状态与控制策略,并与终端的 BMS 系统进行交互,实现对电池组的全生命周期管理。

在电池管理系统的数字孪生系统中,物理实体是指真实世界中的动力电池组,虚拟实体是指虚拟仿真云环境中的动力电池组数字模型,孪生云数据平台为云端数据存储、分析及传输系统,基于先进的云计算平台作为云数据处理系统、大数据库与数据分析平台,所采用高速 CAN 总线通信或无线通信等方式实现仿真系统与实体系统的数据交互,并将仿真的控制策略反馈至终端 BMS,进而实现基于高精度模型的云端控制解决方案。

如前所述,动力电池组一般包括单体级、模组级和系统级三个层级。针对单个电池构建单体级模型,从而实现对单个电池的监测、故障预测和维护等;针对模组级模型,对电池组一致性特性、老化特性等进行分析及优化;而针对整个电池组系统,可构建系统级模型,对各模组模型及单体模型间的交互与耦合关系进行描述,从而对整个系统演化进行分析与预测。

基于建立的多层级单体-模组-系统模型,在云数据平台通过终端 BMS 获取的电池组实时参数预测电池组全生命周期状态,并反馈至终端 BMS,以便对实体电池组状态进行控制与优化。数字孪生仿真模型的建立过程主要包括几何构型、宏观属性构建、微观尺度属性构建、动态属性更新、历史数据关联等。几何构型包括但不限于形状、尺寸、位置、装配关系等,可使用三维建模软件等提高细节层次的渲染效果;宏观属性构建包括但不限于物理模型的物理属性、参数约束、参数特征等,可用于流体、电池、电化学、热力学等建模仿真;微观尺度属性构建包括但不限于创建电池内部不同粒度、不同空间尺度下的离子的运动特征等;动态属性更新包括但不限于使用状态机、马尔科夫链、神经网络的方法分析虚拟系统的时变特性、动态特性、性能退化过程等;历史数据关联包括但不限于基于虚拟系统的历史信息采用深度学习、一致性分析等过程挖掘系统的新规则,形成隐形知识产生的优化过程。

孪生云数据平台是数字孪生系统的驱动,包含:系统规格、功能、性能、关系等的物理要素属性数据与反映系统运行状况、实时性能、环境参数、突发扰动等的动态过程数据;通过传感器、嵌入式系统、数据采集卡等采集的数据;通过模型开展的过程仿真、行为仿真、过程验证、评估、分析、预测等的仿真数据,如算法、模型、数据处理方法等算法数据,专家知识、行业标准、规则约束、推理推论、常用算法库与模型库等标准数据等;通过融合物理实况数据与多时空关联数据、历史数据、标准数据等信息数据得到的信息物理融合数据。孪生云数据平台反映更加全面与准确的信息,实现信息的共享与增值。

如图 15-7 所示,基于数字孪生的全生命周期动力电池管理系统解决方案,能支持数字孪生与新信息技术(New IT)深度集成融合,可通过与 New IT 联动前进发展;同时能为数字孪生应用过程中所需的多维多时空尺度模型、信息物理融合数据等提供支撑,实现对动力电池组的全生命周期管理,为电动汽车领域不同的电池组需求提供所需的智能服务支撑,具有良好的适应性及数据迁移性。

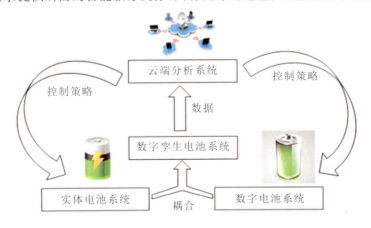

图 15-7　基于数字孪生电池管理系统

动力电池是新能源电动汽车的动力来源,保障动力电池系统的长期有效运行至关重要,数字孪生的核心是模型和数据。

15.2.1 基于数字孪生的电池系统建模

针对电池系统的性能和测试对象进行动态系统建模,基于物理系统和虚拟系统的虚实共生以直观呈现的方式表征电池,将出现以下新变化:

直观呈现:即由状态参量数据化展现向状态参量视觉化直观呈现转变;

原位表征:即由事后测量向被测量原位表征转变;

双向驱动:即由仅测量物理量向虚实共生数据双向驱动转变;

调整方式:由被动响应向基于虚实交互的自适应主动控制转变;

管理方式:由状态检测向虚实同步映射的全生命周期状态预测转变。

基于数字孪生的控制研究基于数字孪生下控制系统全新的设计、调试和运行使用模式,急需在以下几个方面进行突破:

①接口交互需要解决模型与控制系统之间驱动交互和状态反馈问题,从而实现数字孪生体与控制系统之间的无缝交互。

②控制仿真基于物理属性与动力学特性,实现数字孪生模型在控制数据驱动下的行为仿真,是对物理设备真实的描述。

③自主决策,基于数字孪生模型大量、及时、多维的数据,突破传统依赖公共数据训练集的局部最优限制,从数据源头上解决控制自决策的有效性和准确性。

15.2.1.1 应用场景分析:智能健康管理策略

基于数字孪生的智能健康管理彻底改变了传统模式下动力电池系统运行的"黑箱"状态,实现了逼真透视化监测、基于多维特征及其融合的故障准确预警、运行状态持续迭代优化及维修策略精准验证等,为动力电池系统的健康管理及可靠运行提供了有效途径。

动力电池系统实体及其虚拟模型同步运行,产生的孪生数据不仅包括温度、电压、电流等实时感知数据,还包括虚拟模型产生的欧姆内阻、反应极化因子、固液相扩散因子、正负极活性物质等仿真数据,以及通过多维数据处理与融合得到的融合数据等。在孪生数据及虚拟模型的驱动下,可实现对动力电池系统的智能健康管理应用服务,以保证其健康运行。其中,状态监测服务使运维人员通过高逼真度虚拟模型以透视的眼光观察动力电池系统内部的实际运行状态,并通过与虚拟模型定义的当前期望状态进行实时的比对与交互,从优秀、良好、合格、警告等不同层次对其健康状态进行评估。

15.2.1.2 应用场景分析:故障诊断服务

故障诊断服务综合考虑动力电池系统实体特征、虚拟模型特征及其融合特征等多维特征,准确预警动力电池系统高温、超压、过电流等危险。优化运行服务利用动力电池系统实体与其模型的实时交互,实现对电池单体、模组到系统以及运行参数等的迭代优化,使动力电池系统持续保持在最优工况下运行。诊断指导服务与维修作业指导书相关联,基于高逼真度虚拟模型模拟动力电池系统的故障诊断服务过程,形成三维作业指导书,提高诊断的精准性。

15.2.2 云端电池管理系统

15.2.2.1 状态估计及参数辨识

新能源汽车运行时,会实时采集大量数据,例如单体电池的电压、电流、温度,系统 SOC、SOH、循环次数等信息,绝缘情况、欠压、过压、一致性等故障信息,以及车辆的速度、加速度、位置等行驶数据信息;云端经过海量数据分析后,结合热管理模型和云端精细模型,能够评判电池健康状况及温度分布,并实现车载模型的实时参数辨识,从而实现更为准确的车端控制。

另一方面,云端平台还可以结合当前路口以及司机驾驶风格特性,设定更适合实车特性的 BMS 参数,能够更有效设定电池系统如 SOP、充电模式等工作参数,从而提升电池系统的性能及寿命。与此同时,云端系统还能向车辆提供提示信息,为驾驶员提供更为节能、安全的驾驶方式。

15.2.2.2 云端均衡管理系统

基于云端控制的动力电池均衡管理系统是通过在云端建立与实体电池系统相匹配的数字电池系统模型并使其耦合成数字孪生系统,通过在云端实时分析电池系统电量不一致性及其未来发展趋势,以此制定合理的控制策略并传输回实体电池系统中的 BMS 用于控制实体电池系统,以达到管理电池组电量不一致性并控制未来不一致性发展方向的目的。

目前实体电池系统按照均衡系统能量流动方向，一般可分为单体-单体均衡系统、模组-模组均衡系统、系统-系统均衡系统。单体-单体均衡系统是指在同一个电池模组内的单体电池之间实现均衡操作。该部分功能需实现单体电池的一致性监测，主要包括电压监测、温度监测、电量监测以及故障监测等。单体-单体均衡系统在接收均衡控制策略后，依据策略选定的被均衡单体电池与均衡电流大小、均衡时间等实现均衡操作。模组-模组均衡系统是指在同一个电池组内不同模组实现均衡操作。该部分功能需实现模组电池的一致性监测，并依据云端分析系统所制定的均衡策略，对模组内的单体同时进行均衡操作以使模组与模组之间实现均衡。系统-系统均衡系统是指电池组与电池组之间的均衡操作。该部分功能需实现不同电池组间不一致性的监测，并依据所选定的均衡策略，控制电池组与电池组的能量传输过程，实现均衡功能。

基于仿真的数字电池系统是指根据电池组系统所遵循的宏观或微观的数学物理规律，建立电池组系统的虚拟仿真模型。该模型包括与电池包相符合的几何模型、宏观物理规律、微观物理规律、动态响应、历史数据等。几何模型是指数字电池系统在三维空间内的几何结构及连接、紧固等，其应与实体电池系统完全一致；宏观物理规律包括但不限于电池组系统所遵循的流体力学方法、传热学方法、电化学原理、电路原理等；微观物理规律包括但不限于分子动力学等；动态响应是指数字电池系统在施加响应后所表现的机械状态（如应力等）、热状态（电池生热功率及传热等）、电状态（电池极化特性、充放电特性等）等动态响应；历史数据是指数字电池系统继承实体电池系统的所有历史数据，并基于该数据实现数据挖掘。

实体电池系统与数字电池系统存在滚动优化过程，即依赖于云端分析系统的计算对实体电池系统的当前不一致性与数字电池系统的未来不一致性进行分析，从而根据当前不一致性与未来不一致性进行均衡控制策略制定，并依靠信号传输将其发送给电池系统内的BMS用于更新系统控制策略，BMS则根据更新的均衡控制策略实现对实体电池系统的均衡控制操作，以削弱当前电池系统的不一致性、减轻未来电池系统不一致性的扰动，同时数字电池系统也依靠云端分析系统所提供的系统控制策略进行系统状态演化，用于下一时刻的系统不一致性预测过程。

15.2.2.3 云端安全预警

安全性是制约电动汽车特别是锂离子动力电池规模应用的重要问题。锂离子动力电池的安全性能与材料体系、电芯设计、热管理、应用条件等因素密切相关，还会随着使用过程而发生变化。

新能源汽车近年来多数采用较高能量密度的动力电池系统方案，动力电池在充电、机械冲击、水浸等情况下，可靠性下降，发生不同类型的安全失效，导致起火。新能源汽车起火事故的主要形式包括：正常行驶中自燃、碰撞自燃、静置自燃、充电自燃、水浸（极端环境）自燃等。整车起火事故原因大致包括系统故障、单体故障、电气故障和引燃等几类。系统故障包括接触器、BMS等部件失效以及机械冲击导致的动力电池系统热失控。单体故障类事故主要是由电池单体自身一致性差、电池漏液、内短路等异常情况导致的安全问题。电气故障类事故主要是由线束或接插件接触点、触片、端子接触不良等电气安全失效，诱发短路、发热、起火，进而引燃车身形成的火灾。外部引燃类事故主要是由整车外部热源引起的火灾。

动力电池安全事故成为制约新能源汽车快速发展的关键瓶颈之一，同时也严重威胁着乘员的人身安全。若能基于云端数据集模型实现新能源汽车的远程安全预警，对提升新能源汽车的安全性及可靠性将起到巨大的推动作用。

云端安全预警模型是基于新能源汽车向云端平台发送的海量数据，并结合云端精细化电池单体、模组及系统模型耦合而成的数字孪生系统。基于大数据方式，该模型系统在云端实时分析电池的工况、状态、一致性等信息，判定电池系统的长短期安全性风险等级，并以此制定相应的安全策略，从而有效提升动力电池使用的安全可靠性。

15.2.2.4 云端热管理系统

实体电池热管理系统为真实世界中的动力电池系统，形式包括自然冷却式、风冷式、液冷式、直冷式等；数字电池热管理系统是依据数学物理方法等建立的虚拟动力电池系统，是实体电池热管理系统的镜像系统。数字电池热管理系统是在云端建立的电池组系统及热管理系统的数字仿真模型。

基于云端控制的动力电池系统热管理办法，采用电化学-热-机耦合等方法建立动力电池单体全生命周期模型，用于模拟单体动力电池充放电过程中电池动态特性演化,采用动态安全边界方法建立动力电池模组模型,结合其他电池系统结构建立动力电池组全生命周期模型。在云端建立与实体电池热管理系统相匹配的数字电池热管理系统模型,并根据两种模型的数据及信息建立数字孪生系统,该系统通过在云端实时计算电池系统温度分布,分析系统内当前最高/最低温度以及温度不一致性并预测其未来发展趋势,以此制定合理的热管理控制策略并传输回实体电池系统中的热管理控制系统,以达到管理电池组温度分布的不一致性、最高/最低温度及未来温度发展趋势的目的。

本章参考文献

[1] TAO F,CHENG J F,QI Q L. et al. Digital twin-driven product design,manufacturing and service with big data[J]. Int. J. Adv. Manuf. Technol. ,2018,94,3563-3576.

[2] ALAM K M,SADDIK A E. C2PS:A digital twin architecture reference model for the cloud-based cyber-physical systems[J]. IEEE Access,2017,5:2050-2062.

[3] RASHEED A,SAN O,KVAMSDAL T. Digital twin:Values,challenges and enablers[DB/OL]. [2020-04-21]. https://www.researchgate.net/publication/336304126_Digital_Twin_Values_Challenges_and_Enablers.

[4] TAO F,ZHANG M,NEE A Y C. Digital twin-driven prognostics and health management[M]. Pittsburgh:Academic Press,2019.

[5] WEI Y,HU T,ZHANG W,et al. Digital twin driven lean design for computerized numerical control machine tools[M]// Digital Twin Driven Smart Design. Pittsburgh:Academic Press,2020,141-167.

[6] TAO F,ZHANG M,NEE A Y C. Digital Twin and Services[M]// Digital Twin Driven Smart Manufacturing. 2019.

[7] ELAHI B. Application of Internet of things-aided simulation and digital twin technology in smart manufacturing[M]// Advances in Mathematics for Industry 4.0. Pittsburgh:Academic Press,2020,335-359.

[8] PARK H, EASWARAN A, ANDALAM S. Challenges in digital twin development for cyber-physical production systems[DB/OL]. [2021-10-18]. https://arxiv.org/pdf/2102.03341v1.pdf.

[9] FRANCIS D P, LAZAROVA-MOLNAR S, MOHAMED N. Towards Data-driven digital twins for smart manufacturing[C]// Proceedings of the 27th International Conference on Systems Engineering, ICSEng 2020. 2021.

[10] YANG S C, HE R, ZHANG Z J. et al. CHAIN: Cyber hierarchy and interactional network enabling digital solution for battery full-lifespan management[J]. Matter. 2020,3:27-41.

[11] YANG S C, ZHANG Z J, CAO R. et al. Implementation for a cloud battery management system based on the CHAIN framework[J]. Energy and AI. 2021,5:1-8.